Lightning-Fast
Animation
Graphics

Other books by Len Dorfman

Building C Libraries: Windows, Menus & User Interfaces

Structured Assembly Language

Object-Oriented Assembly Language

Optimizing Microsoft C Libraries

80386 Protected Mode Programming in C

Converting C to Turbo C++

C Memory Management Techniques

Turbo Pascal® Memory Management Techniques

Microsoft™ Macro Assembler 6.1 Programming

C++ Memory Management

Converting Microsoft C to Microsoft C/C++ 7.0

Instant OS/2®!: Porting C Applications to OS/2

OS/2® Extra!: KBD, MOU, & VIO Special Functions Revealed

Effective Multithreading in OS/2

Lightning-Fast Animation Graphics

Len Dorfman

Windcrest®/ McGraw-Hill

New York   San Francisco   Washington, D.C.   Auckland   Bogotá
Caracas   Lisbon   London   Madrid   Mexico City   Milan
Montreal   New Delhi   San Juan   Singapore
Sydney   Tokyo   Toronto

NOTICES

Borland®	Borland Inc.
IBM®	International Business Machine Corp.
IBM PC/XT/AT™	
Microsoft®	Microsoft Corp.

FIRST EDITION
FIRST PRINTING

© 1994 by **Windcrest**.
Published by Windcrest, an imprint of McGraw-Hill, Inc.
The name "Windcrest" is a registered trademark of McGraw-Hill, Inc.

1 2 3 4 5 6 7 8 9 0   DOH/DOH   9 8 7 6 5 4

Library of Congress Cataloging-in-Publication Data
Dorfman, Len.
    Lightning-fast animation graphics / by Len Dorfman.
        p.   cm.
    Includes index.
    ISBN 0-07-017940-9   ISBN 0-07-017941-7 (pbk.)
    1. Computer graphics. 2. Computer animation. 3. C (Computer
program language)   I. Title.
    T385.D68 1994
    006.6'6—dc20   93-50714
                                    CIP

Acquisitions editor: Jennifer Holt DiGiovanna
Editorial team: Robert E. Ostrander, Executive Editor
        Aaron G. Bittner, Book Editor
Production team: Katherine G. Brown, Director
        Donna K. Harlacher, Coding
        Rose McFarland, Layout
        Cindi Bell, Proofreading
        Jodi L. Tyler, Indexer
Design team: Jaclyn J. Boone, Designer
        Brian Allison, Associate Designer
Cover design: Denny Bond, East Petersburg, Pa.   0179417
Cover photograph: Brent Blair, Harrisburg, Pa.   WK2

Contents

Acknowledgments

To my radiant teachers Barbara, Rachel, Baxter, Aaron, John De F., Tom H., John H., Estelle, Esin, Pierre, Meni, Marc, Ram D., Ken and Treya W., Sogyal R., and Emmanuel; this work would not have been possible without your having touched my heart.

Introduction

No ifs, ands, or buts about it: bit-plane animation is big-time fun!

That stated, the focus of this book is to make high speed bit-plane animation techniques easily accessible to the C language applications programmer. This has been accomplished through the presentation of a library of C language graphic object functions for the applications programmer. This book supports the development of three types of graphic objects. They are sprites (in this book a 47 × 46 multicolored programmer-defined graphic object), missiles and bullets.

There are functions which initialize graphic objects, smoothly move them within a bit-plane, and detect collisions between sprites, missiles, and bullets. These functions provide you with tools which will prove useful for the creation of shoot-'em-up video games and special graphics effects.

The creation of sprite objects is greatly simplified by the sprite editor program included in the book and disk. The editor lets you design the multicolored sprite shape using the mouse, and then permits you to save the sprite's shape back to disk. The sprite definition file written to disk by the sprite editor is in easy-to-understand ANSI standard C format.

Part I is designed for the applications programmer. It begins by introducing the concept of sprites, missiles and bullets in the context of 640 × 480 16 Color VGA graphics. Heavily documented demonstration programs follow which explicate computer controlled sprite, missile and bullet motion in the context of polling techniques. One method of controlling sprite motion from the keyboard is then presented. Sprite, missile and bullet collision detection follows. Part 1 ends with the presentation of the source to an in-progress chase-in-maze genre game.

Part II presents the source code for the sprite, bullet, and missile management routines. Care has been taken to craft these routines in C so that readers who are not assembly wizards will see how the code works and be easily able to modify it. I chose not to present the assembly versions of these routines because, in testing, I could not find any real-world difference in animation performance between the assembly and C generated library modules.

Part III presents the source code to the sprite object editor. This editor greatly simplifies the design of sprites. To design a multicolored sprite, simply load the program, use the cursor to define the objects of the sprites, and then save the sprite object back to disk. The sprite object is saved in C source code format. The sprite object C source file may be included into your program and compiled, or added to a sprite object library.

Note that bit-plane animation is one of many different ways of producing animation on the PC. This book is not an animation reference manual; it is a highly focused title specifically designed to facilitate the inclusion of high speed sprite, missile, and bullet movements into your programming arsenal.

What you need to use this book

You will need a computer which supports the VGA 640 × 480 16 Color video mode. For this book I've used Borland's C/C++ Ver. 3.1 compiler and TASM assembler. I've presented one demonstration program using Microsoft C/C++ 7.0. The C source has been

designed to be well behaved and should easily compile with other C compilers.

Note, however, that I've integrated the bit-plane animation programs with Borland's Graphic Interface (BGI). So, if you're using another compiler, you'll need to use that compiler's Graphic Interface. The sprite code, however, should run as-is. Once the graphic mode is set to VGA 640 × 480 16 color mode, the sprite code will fly.

Part I

Managing elements of bit-plane animation

Part I introduces the concepts of sprites, missiles, and bullets, and their applications in VGA graphics. Part I includes the prototypical sprite-management function, along with a series of programming examples of gradually increasing complexity. Chapters 2 through 8 present these examples as logical steps, with explanatory text in each chapter and thorough documentation in the code. Techniques for managing sprite, missile, and bullet motion are introduced, and the source code in chapter 8 integrates them into a simple arcade-style bit-plane animation game.

1

Sprite, missile, and bullet objects

I N the early 1980s I purchased an Atari 800 home computer for the purpose of writing my second novel. It cost $1,400 and had 64K of RAM. I purchased the AtariWriter word processor cartridge along with the computer. I purchased the Pac Man cartridge for my preteen daughter . . . not!

I plugged in the Pac Man cartridge and began playing and playing and playing. The Atari 800 was a killer game machine. After two weeks of enormous fun and little sleep I asked myself a question that would soon forever change my life: "Gee, I wonder how you make computer games?"

I returned to the computer store where I had purchased the Atari 800 and asked the salesperson behind the counter if there were any books on how video games were written. He replied, "If you wanna write games, get a macroassembler, a book on 6502 assembly language programming, and a book on Atari hardware." All of which he had in his store. I felt both excited and anxious as I cradled the materials under my arm and left the store two hundred dollars deeper in debt.

I began reading about Players, Missiles, collision detection registers, and sounds. I decided to write a video game and three months later a small Atari software publishing house agreed to market my first video game, Karmic Caverns. I then wrote two more arcade-style games for the Atari 800, then some page composition software, and then was forced to switch to the IBM AT class machine because of the troubled Atari software market.

What? No sprites! Weak bleeps and burps from a pathetic speaker! No missiles? No collisions? What kind of programming world had I gotten myself into? Of course, PCs have grown up. I'm writing this book under a DOS session on a 33 MHz 486 running OS/2.

Although my interests had taken me far from my programming roots, I had vicariously watched the evolution of video games from afar. About two years ago, as a recreation, I decided to see if I could replicate much of the functionality of the hardware-based Atari Graphic Controller Chip on the PC. I did. And this book documents my attempt at turning a 32-bit 16M 33 MHz Local Bus 486 OS/2 2.1 business-class machine into an 8-bit 64K Atari 800 home computer. Go figure!

⇨ What are bit-planes?

The physical address space of the 16 Color 640 × 480 VGA video mode begins at segment address 0xA000. One screen byte has 8 bits and each bit represents one screen pixel (PEL, or picture element, or dot). The physical size of the 640 × 480 VGA screen is 38,400 bytes. Here's the reason:

Let's figure out how many bytes there are per screen row. If there are 640 pixels per row in the 640 × 480 mode, you calculate the number of bytes by dividing 640 by 80. This equals 80. So there are 80 bytes per row in the 640 × 480 screen. There are 640 columns and 480 rows in the 640 × 480 VGA screen. You calculate the size of the VGA physical space by simply multiplying the number of bytes per row (80) by the number of rows (480). The result is 38,400.

The physical memory starting at segment 0xA000 and continuing for 38,400 bytes is a binary representation of the screen. If address A000:0000 holds an 0xFF (all bits On), then the first eight pixels of the upper left hand corner of the screen will be On. If address A000:0000 holds an 0xAA (every other bit On), then the first eight pixels of the upper left hand corner of the screen will alternate:

Address	He ×	Bit	Pixel
A000:0000	0 × AA	10101010	On-Off-On-Off-On-Off-On-Off

By now, I hope you're saying, "Wait a minute. If a physical screen bit is equal to 1, then the pixel is On. If the physical screen bit is equal to 0, then the pixel is Off. Bit On, Bit Off are two bit states. How do two bit states turn into 16 colors?"

The answer lies in the VGA's architecture and the graphics controller chip. In the 640 × 480 16 color mode the VGA graphics controller chip maps one of four bit-planes (or four blocks of memory) to the 0 × A000 screen segment address area. If there are four blocks of memory mapped to the physical screen area, you have four bits of color per pixel to work with.

Number of Mapped Planes	Bits Available	Binary View	Decimal View
4	4	0000 to 1111	0 to 15

The decimal range of 0 to 15 allows for 16 possible numerical settings. And that's how you get 16 colors. Five planes would allow 32 colors; si x planes would allow 64 colors.

How many planes would you need to get, say, 256 colors? If four planes (4 bits) translates to 16 colors, then eight planes (8 bits) would translate to 256 colors. How many planes would you need to display 1,024 colors? If you see why the answer is 10 planes, then you get it.

So a bit-plane is a block of memory which is mapped to the screen by the VGA graphics controller chip starting at memory segment 0 x A000. The greater the number of bit-planes you have available to be mapped to your physical screen memory, the greater the number of colors your VGA video adapter will support. That's why VGA video cards come with various amounts of memory. The more memory on your VGA card, the greater the number of bit-planes you'll have available to be mapped to memory, and the more colors you'll have. Simple as that.

Now, is the VGA video bit-planing scheme the best way to map the graphics display to memory? Heck no! That, however, is what we're dealing with.

What is bit-plane animation?

Now that we understand what bit-planes are, let's look at bit-plane animation. Animation, for purposes of this book, means the moving of graphic objects on the screen. The bit-plane animation techniques used in this book permit you to move three types of fixed-size graphic objects very smoothly and at various speeds. These graphic object types are called:

Graphic Object Name	Description
Sprite	47 × 46 graphic object defined by sprite editor
Missile	Small round ball object (fixed object and size)
Bullet	Very small round ball object (fixed object and size)

So, for the purposes of this book, bit-plane animation means the moving of sprites, missiles, and bullets smoothly about the screen at high speed.

 # How is bit-plane animation accomplished?

This is a simplified overview of how bit-plane animation is accomplished:

❶ Select (or Map) a VGA bit-plane using the VGA graphics controller chip.

❷ Write the graphic object (sprite, missile, bullet) directly to the appropriate address of physical screen memory.

The actual bit-plane animation process used in this book, however, is far more complicated than that. Although I'll be presenting deeper details about bit-plane animation techniques here, you should know that the applications programmer using the collection of sprite animation video functions presented in the text need not be aware of the intricacies of bit-plane animation.

For the purposes of this book, the screen background over which the graphic objects move is called the playfield. The method of writing the graphic object to the screen can be described as writing the graphics object over the playfield. So, if you wish to move a graphic object on the playfield, simply write the graphic object over the playfield.

The problem is that the process of writing the graphic object all over the playfield will, in fact, make repeated images of the graphic visible. That is not the desired effect. The technique used in this book to eliminate that problem is to write the graphic object to the screen, let it display long enough for the human eye to register it, remove it from the screen, and then rewrite the graphic object to the screen at a contiguous screen location in the desired direction. Animation takes place in this way:

❶ Write the graphic object to the playfield bit-plane.

❷ Let the object display for a specified time.

❸ Remove the graphic object from the screen.

❹ Rewrite the graphic object at a contiguous location in the desired direction.

OK. You now might ask, "How do you erase the graphic object without blotching the playfield?" Good question.

There are a few ways to handle this graphic object erasure problem. I've chosen a simple and elegant method, although it has some trade-offs. I've solved the problem by writing a bit-plane animation initialization routine. This initialization routine methodically saves all the screen memory of the four bit-planes which hold the information for the playfield. When you erase a graphic object, you're really copying the original playfield data to the appropriate bit-plane. That's it. Simple, huh?

Here's the trade-off. What happens if two graphic objects moving on the same plane overlap? There will be some object flutter. The faster the objects are moving the less the eye will notice it. Now, I could have eliminated this special condition by saving the playfield screen data to memory, then drawing the sprite, and then erasing the sprite by restoring the previously saved playfield object; but I didn't take that course. Here's why:

When I was writing the demo programs, I wanted to have half a dozen or more objects smoothly moving about the screen at high speed. The repeated saving of the graphic object slowed things down.

So, I chose speed of graphic object motion over reducing the potential for object flutter under very specific and predictable conditions.

 Designing sprites

You can design sprite objects in two ways. You can use the sprite editor provided on disk, and whose source is presented in part III of this book. The sprite editor allows you to turn on and off individual sprite pixels by using the mouse. You can design from 1 to 4 sprites of different colors with the editor. When you save the sprite object to disk, it is saved as C source code.

The C source which describes the sprite object(s) may be compiled as-is and used in your program. That's the simple way. The more difficult way involves hand coding the sprite object in C or assembly. The assembly method is easier if you use the .RADIX operator and set it to 2. I can tell you, however, that once a prototype of the sprite editor was up and running at my house, I never hand-coded a sprite object again.

Summary

Bit-planes are areas of memory that are mapped to physical memory starting at segment 0xA000. The more bit-planes you have, the more color options your display will have. The routines in this book have been specifically designed to work with the 640 × 480 16 Color VGA video mode.

Bit-plane animation refers to the smooth movement of graphic objects (sprites, missiles, and bullets) on one video plane. The animation functions presented in this book have chosen speed over all other considerations. This choice for speed meant that there would be trade-offs involving a potential minor object flutter when graphic objects running on the same plane overlapped.

A sprite editor is provided in the book to facilitate the development of your sprites. The sprite objects are saved to disk as C source files and may be compiled and placed in a library for your convenience.

Chapter 2 begins presenting heavily documented bit-plane sample programs. Here you learn how to have your computer move one sprite vertically, horizontally, and diagonally.

2

Moving a sprite in a playfield

T HIS chapter provides basic information which will facilitate your use of the sprite management functions presented in this book. The sprite management creation process is outlined along with the presentation of public sprite management functions. Two sprite animation demonstration programs are also presented.

The first demonstration program (PROG2-1.C, Fig. 2-1), compiled using Borland's C/C++ Ver. 3.1 compiler, shows you how to move one sprite. The Borland MAKE file (Fig. 2-2) is presented next. The second demonstration program (PROG2-2.C, Fig. 2-3) also shows sprite animation using Microsoft's C/C++ compiler. The Microsoft MAKE file (Fig. 2-4) is presented next.

Following the presentation of the Borland and Microsoft demonstration programs you'll find a formal presentation of basic sprite management functions. You'll learn how to integrate the sprite object into your source file, expand the sprite object to fit all horizontal pixel positions, initialize your screen's playfield, and destroy your playfield.

Demonstration of seamless interface to Borland's GI

Figure 2-1 presents the source code listing to PROG2-1.C. This program has been designed to be compiled using Borland's C/C++ compiler. By examining the file you can see how easy it is to integrate the sprite management function into Borland's graphical environment.

Figure 2-1   *The source code listing to PROG2-1.C*

```
////////////////////////////////////////////
//
// prog2-1.c
//
// Demonstration of simple movement of
// one sprite demonstrating a seamless
// interface to Borland's Graphical
// Interface (BGI)
    //
```

```c
/////////////////////////////////////
//
//   defines
//

#include <graphics.h>>
#include <dos.h>
#include <stdlib.h>
#include <stdio.h>
#include <stdio.h>
#include <string.h>
#include <conio.h>
#include "tproto.h"
#include "sprite.h"

/////////////////////////////////////
//
// include sprite created by the
// sprite editor

#include "BOX.C"

void main(void);
void __delay(int num);

SPRITE_IMAGE sprite1;


void main()
{
int  row, col, key, cnt;
int param;
int gdriver= DETECT, gmode, errorcode;
int midx, midy, mode;
int max_x, max_y;

   // BGI graphics initialization routine

   initgraph(&gdriver, &gmode, "");

   // check to see if there is an error

   errorcode= graphresult();

   // if initialization error occurs then report
   // error and abort

   if(errorcode != grOk) {
      printf("Graphics error: %s\n", grapherrormsg(errorcode));
      printf("Press any to return to DOS\n");
      gtKey();
      exit(1);
      }
```

Figure 2-1   *Continued.*

```
// expand image in buffer

expand_sprite_image(BOX1);

// initialize the sprite

init_sprite(&sprite1, BOX1, 1);

setbkcolor(LIGHTGRAY);

// set text style

settextstyle(DEFAULT_FONT, HORIZ_DIR, 1);

// print message to screen in graphics text

setcolor(BLUE);

outtextxy(140, 20, "ENTER Runs Program -- F10 Quits to DOS");

// initialize graphics playfield after playfield
// is drawn

init_playfield();

// initialize row and column location of sprite

row= 50;
col= 50;

// display sprite image on screen

     move_sprite_image(col, row, &sprite1);

// wait for key press

key= gtKey();

if(key == F10) {
   goto program_abort;
   }

/////////////////////////////////////
// goto program execution label

restart_program:

/////////////////////////////////////
// move sprite horizontally right

for(;;) {
```

```
         if(col > 560) {
            break;
            }

      // move the sprite image

            move_sprite_image(col++, row, &sprite1);

      // slow down to human time frame

      __delay(12);
      }

////////////////////////////////////////
// move sprite down

for(;;) {
   if(row > 400) {
      break;
      }

   // move the sprite image

         move_sprite_image(col, row++, &sprite1);

   // slow down to human time frame

   __delay(12);
   }

////////////////////////////////////////
// move sprite horizontally left

for(;;) {
   if(col < 50) {
      break;
      }

   // move the sprite image

         move_sprite_image(col--, row, &sprite1);

   // slow down to human time frame

   __delay(12);
   }

////////////////////////////////////////
// move sprite up

for(;;) {
   if(row < 50) {
      break;
      }
```

Figure 2-1   *Continued.*

```
     // move the sprite image

            move_sprite_image(col, row--, &sprite1);

     // slow down to human time frame

     __delay(12);
     }
//////////////////////////////////////
// move sprite diagonally down
// right

for(;;) {
   if(row > 400) {
      break;
      }

   // move the sprite image

         move_sprite_image(col++, row++, &sprite1);

   // slow down to human time frame

   __delay(12);
   }
//////////////////////////////////////
// move sprite diagonally up
// left

for(;;) {
   if(row < 50) {
      break;
      }

   // move the sprite image

         move_sprite_image(col--, row--, &sprite1);

   // slow down to human time frame

   __delay(12);
   }

key= gtKey();

if(key != F10) {
   goto restart_program;
   }

// program has been aborted before it is run

program_abort:

   // return from graphics mode

   closegraph();
```

```
    // free memory allocated during playfield initialization

    destroy_playfield();
}


//////////////////////////////////////
//
// microprocessor sensitive delay
//

void __delay(int num)
{
int cnt1, cnt2;
int ctr1, ctr2;

    cnt1= num;
    cnt2= num;
    cnt1<<= 4;
    cnt2<<= 2;
    for(ctr1= 0; ctr1 < cnt1; ctr1++) {
       cnt1= cnt1;
       for(ctr2= 0; ctr2 < cnt2; ctr2++) {
          cnt2= cnt2;
          }
       }
}
```

Figure 2-2 presents the make file used to build the sprite management library and to compile and link the executable program. You select the program you wish to compile by changing setting PROG= to the program name. For example, if you wished to compile and link PROG2-1.C, you would set PROG= to prog2-1. If you wished to compile and link GAME.C, you would set PROG= to game. Simple as that. The Borland make program is invoked by entering the following command:

```
make
```

That's it.

Figure 2-2 presents the listing to Borland's sprite library make file.

The source code listing to Borland's sprite library make file.   Figure 2-2

```
FLAGS= -w3 -ml

OC0= sprite_a.obj gtkbstat.obj gtkey.obj onsound.obj offsound.obj
OC1= mson.obj msoff.obj msinit.obj sprite_c.obj sprite_d.obj

ALL_O= $(OC0) $(OC1)
```

Figure 2-2   *Continued.*

```
LIBS= $(ALL_O)
PROG= prog5-1

$(PROG).exe: $(PROG).obj $(ALL_O)
        bcc $(FLAGS) $(PROG).obj graphics.lib sprite.lib

$(PROG).obj: $(PROG).c
        bcc -c  $(FLAGS) $(PROG).c

sprite_c.obj: sprite_c.c
        bcc -c $(FLAGS) sprite_c.c  # >$(PROG).lst
        tlib sprite -+sprite_c

sprite_d.obj: sprite_d.c
        bcc -c $(FLAGS) sprite_d.c  # >$(PROG).lst
        tlib sprite -+sprite_d


msoff.obj: msoff.asm
        tasm /mx /Dmdl=3 msoff.asm
        tlib sprite -+msoff

mson.obj: mson.asm
        tasm /mx /Dmdl=3 mson.asm
        tlib sprite -+mson

msinit.obj: msinit.asm
        tasm /mx /Dmdl=3 msinit.asm
        tlib sprite -+msinit

gtkbstat.obj: gtkbstat.asm
        tasm /mx /Dmdl=3 gtkbstat.asm
        tlib sprite -+gtkbstat

msstat.obj: msstat.asm
        tasm /mx /Dmdl=3 msstat.asm
        tlib sprite -+msstat

onsound.obj: onsound.asm
        tasm /mx /Dmdl=3 onsound.asm
        tlib sprite -+onsound

offsound.obj: offsound.asm
        tasm /mx /Dmdl=3 offsound.asm
        tlib sprite -+offsound

gtkey.obj: gtkey.asm
        tasm /mx /Dmdl=3 gtkey.asm
        tlib sprite -+gtkey

sprite_a.obj: sprite_a.asm
        tasm /mx  /Dmdl=3 sprite_a.asm
        tlib sprite -+sprite_a
```

⇨ Demonstration of seamless interface to Microsoft's GI

Figure 2-3 presents the source code listing to PROG2-2.C. This program has been designed to be compiled using Microsoft's C/C++ compiler. By examining the file you can see how easy it is to integrate the sprite management function into Microsoft's graphical environment.

The source code listing to PROG2-2.C

Figure 2-3

```
/////////////////////////////////////
//
// prog2-2.c
//
// Demonstration of simple movement of
// one sprite demonstrating a seamless
// interfact to Microsoft's C compiler
// graphics interface.
//

/////////////////////////////////////
//
//   defines
//

#include <dos.h>
#include <stdlib.h>
#include <stdio.h>
#include <stdio.h>
#include <string.h>
#include <conio.h>
#include <graph.h>
#include "tproto.h"
#include "sprite.h"

/////////////////////////////////////
//
// include sprite created by the
// sprite editor

#include "BOX.C"

void main(void);
void __delay(int num);

SPRITE_IMAGE sprite1;
```

Figure 2-3   *Continued.*

```c
void main()
{
int  row, col, key, cnt;
int param;
int gmode, errorcode;
int midx, midy, mode;
int max_x, max_y;

    // turn the text cursor off

     _displaycursor( _GCURSOROFF );

    // set the video mode

    _setvideomode(_VRES16COLOR);

    // expand image in buffer

    expand_sprite_image(BOX1);

    // initialize the sprite

    init_sprite(&sprite1, BOX1, 1);

    // initialize graphics playfield after playfield
    // is drawn

    _setbkcolor(_WHITE);

    // print message to screen in graphics text

    _settextcolor(1);
    _settextposition(0, 18);
    _outtext("ENTER Runs Program -- F10 Quits to DOS");

    // initialize graphics playfield after playfield
    // is drawn

     init_playfield();

    // initialize row and column location of sprite

    row= 50;
    col= 50;

    // display sprite image on screen

        move_sprite_image(col, row, &sprite1);

    // wait for key press
```

```c
        key= gtKey();

        if(key == F10) {
           goto program_abort;
           }

        //////////////////////////////////
        // goto program execution label

restart_program:

        //////////////////////////////////
        // move sprite horizontally right

        for(;;) {
           if(col > 560) {
              break;
              }

           // move the sprite image

                move_sprite_image(col++, row, &sprite1);

           // slow down to human time frame

           __delay(12);
           }

        //////////////////////////////////
        // move sprite down

        for(;;) {
           if(row > 400) {
              break;
              }

           // move the sprite image

                move_sprite_image(col, row++, &sprite1);

           // slow down to human time frame

           __delay(12);
           }

        //////////////////////////////////
        // move sprite horizontally left

        for(;;) {
           if(col < 50) {
              break;
              }
```

Figure 2-3   *Continued.*

```
    // move the sprite image

        move_sprite_image(col--, row, &sprite1);

    // slow down to human time frame

    __delay(12);
    }

////////////////////////////////////
// move sprite up

for(;;) {
    if(row < 50) {
        break;
        }

    // move the sprite image

        move_sprite_image(col, row--, &sprite1);

    // slow down to human time frame

    __delay(12);
    }

////////////////////////////////////
// move sprite diagonally down
// right

for(;;) {
    if(row > 400) {
        break;
        }

    // move the sprite image

        move_sprite_image(col++, row++, &sprite1);

    // slow down to human time frame

    __delay(12);
    }

////////////////////////////////////
// move sprite diagonally up
// left

for(;;) {
    if(row < 50) {
```

```
        break;
        }

    // move the sprite image

        move_sprite_image(col--, row--, &sprite1);

    // slow down to human time frame

    __delay(12);
        }


    // wait for key press to continue

    key= gtKey();

    if(key != F10) {
       goto restart_program;
        }

    // program has been aborted before it is run

program_abort:

    _setvideomode(_TEXTC80);

    destroy_playfield();

    _displaycursor( _GCURSORON );
}


///////////////////////////////////////
//
// microprocessor sensitive delay
//

void __delay(int num)
{
int cnt1, cnt2;
int ctr1, ctr2;

    cnt1= num;
    cnt2= num;
    cnt1<<= 4;
    cnt2<<= 2;
    for(ctr1= 0; ctr1 < cnt1; ctr1++) {
       cnt1= cnt1;
       for(ctr2= 0; ctr2 < cnt2; ctr2++) {
```

Figure 2-3   *Continued.*

```
            cnt2= cnt2;
            }
        }
}
```

Figure 2-4 presents the make file used to build the sprite
management library and to compile and link the executable program.
The Microsoft MAKE program is invoked by entering the following
command:

nmake

That's it.

Figure 2-4 presents the listing to Microsoft's sprite library make file.

Figure 2-4   *The source code listing to Microsoft's sprite library make file.*

```
FLAGS= /AL /DMSC7
OC0= sprite_a.obj gtkbstat.obj gtkey.obj onsound.obj offsound.obj
OC1= mson.obj msoff.obj msinit.obj sprite_c.obj sprite_d.obj

ALL_O= $(OC0) $(OC1)

LIBS= $(ALL_O)
PROG= prog2-2

$(PROG).exe: $(PROG).obj $(LIBS)
        cl $(FLAGS) $(PROG).obj sprite.lib graphics.lib

$(PROG).obj: $(PROG).c
        cl /c  $(FLAGS) $(PROG).c

sprite_c.obj: sprite_c.c
        cl /c  $(FLAGS) sprite_c.c
        lib sprite -+sprite_c;

sprite_d.obj: sprite_d.c
        cl /c  $(FLAGS) sprite_d.c
        lib sprite -+sprite_d;

msoff.obj: msoff.asm
        tasm /mx /Dmdl=3 msoff.asm
        lib sprite -+msoff;

mson.obj: mson.asm
        tasm /mx /Dmdl=3 mson.asm
        lib sprite -+mson;
```

```
msinit.obj: msinit.asm
        tasm /mx /Dmdl=3 msinit.asm
        lib sprite -+msinit;

gtkbstat.obj: gtkbstat.asm
        tasm /mx /Dmdl=3 gtkbstat.asm
        lib sprite -+gtkbstat;

msstat.obj: msstat.asm
        tasm /mx /Dmdl=3 msstat.asm
        lib sprite -+msstat;

onsound.obj: onsound.asm
        tasm /mx /Dmdl=3 onsound.asm
        lib sprite -+onsound;

offsound.obj: offsound.asm
        tasm /mx /Dmdl=3 offsound.asm
        lib sprite -+offsound;

gtkey.obj: gtkey.asm
        tasm /mx /Dmdl=3 gtkey.asm
        lib sprite -+gtkey;

sprite_a.obj: sprite_a.asm
        tasm /mx /Dmdl=3 sprite_a.asm
        lib sprite -+sprite_a;
```

Including the sprite object file

The sprite editor presented in part II of the book writes a C source file containing the data which describes the sprite. The sprite is described in a sprite definition buffer. This buffer holds the bytes which describe the sprite's image. Let's say you use the sprite editor to define a single-color sprite. If the name of the sprite file is BOX.C (created by the sprite editor in this case), the sprite definition buffer would be declared in the following fashion:

```
unsigned char BOX1[48*7*8]= {
```

The data description of the sprite would follow. If you wished to include BOX.C into your source file, you would do it in the following fashion:

```
#include "box.c"
```

That's how simple it is to include a sprite object into your program source.

Figure 2-5 presents the source code listing to the BOX.C sprite. Note that this source has been automatically created by the sprite editor.

Figure 2-5   *The source code listing to BOX.C*

```
//////////////////////////////////////
// BOX.c
//

unsigned char BOX1[48*7*8]= {
    0, 0, 0, 0, 0, 0, 0,
    127, 255, 255, 255, 255, 255, 0,
    127, 255, 255, 255, 255, 255, 0,
    96, 0, 0, 0, 0, 3, 0,
    96, 0, 0, 0, 0, 3, 0,
    96, 0, 0, 0, 0, 3, 0,
    96, 0, 0, 0, 0, 3, 0,
    96, 0, 0, 0, 0, 3, 0,
    96, 0, 0, 0, 0, 3, 0,
    96, 0, 0, 0, 0, 3, 0,
    96, 0, 0, 0, 0, 3, 0,
    96, 0, 0, 0, 0, 3, 0,
    96, 0, 0, 0, 0, 3, 0,
    96, 0, 0, 0, 0, 3, 0,
    96, 0, 0, 0, 0, 3, 0,
    96, 0, 0, 0, 0, 3, 0,
    96, 0, 0, 0, 0, 3, 0,
    96, 0, 0, 0, 0, 3, 0,
    96, 0, 0, 0, 0, 3, 0,
    96, 0, 0, 0, 0, 3, 0,
    96, 0, 0, 0, 0, 3, 0,
    96, 0, 0, 0, 0, 3, 0,
    96, 0, 0, 0, 0, 3, 0,
    96, 0, 0, 0, 0, 3, 0,
    96, 0, 0, 0, 0, 3, 0,
    96, 0, 0, 0, 0, 3, 0,
    96, 0, 0, 0, 0, 3, 0,
    96, 0, 0, 0, 0, 3, 0,
    96, 0, 0, 0, 0, 3, 0,
    96, 0, 0, 0, 0, 3, 0,
    96, 0, 0, 0, 0, 3, 0,
    96, 0, 0, 0, 0, 3, 0,
    96, 0, 0, 0, 0, 3, 0,
    96, 0, 0, 0, 0, 3, 0,
    96, 0, 0, 0, 0, 3, 0,
    96, 0, 0, 0, 0, 3, 0,
    96, 0, 0, 0, 0, 3, 0,
    96, 0, 0, 0, 0, 3, 0,
    96, 0, 0, 0, 0, 3, 0,
    96, 0, 0, 0, 0, 3, 0,
    96, 0, 0, 0, 0, 3, 0,
    96, 0, 0, 0, 0, 3, 0,
```

```
96, 0, 0, 0, 0, 3, 0,
96, 0, 0, 0, 0, 3, 0,
96, 0, 0, 0, 0, 3, 0,
127, 255, 255, 255, 255, 255, 0,
127, 255, 255, 255, 255, 255, 0,
0, 0, 0, 0, 0, 0, 0,
0, 0, 0, 0, 0, 0, 0,
0, 0, 0, 0, 0, 0, 0,
0, 0, 0, 0, 0, 0, 0,
0, 0, 0, 0, 0, 0, 0,
0, 0, 0, 0, 0, 0, 0,
0, 0, 0, 0, 0, 0, 0,
0, 0, 0, 0, 0, 0, 0,
0, 0, 0, 0, 0, 0, 0,
0, 0, 0, 0, 0, 0, 0,
0, 0, 0, 0, 0, 0, 0,
0, 0, 0, 0, 0, 0, 0,
0, 0, 0, 0, 0, 0, 0,
0, 0, 0, 0, 0, 0, 0,
0, 0, 0, 0, 0, 0, 0,
0, 0, 0, 0, 0, 0, 0,
0, 0, 0, 0, 0, 0, 0,
0, 0, 0, 0, 0, 0, 0,
0, 0, 0, 0, 0, 0, 0,
0, 0, 0, 0, 0, 0, 0,
0, 0, 0, 0, 0, 0, 0,
0, 0, 0, 0, 0, 0, 0,
0, 0, 0, 0, 0, 0, 0,
0, 0, 0, 0, 0, 0, 0,
0, 0, 0, 0, 0, 0, 0,
0, 0, 0, 0, 0, 0, 0,
0, 0, 0, 0, 0, 0, 0,
0, 0, 0, 0, 0, 0, 0,
0, 0, 0, 0, 0, 0, 0,
0, 0, 0, 0, 0, 0, 0,
0, 0, 0, 0, 0, 0, 0,
0, 0, 0, 0, 0, 0, 0,
0, 0, 0, 0, 0, 0, 0,
0, 0, 0, 0, 0, 0, 0,
0, 0, 0, 0, 0, 0, 0,
0, 0, 0, 0, 0, 0, 0,
0, 0, 0, 0, 0, 0, 0,
0, 0, 0, 0, 0, 0, 0,
0, 0, 0, 0, 0, 0, 0,
0, 0, 0, 0, 0, 0, 0,
0, 0, 0, 0, 0, 0, 0,
0, 0, 0, 0, 0, 0, 0,
0, 0, 0, 0, 0, 0, 0,
0, 0, 0, 0, 0, 0, 0,
```

Figure 2-5   *Continued.*

```
0, 0, 0, 0, 0, 0, 0,
0, 0, 0, 0, 0, 0, 0,
0, 0, 0, 0, 0, 0, 0,
0, 0, 0, 0, 0, 0, 0,
0, 0, 0, 0, 0, 0, 0,
0, 0, 0, 0, 0, 0, 0,
0, 0, 0, 0, 0, 0, 0,
0, 0, 0, 0, 0, 0, 0,
0, 0, 0, 0, 0, 0, 0,
0, 0, 0, 0, 0, 0, 0,
0, 0, 0, 0, 0, 0, 0,
0, 0, 0, 0, 0, 0, 0,
0, 0, 0, 0, 0, 0, 0,
0, 0, 0, 0, 0, 0, 0,
0, 0, 0, 0, 0, 0, 0,
0, 0, 0, 0, 0, 0, 0,
0, 0, 0, 0, 0, 0, 0,
0, 0, 0, 0, 0, 0, 0,
0, 0, 0, 0, 0, 0, 0,
0, 0, 0, 0, 0, 0, 0,
0, 0, 0, 0, 0, 0, 0,
0, 0, 0, 0, 0, 0, 0,
0, 0, 0, 0, 0, 0, 0,
0, 0, 0, 0, 0, 0, 0,
0, 0, 0, 0, 0, 0, 0,
0, 0, 0, 0, 0, 0, 0,
0, 0, 0, 0, 0, 0, 0,
0, 0, 0, 0, 0, 0, 0,
0, 0, 0, 0, 0, 0, 0,
0, 0, 0, 0, 0, 0, 0,
0, 0, 0, 0, 0, 0, 0,
0, 0, 0, 0, 0, 0, 0,
0, 0, 0, 0, 0, 0, 0,
0, 0, 0, 0, 0, 0, 0,
0, 0, 0, 0, 0, 0, 0,
0, 0, 0, 0, 0, 0, 0,
0, 0, 0, 0, 0, 0, 0,
0, 0, 0, 0, 0, 0, 0,
0, 0, 0, 0, 0, 0, 0,
0, 0, 0, 0, 0, 0, 0,
0, 0, 0, 0, 0, 0, 0,
0, 0, 0, 0, 0, 0, 0,
0, 0, 0, 0, 0, 0, 0,
0, 0, 0, 0, 0, 0, 0,
0, 0, 0, 0, 0, 0, 0,
0, 0, 0, 0, 0, 0, 0,
0, 0, 0, 0, 0, 0, 0,
0, 0, 0, 0, 0, 0, 0,
0, 0, 0, 0, 0, 0, 0,
0, 0, 0, 0, 0, 0, 0,
```

```
0, 0, 0, 0, 0, 0, 0,
0, 0, 0, 0, 0, 0, 0,
0, 0, 0, 0, 0, 0, 0,
0, 0, 0, 0, 0, 0, 0,
0, 0, 0, 0, 0, 0, 0,
0, 0, 0, 0, 0, 0, 0,
0, 0, 0, 0, 0, 0, 0,
0, 0, 0, 0, 0, 0, 0,
0, 0, 0, 0, 0, 0, 0,
0, 0, 0, 0, 0, 0, 0,
0, 0, 0, 0, 0, 0, 0,
0, 0, 0, 0, 0, 0, 0,
0, 0, 0, 0, 0, 0, 0,
0, 0, 0, 0, 0, 0, 0,
0, 0, 0, 0, 0, 0, 0,
0, 0, 0, 0, 0, 0, 0,
0, 0, 0, 0, 0, 0, 0,
0, 0, 0, 0, 0, 0, 0,
0, 0, 0, 0, 0, 0, 0,
0, 0, 0, 0, 0, 0, 0,
0, 0, 0, 0, 0, 0, 0,
0, 0, 0, 0, 0, 0, 0,
0, 0, 0, 0, 0, 0, 0,
0, 0, 0, 0, 0, 0, 0,
0, 0, 0, 0, 0, 0, 0,
0, 0, 0, 0, 0, 0, 0,
0, 0, 0, 0, 0, 0, 0,
0, 0, 0, 0, 0, 0, 0,
0, 0, 0, 0, 0, 0, 0,
0, 0, 0, 0, 0, 0, 0,
0, 0, 0, 0, 0, 0, 0,
0, 0, 0, 0, 0, 0, 0,
0, 0, 0, 0, 0, 0, 0,
0, 0, 0, 0, 0, 0, 0,
0, 0, 0, 0, 0, 0, 0,
0, 0, 0, 0, 0, 0, 0,
0, 0, 0, 0, 0, 0, 0,
0, 0, 0, 0, 0, 0, 0,
0, 0, 0, 0, 0, 0, 0,
0, 0, 0, 0, 0, 0, 0,
0, 0, 0, 0, 0, 0, 0,
0, 0, 0, 0, 0, 0, 0,
0, 0, 0, 0, 0, 0, 0,
0, 0, 0, 0, 0, 0, 0,
0, 0, 0, 0, 0, 0, 0,
0, 0, 0, 0, 0, 0, 0,
0, 0, 0, 0, 0, 0, 0,
0, 0, 0, 0, 0, 0, 0,
0, 0, 0, 0, 0, 0, 0,
0, 0, 0, 0, 0, 0, 0,
0, 0, 0, 0, 0, 0, 0,
0, 0, 0, 0, 0, 0, 0,
0, 0, 0, 0, 0, 0, 0,
```

Figure 2-5   *Continued.*

```
0,  0,  0,  0,  0,  0,  0,
0,  0,  0,  0,  0,  0,  0,
0,  0,  0,  0,  0,  0,  0,
0,  0,  0,  0,  0,  0,  0,
0,  0,  0,  0,  0,  0,  0,
0,  0,  0,  0,  0,  0,  0,
0,  0,  0,  0,  0,  0,  0,
0,  0,  0,  0,  0,  0,  0,
0,  0,  0,  0,  0,  0,  0,
0,  0,  0,  0,  0,  0,  0,
0,  0,  0,  0,  0,  0,  0,
0,  0,  0,  0,  0,  0,  0,
0,  0,  0,  0,  0,  0,  0,
0,  0,  0,  0,  0,  0,  0,
0,  0,  0,  0,  0,  0,  0,
0,  0,  0,  0,  0,  0,  0,
0,  0,  0,  0,  0,  0,  0,
0,  0,  0,  0,  0,  0,  0,
0,  0,  0,  0,  0,  0,  0,
0,  0,  0,  0,  0,  0,  0,
0,  0,  0,  0,  0,  0,  0,
0,  0,  0,  0,  0,  0,  0,
0,  0,  0,  0,  0,  0,  0,
0,  0,  0,  0,  0,  0,  0,
0,  0,  0,  0,  0,  0,  0,
0,  0,  0,  0,  0,  0,  0,
0,  0,  0,  0,  0,  0,  0,
0,  0,  0,  0,  0,  0,  0,
0,  0,  0,  0,  0,  0,  0,
0,  0,  0,  0,  0,  0,  0,
0,  0,  0,  0,  0,  0,  0,
0,  0,  0,  0,  0,  0,  0,
0,  0,  0,  0,  0,  0,  0,
0,  0,  0,  0,  0,  0,  0,
0,  0,  0,  0,  0,  0,  0,
0,  0,  0,  0,  0,  0,  0,
0,  0,  0,  0,  0,  0,  0,
0,  0,  0,  0,  0,  0,  0,
0,  0,  0,  0,  0,  0,  0,
0,  0,  0,  0,  0,  0,  0,
0,  0,  0,  0,  0,  0,  0,
0,  0,  0,  0,  0,  0,  0,
0,  0,  0,  0,  0,  0,  0,
0,  0,  0,  0,  0,  0,  0,
0,  0,  0,  0,  0,  0,  0,
0,  0,  0,  0,  0,  0,  0,
0,  0,  0,  0,  0,  0,  0,
0,  0,  0,  0,  0,  0,  0,
0,  0,  0,  0,  0,  0,  0,
0,  0,  0,  0,  0,  0,  0,
0,  0,  0,  0,  0,  0,  0,
```

```
0, 0, 0, 0, 0, 0, 0,
0, 0, 0, 0, 0, 0, 0,
0, 0, 0, 0, 0, 0, 0,
0, 0, 0, 0, 0, 0, 0,
0, 0, 0, 0, 0, 0, 0,
0, 0, 0, 0, 0, 0, 0,
0, 0, 0, 0, 0, 0, 0,
0, 0, 0, 0, 0, 0, 0,
0, 0, 0, 0, 0, 0, 0,
0, 0, 0, 0, 0, 0, 0,
0, 0, 0, 0, 0, 0, 0,
0, 0, 0, 0, 0, 0, 0,
0, 0, 0, 0, 0, 0, 0,
0, 0, 0, 0, 0, 0, 0,
0, 0, 0, 0, 0, 0, 0,
0, 0, 0, 0, 0, 0, 0,
0, 0, 0, 0, 0, 0, 0,
0, 0, 0, 0, 0, 0, 0,
0, 0, 0, 0, 0, 0, 0,
0, 0, 0, 0, 0, 0, 0,
0, 0, 0, 0, 0, 0, 0,
0, 0, 0, 0, 0, 0, 0,
0, 0, 0, 0, 0, 0, 0,
0, 0, 0, 0, 0, 0, 0,
0, 0, 0, 0, 0, 0, 0,
0, 0, 0, 0, 0, 0, 0,
0, 0, 0, 0, 0, 0, 0,
0, 0, 0, 0, 0, 0, 0,
0, 0, 0, 0, 0, 0, 0,
0, 0, 0, 0, 0, 0, 0,
0, 0, 0, 0, 0, 0, 0,
0, 0, 0, 0, 0, 0, 0,
0, 0, 0, 0, 0, 0, 0,
0, 0, 0, 0, 0, 0, 0,
0, 0, 0, 0, 0, 0, 0,
0, 0, 0, 0, 0, 0, 0,
0, 0, 0, 0, 0, 0, 0,
0, 0, 0, 0, 0, 0, 0,
0, 0, 0, 0, 0, 0, 0,
0, 0, 0, 0, 0, 0, 0,
0, 0, 0, 0, 0, 0, 0,
0, 0, 0, 0, 0, 0, 0,
0, 0, 0, 0, 0, 0, 0,
0, 0, 0, 0, 0, 0, 0,
0, 0, 0, 0, 0, 0, 0,
0, 0, 0, 0, 0, 0, 0,
0, 0, 0, 0, 0, 0, 0,
0, 0, 0, 0, 0, 0, 0,
0, 0, 0, 0, 0, 0, 0,
0, 0, 0, 0, 0, 0, 0,
0, 0, 0, 0, 0, 0, 0,
0, 0, 0, 0, 0, 0, 0,
0, 0, 0, 0, 0, 0, 0,
0, 0, 0, 0, 0, 0, 0,
```

Figure 2-5   *Continued.*

```
0,  0,  0,  0,  0,  0,  0,
0,  0,  0,  0,  0,  0,  0,
0,  0,  0,  0,  0,  0,  0,
0,  0,  0,  0,  0,  0,  0,
0,  0,  0,  0,  0,  0,  0,
0,  0,  0,  0,  0,  0,  0,
0,  0,  0,  0,  0,  0,  0,
0,  0,  0,  0,  0,  0,  0,
0,  0,  0,  0,  0,  0,  0,
0,  0,  0,  0,  0,  0,  0,
0,  0,  0,  0,  0,  0,  0,
0,  0,  0,  0,  0,  0,  0,
0,  0,  0,  0,  0,  0,  0,
0,  0,  0,  0,  0,  0,  0,
0,  0,  0,  0,  0,  0,  0,
0,  0,  0,  0,  0,  0,  0,
0,  0,  0,  0,  0,  0,  0,
0,  0,  0,  0,  0,  0,  0,
0,  0,  0,  0,  0,  0,  0,
0,  0,  0,  0,  0,  0,  0,
0,  0,  0,  0,  0,  0,  0,
0,  0,  0,  0,  0,  0,  0,
0,  0,  0,  0,  0,  0,  0,
0,  0,  0,  0,  0,  0,  0,
0,  0,  0,  0,  0,  0,  0,
0,  0,  0,  0,  0,  0,  0,
0,  0,  0,  0,  0,  0,  0,
0,  0,  0,  0,  0,  0,  0,
0,  0,  0,  0,  0,  0,  0,
0,  0,  0,  0,  0,  0,  0,
0,  0,  0,  0,  0,  0,  0,
0,  0,  0,  0,  0,  0,  0,
0,  0,  0,  0,  0,  0,  0,
0,  0,  0,  0,  0,  0,  0,
0,  0,  0,  0,  0,  0,  0,
0,  0,  0,  0,  0,  0,  0,
0,  0,  0,  0,  0,  0,  0,
0,  0,  0,  0,  0,  0,  0,
0,  0,  0,  0,  0,  0,  0,
0,  0,  0,  0,  0,  0,  0,
0,  0,  0,  0,  0,  0,  0,
0,  0,  0,  0,  0,  0,  0,
0,  0,  0,  0,  0,  0,  0,
0,  0,  0,  0,  0,  0,  0,
0,  0,  0,  0,  0,  0,  0,
0,  0,  0,  0,  0,  0,  0,
0,  0,  0,  0,  0,  0,  0,
0,  0,  0,  0,  0,  0,  0,
0,  0,  0,  0,  0,  0,  0,
```

```
0, 0, 0, 0, 0, 0, 0,
0, 0, 0, 0, 0, 0, 0,
0, 0, 0, 0, 0, 0, 0,
0, 0, 0, 0, 0, 0, 0,
0, 0, 0, 0, 0, 0, 0,
0, 0, 0, 0, 0, 0, 0,
0, 0, 0, 0, 0, 0, 0,
0, 0, 0, 0, 0, 0, 0,
0, 0, 0, 0, 0, 0, 0,
0, 0, 0, 0, 0, 0, 0,
0, 0, 0, 0, 0, 0, 0,
0, 0, 0, 0, 0, 0, 0,
0, 0, 0, 0, 0, 0, 0,
0, 0, 0, 0, 0, 0, 0,
0, 0, 0, 0, 0, 0, 0,
0, 0, 0, 0, 0, 0, 0,
0, 0, 0, 0, 0, 0, 0,
0, 0, 0, 0, 0, 0, 0,
0, 0, 0, 0, 0, 0, 0,
0, 0, 0, 0, 0, 0, 0,
0, 0, 0, 0, 0, 0, 0,
0, 0, 0, 0, 0, 0, 0,
0, 0, 0, 0, 0, 0, 0,
0, 0, 0, 0, 0, 0, 0,
0, 0, 0, 0, 0, 0, 0,
0, 0, 0, 0, 0, 0, 0,
0, 0, 0, 0, 0, 0, 0,
0, 0, 0, 0, 0, 0, 0,
0, 0, 0, 0, 0, 0, 0 };

//!
// End of sprite source
//////////////////////////////////////
```

⇨ Expanding the sprite object

Once you have included the sprite object in your file, you need to expand the object by creating seven related sprite images. Here's why. Examine BOX.C (Fig. 2-5) and you'll see numerical data describing the sprite object near the top of the source file. Then you'll notice rows and rows of zeros.

Remember that 8 pixels are mapped into one byte. If you moved the sprite object from byte to byte, you would experience an 8 pixel horizontal jump. So, if you ever see a graphics program where objects seem to hop in a horizontal fashion, the reason is that the objects are being moved by the byte, and not by the pixel.

Expanding a sprite object means that eight different offsets are placed in the original sprite object buffer. So, although BOX.C contains scads of zeros, once the sprite object is expanded the zeros are replaced by the appropriately shifted object data.

Here's the function definition for expand_sprite_object(...):

```
void expand_sprite_object(SPRITE_IMAGE *sprite_object)
```

Here's the apppropriate usage:

```
expand_sprite_object(BOX1);
```

where BOX1 is the address of the sprite object which has been created by the sprite editor.

Initializing the playfield

The playfield refers to the screen background object on which the sprite moves. The process of initializing the playfield consists of the following operations:

❶ Dynamically open memory to hold data for each video plane.

❷ Copy video plane data to memory.

Once you have initialized your graphics driver (Borland's BGI, for most of the cases in this book), your next task is to draw the images which will be on the playfield. For the purposes of this book the playfields will be filled with horizontal and vertical lines. The init_playfield(...) function is called after the playfield is drawn. Data from the video planes is used by the functions which move the sprites, missiles, and bullets.

Here's the function definition for init_playfield(...):

```
void init_playfield(void)
```

Here's the appropriate usage:

```
init_playfield();
```

 # Initializing the sprite object

The init_sprite(...) function is used to initialize the sprite structure. Once the sprite structure is initialized it may be moved effortlessly about the screen. Here's the function definition for init_sprite(...):

```
void init_sprite(SPRITE_IMAGE *si, unsigned
char *BOX1, unsigned char plane)
```

Here's the appropriate usage:

```
init_sprite(&sprite1, BOX1, plane);
```

where *&sprite1* is the address of a sprite structure which has been declared in the following fashion:

```
SPRITE_IMAGE sprite1;
```

BOX1 is the address of the sprite object which has been created by the sprite editor. *plane* holds a value between 1 and 4. This value sets the video plane on which the sprite will move. It also selects the sprite color and precedence.

 # Moving the sprite object on the playfield

The move_sprite_object(...) function moves the sprite object to a specified row and column screen location. The restoration of the background object under the sprite's current location is taken care of by this library function.

Know that this function has specifically been designed so it works only when you are incrementing or decrementing the row and column location of the sprite by a value of 1. If you wish to jump the sprite from one screen location to another, you should use the erase_sprite _object(...) function to remove the sprite and then the move_sprite _object(...) to place the sprite at its new location.

Note that I've devised one sequence of function calls to jump a sprite from one screen location to another and a different sequence for moving the sprite from one location to a contiguous location. I did this to speed the smooth animation motion of the sprite. I deemed the extra time taken by the function call required in the sprite jump sequence is worth the tradeoff, because smooth motion requires more function calls than jumps. I reasoned that there will be many more smooth-motion sprite sequences in your programs than sprite jump sequences. Here's the function definition for move_sprite_object(...):

```
void move_sprite_object(int col, int row, SPRITE_IMAGE *si)
```

Here's the appropriate usage:

```
move_sprite_object(col, row, &sprite1);
```

where *col* is a value between 0 and (639 - (8 * 8)), *row* is a value between 0 and (479 - 48), and *&sprite1* is the address of a sprite structure which has been initialized using the init_sprite(...) function and has been declared in the following fashion:

```
SPRITE_IMAGE sprite1;
```

 # Destroying the playfield

The process of destroying the playfield consists of freeing the memory which had been previously allocated during the init_playfield(...) function call. Here's the function definition or destroy_playfield(...):

```
void destroy_playfield(void)
```

Here's the appropriate usage:

```
destroy_playfield();
```

 # Bit-plane animation header files

These header files are included in your bit-plane animation source files. They contain definitions and structures used by both the sprite editor and bit-plane animation programs.

Figure 2-6 presents the source code listing to SPRITE.H. This file contains function prototypes of the bit-plane animation functions.

The source code listing to SPRITE.H

Figure 2-6

```
////////////////////////////////////////
//
// sprite.h
//
// Defines and structures used by
// sprite management functions
//


////////////////////////////////////////
// video mode defines if you're using
// your own  graphics initialization
// function

#define TEXT80X25MONO      0x02
#define TEXT80X25COLOR     0x03
#define EGA640X350MONO     0x0F
#define EGA640X350COLOR    0x10
#define VGA640X480MONO     0x11
#define VGA640X480COLOR    0x12
#define VGA320X200COLOR    0x13


typedef struct {
    int ul_x;                   // upper left col
    int ul_y;                   // upper left row
    int lr_x;                   // lower right col
    int lr_y;                   // lower right row
} GRECT;


typedef struct
    {
    int visible;
    int first_move;             // set to 0 during initialization
    int height;                 // height in pixels
    int width;                  // width in bytes
    unsigned char screen_data[128];
    unsigned char bullet_data[128];
    int current_x;              // current x location
    int current_y;              // current y location
    int old_x;                  // current x location
    int old_y;                  // current y location
    unsigned char plane;        // plane of sprite
    int offset_x;               // white left + right pixel offset
    int offset_y;               // white top + bottom pixel offset
    unsigned char *data_table;  // pointer to sprite shape table
    } BULLET_IMAGE;
```

Figure 2-6   *Continued.*

```
typedef struct
    {
    int visible;
    int first_move;              // set to 0 during initialization
    int height;                  // height in pixels
    int width;                   // width in bytes
    unsigned char screen_data[128];
    unsigned char missile_data[128];
    int current_x;               // current x location
    int current_y;               // current y location
    int old_x;                   // current x location
    int old_y;                   // current y location
    unsigned char plane;         // plane of sprite
    int offset_x;                // white left + right pixel offset
    int offset_y;                // white top + bottom pixel offset
    unsigned char *data_table;   // pointer to sprite shape table
    } MISSILE_IMAGE;

typedef struct
    {
    int visible;
    int first_move;              // set to 0 during initialization
    unsigned char screen_data[48*7];
    unsigned char sprite_data[48*7];
    int current_x;               // current x location
    int current_y;               // current y location
    int old_x;                   // current x location
    int old_y;                   // current y location
    unsigned char plane;         // plane of sprite
    unsigned char *data_table;   // pointer to sprite shape table
    } SPRITE_IMAGE;

/////////////////////////////////////////
// sprite management function
// prototypes
//

void set_color_palette(char *);
void set_ega_plane(unsigned char);
void shift_sprite(void);
void mvsprite( int,  int, SPRITE_IMAGE *);
void move_sprite_image( int,  int, SPRITE_IMAGE *);
void erasprite( int,  int, SPRITE_IMAGE *);
void erase_sprite_image(SPRITE_IMAGE *);
void save_ega_plane(void);
void restore_ega_plane(void);
int  sprite_sprite_collision(SPRITE_IMAGE *,SPRITE_IMAGE *);
int  sprite_missile_collision(SPRITE_IMAGE *,MISSILE_IMAGE *);
void select_sprite_image( int,SPRITE_IMAGE *);
void expand_sprite_image(unsigned char *);
void relocate_sprite_image( int,  int,SPRITE_IMAGE *);
```

```
void init_sprite(SPRITE_IMAGE *si,unsigned char *dt, unsigned char
plane);
void init_playfield(void);
void destroy_playfield(void);

void init_missile(MISSILE_IMAGE *mi, unsigned char plane);
void select_missile_image(int col, MISSILE_IMAGE *mi);
void move_missile_image(int x, int y, MISSILE_IMAGE *mi);
void mvmissile(int x, int y, MISSILE_IMAGE *mi);
void init_bullet(BULLET_IMAGE *bi, unsigned char plane);
void select_bullet_image(int col, BULLET_IMAGE *bi);
void move_bullet_image(int x, int y, BULLET_IMAGE *bi);
void mvbullet(int x, int y, BULLET_IMAGE *bi);


void save_video_mode(void);
void restore_video_mode(void);
void set_video_mode( int);
void clear_screen( int);


void rect_right(GRECT *);
void rect_down(GRECT *);
void rect_up(GRECT *);
void rect_shrink(GRECT *);
void rect_expand(GRECT *);
void rect_clear(GRECT *,int);
void setgrect(GRECT *,int,int,int,int);
```

Figure 2-7 presents the source code listing to TPROTO.H. This file
contains function prototypes which are used by both the sprite editor
and bit-plane animation programs.

The source code listing to TPROTO.H

Figure 2-7

```
/////////////////////////////////////
//
// tproto.h
//
// function prototypes for
// game I/O library
//
/////////////////////////////////////

/////////////////////////////////////
//
// include header files here
//

#include "keyboard.h"
#include "ascii.h"
#include "tstruct.h"
```

Figure 2-7   *Continued.*

```c
#ifndef MK_FP
#define MK_FP(seg,ofs)   ((void far *) \
                        (((unsigned long)(seg) << 16) | (unsigned)(ofs)))
#endif

void mson(void);
void msoff(void);
int  msinit(void);
int  msstat(int *x, int *y);

////////////////////////////////////////
// String Routines

void delChar(char *);
int  findChar(int, char *);
void insChar(char *, char);
void insNum(char *,int);
char *memichr(char *,char,int);
char *ritoa(int,char *,int,int,char);
void strCjust(char *);
char *strins(char *,char *,int);
void stripblk(char *);
void strEnul(char *);
void strLjust(char *);
void strRjust(char *);
int  strAnal(int *,int *,char *);

////////////////////////////////////////
// Keyboard Routines

char gtChar(void);
int  gtKey(void);
char gtScan(void);
int  gtKBstat(void);
int  gtKBflag(void);
int  gtKBflsh(int);

////////////////////////////////////////
// Cursor Routines

void gtCur(int *, int *);
int  g_shape(void);
void mvCur(int, int);
void offCur(void);
void onCur(void);
void ssizeCur(void);
void rsizeCur(void);
void sizeCur(int, int);
void sCloc(void);
void s_shape(int);
```

```
/////////////////////////////////////
// Rectangle Routines

RECT *setRect(RECT *, int, int, int, int);
void addRect(RECT *, RECT *);
void subRect(RECT *, RECT *);
void dupRect(RECT *, RECT *);
void dsyRect(RECT *);
void offRect(RECT *, int, int );
void boxRect(RECT *, int, int);
void clrRect(RECT *);
void fillRect(RECT *, int);
void saveRect(RECT *);
unsigned int sizeRect(RECT *);
void restRect(RECT *);
void scUp(RECT *, int, int);
void scDn(RECT *, int, int);

/////////////////////////////////////
// Sound Routines

void beep(void);
void bleep(void);
void offSound(void);
void onSound(int);

/////////////////////////////////////
// Print Routines

int  prChar(int,char);
int  prInit(int);
int  prScrn(int);
int  prScrnFF(int);
int  prStatus(int);


/////////////////////////////////////
// Screen Routines

void ascup(int,int,int,int,int,int,int);
void scrnClr(void);
void vdAttr(int, int, int, int);
void vdChar(int, int, int);
void vdChr(int, int, int);
void vdHoriz(int, int, int, int);
void vdStr(int, int, int, char *, char);
void vdWrite(int, int, int, char *, int);
void vidInit(void);
void saveScrn(void);
void restScrn(void);

/////////////////////////////////////
// Window Routines
```

Figure 2-7   *Continued.*

```
void clrWind(WIND *);
void dispWind(WIND *);
void dsyWind(WIND *);
void rdImg(WIND *);
void rdWind(WIND *);
void remvWind(WIND *);
void scrnClr(void);
void setAttr(WIND *, int);
void setBord(WIND *, int);
void setTitle(WIND *,char *);
WIND *setWind(WIND *, int,int,int,int);
void strtWind(WIND *);
unsigned int sizeImg(WIND *);
void wmvCur(WIND *, int, int);
void wrBox(WIND *);
void wrImg(WIND *);
void wrWind(WIND *);
void wvdAttr(WIND *, int, int, int,char);
void wvdHoriz(WIND *,int,int,int,int);
int  wvdprmne(WIND *, char *, int, int, int, int);
int  wvdprmpt(WIND *, char *, int, int, int, int);
void wvdVert(WIND *, int,int,int,int);
void wvdScdn(WIND *, int);
void wvdScup(WIND *, int);
void wvdStr(WIND *, int, int, int, char *, char);
void wvdWrite(WIND *, int, int, int, char *, char);
int  wvrdChar(WIND *, int, int);

////////////////////////////////////////
// Misc. routines

void Delay(int, int);
int  mkToken(int,int);
int  mkAttr(int, int, int, int);
void exit_bad(char *);
```

Figure 2-8 presents the source code listing to KEYBOARD.H. This
file contains defines for the keyboard key codes.

Figure 2-8   *The source code listing to KEYBOARD.H*

```
////////////////////////////////////////
//
// keyboard.h
//
// keyboard scan and char codes
//
////////////////////////////////////////


#define INSERT       0x5200
```

```
#define DELETE        0x5300
#define SPACE         0x3920
#define ESC           0x011b
#define ESCAPE        0x011b
#define PGDN          0x5100
#define PGUP          0x4900
#define PERIOD        0x342e
#define TAB           0x0f09
#define RT_SQUARE     0x1b5d
#define LT_SQUARE     0x1a5b
#define RT_BRACKET    0x1b7d
#define LT_BRACKET    0x1a7b
#define CNTL_HOME     0x7700
#define CNTL_END      0x7500
#define CNTL_ENTER    0x1c0a
#define CNTL_BS       0x0e7f
#define HOME          0x4700
#define END           0x4f00
#define s_BS          0x0008
#define BS            0x0e08
#define BACKSPACE     0x0e08
#define s_CR          0x000d
#define CR            0x1c0d
#define ENTER         0x1c0d
#define UP_ARROW      0x4800
#define RIGHT_ARROW   0x4d00
#define LEFT_ARROW    0x4b00
#define DOWN_ARROW    0x5000
#define F1            0x3b00
#define F2            0x3c00
#define F3            0x3d00
#define F4            0x3e00
#define F5            0x3f00
#define F6            0x4000
#define F7            0x4100
#define F8            0x4200
#define F9            0x4300
#define F10           0x4400


#define SHIFT_TAB     0x0f00
#define SHIFT_HOME    0x4737
#define SHIFT_END     0x4f31
#define SHIFT_INSERT  0x5230
#define SHIFT_DELETE  0x532e
#define SHFT_INSERT   0x5230
#define SHFT_F1       0x5400
#define SHFT_F2       0x5500
#define SHFT_F3       0x5600
#define SHFT_F4       0x5700
#define SHFT_F5       0x5800
#define SHFT_F6       0x5900
#define SHFT_F7       0x5a00
```

Figure 2-8   *Continued.*

```
#define SHFT_F8      0x5b00
#define SHFT_F9      0x5c00
#define SHFT_F10     0x5d00
#define SH_R_ARROW   0x4d36
#define SH_L_ARROW   0x4b34
#define SH_U_ARROW   0x4838
#define SH_D_ARROW   0x5032


#define CNTL_F1      0x5e00
#define CNTL_F2      0x5f00
#define CNTL_F3      0x6000
#define CNTL_F4      0x6100
#define CNTL_F5      0x6200
#define CNTL_F6      0x6300
#define CNTL_F7      0x6400
#define CNTL_F8      0x6500
#define CNTL_F9      0x6600
#define CNTL_F10     0x6700
#define CNTL_LEFTA   0x7300
#define CNTL_RIGHTA  0x7400

#define ALT_F1       0x6800
#define ALT_F2       0x6900
#define ALT_F3       0x6a00
#define ALT_F4       0x6b00
#define ALT_F5       0x6c00
#define ALT_F6       0x6d00
#define ALT_F7       0x6e00
#define ALT_F8       0x6f00
#define ALT_F9       0x7000
#define ALT_F10      0x7100

#define ALT_A        0x1e00
#define ALT_B        0x3000
#define ALT_C        0x2e00
#define ALT_D        0x2000
#define ALT_E        0x1200
#define ALT_F        0x2100
#define ALT_G        0x2200
#define ALT_H        0x2300
#define ALT_I        0x1700
#define ALT_J        0x2400
#define ALT_K        0x2500
#define ALT_L        0x2600
#define ALT_M        0x3200
#define ALT_N        0x3100
#define ALT_O        0x1800
#define ALT_P        0x1900
#define ALT_Q        0x1000
#define ALT_R        0x1300
```

```
#define ALT_S          0x1f00
#define ALT_T          0x1400
#define ALT_U          0x1600
#define ALT_V          0x2f00
#define ALT_W          0x1100
#define ALT_X          0x2d00
#define ALT_Y          0x1500
#define ALT_Z          0x2c00

#define CNTL_A         0x1e01
#define CNTL_B         0x3002
#define CNTL_C         0x2e03
#define CNTL_D         0x2004
#define CNTL_E         0x1205
#define CNTL_F         0x2106
#define CNTL_G         0x2207
#define CNTL_H         0x2308
#define CNTL_I         0x1709
#define CNTL_J         0x240a
#define CNTL_K         0x250b
#define CNTL_L         0x260c
#define CNTL_M         0x320d
#define CNTL_N         0x310e
#define CNTL_O         0x180f
#define CNTL_P         0x1910
#define CNTL_Q         0x1011
#define CNTL_R         0x1312
#define CNTL_S         0x1f13
#define CNTL_T         0x1414
#define CNTL_U         0x1615
#define CNTL_V         0x2f16
#define CNTL_W         0x1117
#define CNTL_X         0x2d18
#define CNTL_Y         0x1519
#define CNTL_Z         0x2c1a

#define K_0            0x0b30
#define K_1            0x0231
#define K_2            0x0332
#define K_3            0x0433
#define K_4            0x0534
#define K_5            0x0635
#define K_6            0x0736
#define K_7            0x0837
#define K_8            0x0938
#define K_9            0x0a39

#define ALT_0          0x8100
#define ALT_1          0x7800
#define ALT_2          0x7900
#define ALT_3          0x7a00
#define ALT_4          0x7b00
#define ALT_5          0x7c00
```

Figure 2-8 *Continued.*

```
#define ALT_6          0x7d00
#define ALT_7          0x7e00
#define ALT_8          0x7f00
#define ALT_9          0x8000

#define K_SPACE        0x3920
#define K_EXCLAM       0x0221
#define K_QUOTE        0x2822
#define K_POUND        0x0423
#define K_DOLLAR       0x0524
#define K_PERCENT      0x0625
#define K_AND          0x0826
#define K_APOST        0x2827
#define K_LPAREN       0x0A28
#define K_RPAREN       0x0B29
#define K_STAR         0x092A
#define K_PLUS         0x0D2B
#define K_COMMA        0x332C
#define K_MINUS        0x0C2D
#define K_PERIOD       0x342E
#define K_FSLASH       0x352F

#define K_COLON        0x273A
#define K_SCOLON       0x273B
#define K_LESS         0x333C
#define K_EQUAL        0x0D3D
#define K_GREAT        0x343E
#define K_QUEST        0x353F
#define K_AMPER        0x0340

#define K_A            0x1E61 - 0x20
#define K_B            0x3062 - 0x20
#define K_C            0x2E63 - 0x20
#define K_D            0x2064 - 0x20
#define K_E            0x1265 - 0x20
#define K_F            0x2166 - 0x20
#define K_G            0x2267 - 0x20
#define K_H            0x2368 - 0x20
#define K_I            0x1769 - 0x20
#define K_J            0x246A - 0x20
#define K_K            0x256B - 0x20
#define K_L            0x266C - 0x20
#define K_M            0x326D - 0x20
#define K_N            0x316E - 0x20
#define K_O            0x186F - 0x20
#define K_P            0x1970 - 0x20
#define K_Q            0x1071 - 0x20
#define K_R            0x1372 - 0x20
#define K_S            0x1F73 - 0x20
#define K_T            0x1474 - 0x20
```

```
#define K_U          0x1675 - 0x20
#define K_V          0x2F76 - 0x20
#define K_W          0x1177 - 0x20
#define K_X          0x2D78 - 0x20
#define K_Y          0x1579 - 0x20
#define K_Z          0x2C7A - 0x20

#define K_LBRACK     0x1A5B
#define K_BSLASH     0x2B5C
#define K_RBRACK     0x1B5D
#define K_KARAT      0x075E
#define K_UNDER      0x0C5C

#define K_a          0x1E61
#define K_b          0x3062
#define K_c          0x2E63
#define K_d          0x2064
#define K_e          0x1265
#define K_f          0x2166
#define K_g          0x2267
#define K_h          0x2368
#define K_i          0x1769
#define K_j          0x246A
#define K_k          0x256B
#define K_l          0x266C
#define K_m          0x326D
#define K_n          0x316E
#define K_o          0x186F
#define K_p          0x1970
#define K_q          0x1071
#define K_r          0x1372
#define K_s          0x1F73
#define K_t          0x1474
#define K_u          0x1675
#define K_v          0x2F76
#define K_w          0x1177
#define K_x          0x2D78
#define K_y          0x1579
#define K_z          0x2C7A
```

Figure 2-9 presents the source code listing to ASCII.H. This file contains ASCII defines.

The source code listing to ASCII.H

Figure 2-9

```
//////////////////////////////////////
//
// ascii.h
//
// ascii def header file
//
//////////////////////////////////////
```

Figure 2-9   *Continued.*

```
#define   aNUL      0      //       null \0 delimeter
#define   aSOH      1      // ^A - start of heading
#define   aSTX      2      // ^B - start of text
#define   aETX      3      // ^C - end of text
#define   aEOT      4      // ^D - end of transmission
#define   aENQ      5      // ^E - inquiry
#define   aACK      6      // ^F - affirm acknowledgment
#define   aBEL      7      // ^G - audible bell
#define   aBS       8      // ^H - backspace
#define   aTAB      9      // ^I - horizontal tab
#define   aLF      10      // ^J - line feed
#define   aVT      11      // ^K - vertical tab
#define   aFF      12      // ^L - form feed
#define   aCR      13      // ^M - carriage return
#define   aSO      14      // ^N - shift out
#define   aSI      15      // ^O - shift in
#define   aDCE     16      // ^P - data link escape
#define   aDC1     17      // ^Q - device control 1
#define   aDC2     18      // ^R - device control 2
#define   aDC3     19      // ^S - device control 3
#define   aDC4     20      // ^T - device control 4
#define   aNAK     21      // ^U - neg acknowledge
#define   aSYN     22      // ^V - synchronous idle
#define   aETB     23      // ^W - end of transmission
#define   aCAN     24      // ^X - cancel
#define   aEM      25      // ^Y - end of medium
#define   aSUB     26      // ^Z - substitute
#define   aESC     27      //       escape
#define   aFS      28      //       file separator
#define   aGS      29      //       group separator
#define   aRS      30      //       record separator
#define   aUS      31      //       unlinked separator
#define   aSPC     32      //       space

#define   aCODE    94      // ^ then printer commands follow
#define   aHCR     aEOT    // Hard carriage return
#define   aCENTER  'C'     // code to center line
#define   aDOUBLE  'D'     // double strike toggle
#define   aEXPAND  'E'     // emphasize toggle
#define   aSUPERS  'S'     // superscript toggle
#define   aITALIC  'I'     // italics toggle
#define   aBOLD    'B'     // bold toggle

#define   aTRUE     1      // true
#define   aFALSE    0      // false
```

Figure 2-10 presents the source code listing to TSTRUCT.H. This file contains structures and defines used by the sprite editor.

The source code listing to TSTRUCT.H   Figure 2-10

```
////////////////////////////////////////
//
// tstruct.h
//
//

#define IMAGE unsigned int

////////////////////////////////////////
// defines

#define LOTUS_ITEM_MAX 20
#define MENUBAR_ITEM_MAX 10


////////////////////////////////////////
//
// Structure for Lotus Style Window Interface
//

typedef struct  {
   int  number;                       // number of LOTUS objects
   char *name[LOTUS_ITEM_MAX];        // pointer to item name
   char *explain[LOTUS_ITEM_MAX];     // pointer to item explanation
   int  lot_map[LOTUS_ITEM_MAX][2];   // map for lotus item highlights
   int  lotus_item;                   // highlight and
   int  old_lotus;                    // item selection data
   int  lotus_open;                   // status of lotus window
   unsigned int imgbuf[160];          // top two rows screen image
   } LOTUS_CLASS;

////////////////////////////////////////
//
// Structure for Lotus Style Window Interface
//

typedef struct  {
   int  number;                       // number of MENUBAR objects
   char *name[MENUBAR_ITEM_MAX];      // pointer to item name
   int  mb_map[MENUBAR_ITEM_MAX][2];  // map for menubar item highlights
   int  key_list[MENUBAR_ITEM_MAX];   // list of hot keys
   int  menubar_item;                 // highlight and
   int  old_menubar;                  // item selection data
   int  menubar_open;                 // status of lotus window
   int  si_attr;                      // item attribute
   int  sinv_attr;                    // inverse attribute
   int  sk_attr;                      // highlight key attribute
   int  first_time;                   // first time
   unsigned int imgbuf[160];          // top two rows screen image
   } MENUBAR_CLASS;
```

Figure 2-10   *Continued.*

```
//////////////////////////////////////
// rectangle structure

typedef struct {
    int ul_row;                          // upper left row
    int ul_col;                          // upper left column
    int lr_row;                          // lower right row
    int lr_col;                          // lower right column
    unsigned int *image;                 // pointer to scrn image
} RECT;


//////////////////////////////////////
// cursor structure

typedef struct {
    int row;                             // cursor row
    int column;                          // cursor column
} CUR_LOCATION;



//////////////////////////////////////
//**********************************
// DOS structures
//

#ifndef OS2_PROG

//
//////////////////////////////////////


//////////////////////////////////////
// window structure

typedef struct {
    int ul_row;                          // upper left row
    int ul_col;                          // upper left column
    int lr_row;                          // lower right row
    int lr_col;                          // lower right column
    unsigned int img_size;               // window img size
    unsigned int far *img_ptr;           // pointer scrn image
    unsigned int far *wind_ptr;          // pointer scrn image
    int box_type;                        // border selection
    int attr;                            // window attribute
    int visible;                         // window on
    int top_offset;                      // col offset title
    int top_length;                      // length title str
    int show_top;                        // display title
    int bot_offset;                      // col offset title
    int bot_length;                      // length title str
    int show_bot;                        // display title
    char *t_title;                       // ptr to t title str
```

```
    char *b_title;                  // ptr to b title str
} WIND;


//////////////////////////////////////
// video structure


typedef struct {
    int mode;                       // video mode
    int row_width;                  // columns per row
    int page;                       // video page
    unsigned int far *scrn;         // pointer to video RAM
} VIDEO;


//////////////////////////////////////
//
// otherwise OS2 structures

#else

//
//////////////////////////////////////


typedef struct {
    int ul_row;                     // upper left row
    int ul_col;                     // upper left column
    int lr_row;                     // lower right row
    int lr_col;                     // lower right column
    unsigned int img_size;          // window img size
    unsigned int  *img_ptr;         // pointer scrn image
    unsigned int  *wind_ptr;        // pointer scrn image
    int box_type;                   // border selection
    int attr;                       // window attribute
    int visible;                    // window on
    int top_offset;                 // col offset title
    int top_length;                 // length title str
    int show_top;                   // display title
    int bot_offset;                 // col offset title
    int bot_length;                 // length title str
    int show_bot;                   // display title
    char *t_title;                  // ptr to t title str
    char *b_title;                  // ptr to b title str
} WIND;


typedef struct {
    int mode;                       // video mode
    int row_width;                  // columns per row
    int page;                       // video page
    unsigned int  *scrn;            // pointer to video RAM
} VIDEO;
```

Figure 2-10 *Continued.*

```
///////////////////////////////////////
//
// end of platform dependent conditions

#endif


//
//*************************************
///////////////////////////////////////


///////////////////////////////////////
// misc. defines

#define S_S_S_S          0
#define S_S_D_D          1
#define D_D_S_S          2
#define D_D_D_D          3
#define BLACK            0
#define BLUE             1
#define GREEN            2
#define CYAN             3
#define RED              4
#define MAGENTA          5
#define BROWN            6
#define WHITE            7
#define NORMAL           7
#define REVERSE          112
#define ON_INTENSITY     8
#define OFF_INTENSITY    0
#define ON_BLINK         128
#define OFF_BLINK        0
#define UP_SCROLL        6
#define DOWN_SCROLL      7
#define PRINT_TIME_OUT   1
#define IO_ERROR         4
#define PRINT_SELECTED   8
#define OUT_OF_PAPER     16
#define ACKNOWLEDGE      32
#define PRINT_NOT_BUSY   64
#define ON_ECHO_CTRL     1
#define OFF_ECHO_CTRL_C  7
#define OFF_ECHO         8
#define RIGHT_SHIFT      1
#define LEFT_SHIFT       2
#define CLRL_PRESS       4
#define ALT_PRESS        8
#define SCROLL_LOCK      16
#define NUM_LOCK         32
#define CAPS_LOCK        64
```

```
#define INSERT_ON          128
#define CENTER             0xff
#define NUMBERED           1
#define RESETROW           2
#define UPPER              1
#define LOWER              2
#define NAME               3
#define LEFTBUTTON         1
#define RIGHTBUTTON        2
#define CNTRBUTTON         4
```

⇨ Summary

This chapter contained the basic information for using the bit-plane animation functions with Borland's Graphical Interface or Microsoft's Graphical Interface. If you compare the performance of PROG2-1.EXE (Borland) and PROG2-2.EXE (Microsoft), you'll note that Borland's performance is snappier.

The sprite object saved by the sprite editor is done using standard C source code format. This permits you to include the sprite object by name in your C source file. Once the sprite object has been included, you must expand the sprite object. The expansion is required in order to facilitate the smooth sprite, missile, or bullet motion sequences.

The sprites, missiles, and bullets move about the screen over what I call the playfield. The playfield must be initialized before any sprite motion takes place. The object data stored when the playfield is initialized is used by the sprite, missile, and bullet motion routines.

Once the sprite object has been loaded, expanded, initialized, and the playfield has been initialized, you may incrementally move the sprite in any direction. Note that if you wish to relocate the sprite by more than one unit in any direction you must erase the sprite object and then move it to the new location.

Once your program has finished executing you should destroy the playfield. This operation frees memory which had previously been dynamically allocated during the playfield initialization process.

Chapter 3 demonstrates how to move a multicolored sprite object smoothly about the screen.

Moving a
three-colored sprite

T HE demonstration program, PROG3-1.C, shows you how to display and move a three-colored sprite. As you'll see, it's virtually as easy as moving a one-colored sprite. There is, however, one serendipitous condition which can provide a bit of pizazz to your multicolored sprite animation display.

When using the sprite management functions presented in this book, you conceive of the multicolored sprite as sprites running on different planes which overlap. Recalling previously mentioned material, you know that the color of the sprite is determined by the plane on which the sprite moves. So, the algorithm for moving multicolored or overlapping sprites is this:

❶ move sprite 1

❷ move sprite 2

❸ move sprite 3

❹ delay

Move sprite 1 and then 2 and then 3 and bingo, the multicolored sprite moves. When you run PROG3-1.EXE you'll notice that when the three colored sprite moves in a horizontal direction, a minuscule white space appears between the leading blue edge and the red bar in the center of the sprite. Why do you think that happens?

There are times when the display of the first sprite and the second sprite are a pixel out of sync. This condition can be used to your advantage if you order the movement of the sprites in a conscious fashion. This effect might be considered a serendipitous attempt at within-sprite animation. Within-sprite animation refers to the shape of the graphic object changing as opposed to the graphic object changing location on the playfield.

For example, the within-sprite animation sample program PROG3-1.C (Fig. 3-1) uses conscious selection of an individual sprite within the multicolored sprite to have its eyes look in the direction of its motion. The result is subtle and effective.

Let's take a detailed look at how to move a multicolored sprite on the graphics playfield.

 # Moving a multicolored sprite on the graphics playfield

The procedure for moving a multicolored sprite is very similar to the one for moving a single-colored sprite. If you look at the source code in PROG3-1.C (Fig. 3-1), you'll notice that there is a source line

```
#include "BOXA.C"
```

near the top of the file. The BOXA.C file (Fig. 3-2) had been created using the sprite editor presented in part III of this book. The source code for all three sprites is contained in BOXA.C. The names of the sprites are:

```
BOXA1
BOXA2
BOXA3
```

Once the sprite data for the three sprites composing the multicolored sprite is included, you need to expand the sprite data of all three sprites. Here's how it's done:

```
expand_sprite_image(BOXA1);
expand_sprite_image(BOXA2);
expand_sprite_image(BOXA3);
```

Notice how expanding the three sprite images of the multicolored sprite is similar to the expansion process for one sprite. Now you initialize the sprites:

```
init_sprite_image(&sprite1, BOXA1, 1);
init_sprite_image(&sprite1, BOXA2, 2);
init_sprite_image(&sprite1, BOXA3, 4);
```

Then you initialize the playfield:

```
init_playfield();
```

At this time you're ready to display the multicolored sprite. Here's how it's done:

```
move_sprite_image(col, row, &sprite3);
move_sprite_image(col, row, &sprite2);
move_sprite_image(col, row, &sprite1);
```

57

There's no magic here. It's just as easy to display a single color sprite image as it is to display a multicolored sprite image designed by the sprite editor.

Figure 3-1 presents the source code listing to PROG3-1.C. This program demonstrates the movement of a multicolored sprite using the sprite management functions presented in the book.

Figure 3-1 *The source code listing to PROG3-1.C*

```
/////////////////////////////////////
//
// prog3-1.c
//
// Demonstration of simple movement of
// one sprite
//

/////////////////////////////////////
//
//   defines
//

#include <graphics.h>
#include <dos.h>
#include <stdlib.h>
#include <stdio.h>
#include <stdio.h>
#include <string.h>
#include <conio.h>
#include "tproto.h"
#include "sprite.h"

/////////////////////////////////////
//
// include sprite created by the
// sprite editor

#include "BOXA.C"

void main(void);

SPRITE_IMAGE sprite1, sprite2, sprite3;


void main()
{
int  row, col, key, cnt;
int param;
int gdriver= DETECT, gmode, errorcode;
int midx, midy, mode;
```

```c
int max_x, max_y;

   // BGI graphics initialization routine

   initgraph(&gdriver, &gmode, "");

   // check to see if there is an error

   errorcode= graphresult();

   // if initialization error occurs then report
   // error and abort

   if(errorcode != grOk) {
      printf("Graphics error: %s\n", grapherrormsg(errorcode));
      printf("Press any to return to DOS\n");
      gtKey();
      exit(1);
      }

   // expand image in buffer

   expand_sprite_image(BOXA1);
   expand_sprite_image(BOXA2);
   expand_sprite_image(BOXA3);

   // initialize the sprite

   init_sprite(&sprite1, BOXA1, 1);
   init_sprite(&sprite2, BOXA2, 2);
   init_sprite(&sprite3, BOXA3, 4);

   setbkcolor(LIGHTGRAY);

   // set text style

   settextstyle(DEFAULT_FONT, HORIZ_DIR, 1);

   // print message to screen in graphics text

   setcolor(BLUE);

   outtextxy(140, 20, "ENTER Runs Program -- F10 Quits to DOS");

   // initialize graphics playfield after playfield
   // is drawn

   init_playfield();

   // initialize row and column location of sprite

   row= 50;
   col= 50;
```

Figure 3-1   *Continued.*

```
// display sprite image on screen

move_sprite_image(col, row, &sprite3);
move_sprite_image(col, row, &sprite2);
move_sprite_image(col, row, &sprite1);

// wait for key press

key= gtKey();

if(key == F10) {
   goto program_abort;
   }

/////////////////////////////////////
// goto program execution label

restart_program:

    setbkcolor(LIGHTGRAY);
    setcolor(LIGHTGRAY);

    delay(2);

    line(140, 10, 140 + (40 * 8), 10);
    for(cnt= 10; cnt < 30; cnt++) {
       line(140, cnt, 140 + (40 * 8), cnt);
       }
    delay(2);

/////////////////////////////////////
// move sprite horizontally right

for(;;) {
   if(col > 560) {
      break;
      }

   // move the sprite image

     move_sprite_image(col++, row, &sprite3);
     move_sprite_image(col, row, &sprite2);
     move_sprite_image(col, row, &sprite1);

   // slow down to human time frame

   delay(8);
   }

/////////////////////////////////////
// move sprite down
```

```
for(;;) {
   if(row > 400) {
      break;
      }

   // move the sprite image

     move_sprite_image(col, row++, &sprite3);
     move_sprite_image(col, row, &sprite2);
     move_sprite_image(col, row, &sprite1);

   // slow down to human time frame

   delay(8);
   }

////////////////////////////////////
// move sprite horizontally left

for(;;) {
   if(col < 50) {
      break;
      }

   // move the sprite image

     move_sprite_image(col--, row, &sprite3);
     move_sprite_image(col, row, &sprite2);
     move_sprite_image(col, row, &sprite1);

   // slow down to human time frame

   delay(8);
   }

////////////////////////////////////
// move sprite up

for(;;) {
   if(row < 50) {
      break;
      }

   // move the sprite image

     move_sprite_image(col, row--, &sprite3);
     move_sprite_image(col, row, &sprite2);
     move_sprite_image(col, row, &sprite1);

   // slow down to human time frame

   delay(8);
   }
```

Figure 3-1   *Continued.*

```
/////////////////////////////////////
// move sprite diagonally down
// right

for(;;) {
    if(row > 400) {
        break;
        }

    // move the sprite image

     move_sprite_image(col++, row++, &sprite3);
     move_sprite_image(col, row, &sprite2);
     move_sprite_image(col, row, &sprite1);

    // slow down to human time frame

    delay(8);
    }

/////////////////////////////////////
// move sprite diagonally up
// left

for(;;) {
    if(row < 50) {
        break;
        }

    // move the sprite image

     move_sprite_image(col--, row--, &sprite3);
     move_sprite_image(col, row, &sprite2);
     move_sprite_image(col, row, &sprite1);

    // slow down to human time frame

    delay(8);
    }

setcolor(BLUE);

outtextxy(140, 20, "E");
outtextxy(140, 20, "ENTER Runs Program -- F10 Quits to DOS");

key= gtKey();

if(key != F10) {
    goto restart_program;
    }
```

```
    // program has been aborted before it is run

program_abort:

    // return from graphics mode

    closegraph();

    // free memory allocated during playfield initialization

    destroy_playfield();
}
```

Figure 3-2 presents the source code listing to BOXA.C. This source file contains the descriptive data for the multicolored sprite used in PROG3-1 (Fig. 3-1).

The source code listing to BOXA.C

Figure 3-2

```
////////////////////////////////////////
// boxa.c
//

unsigned char BOXA1[48*7*8]= {
    0, 0, 0, 0, 0, 0, 0,
    127, 255, 255, 255, 255, 255, 0,
    127, 255, 255, 255, 255, 255, 0,
    127, 255, 255, 255, 255, 255, 0,
    127, 255, 255, 255, 255, 255, 0,
    96, 0, 0, 0, 0, 3, 0,
    96, 0, 0, 0, 0, 3, 0,
    96, 0, 0, 0, 0, 3, 0,
    96, 0, 0, 0, 0, 3, 0,
    96, 0, 0, 0, 0, 3, 0,
    96, 0, 0, 0, 0, 3, 0,
    96, 0, 0, 0, 0, 3, 0,
    96, 0, 0, 0, 0, 3, 0,
    96, 0, 0, 0, 0, 3, 0,
    96, 0, 0, 0, 0, 3, 0,
    96, 0, 0, 0, 0, 3, 0,
    96, 0, 0, 0, 0, 3, 0,
    96, 0, 0, 0, 0, 3, 0,
    96, 0, 0, 0, 0, 3, 0,
    127, 255, 255, 255, 255, 255, 0,
    127, 255, 255, 255, 255, 255, 0,
    127, 255, 255, 255, 255, 255, 0,
    127, 255, 255, 255, 255, 255, 0,
    127, 255, 255, 255, 255, 255, 0,
    127, 255, 255, 255, 255, 255, 0,
    127, 255, 255, 255, 255, 255, 0,
    127, 255, 255, 255, 255, 255, 0,
    127, 255, 255, 255, 255, 255, 0,
```

Figure 3-2   *Continued.*

```
96, 0, 0, 0, 0, 3, 0,
96, 0, 0, 0, 0, 3, 0,
96, 0, 0, 0, 0, 3, 0,
96, 0, 0, 0, 0, 3, 0,
96, 0, 0, 0, 0, 3, 0,
96, 0, 0, 0, 0, 3, 0,
96, 0, 0, 0, 0, 3, 0,
96, 0, 0, 0, 0, 3, 0,
96, 0, 0, 0, 0, 3, 0,
96, 0, 0, 0, 0, 3, 0,
96, 0, 0, 0, 0, 3, 0,
96, 0, 0, 0, 0, 3, 0,
127, 255, 255, 255, 255, 255, 0,
127, 255, 255, 255, 255, 255, 0,
127, 255, 255, 255, 255, 255, 0,
127, 255, 255, 255, 255, 255, 0,
127, 255, 255, 255, 255, 255, 0,
127, 255, 255, 255, 255, 255, 0,
127, 255, 255, 255, 255, 255, 0,
127, 255, 255, 255, 255, 255, 0,
0, 0, 0, 0, 0, 0, 0,
0, 0, 0, 0, 0, 0, 0,
0, 0, 0, 0, 0, 0, 0,
0, 0, 0, 0, 0, 0, 0,
0, 0, 0, 0, 0, 0, 0,
0, 0, 0, 0, 0, 0, 0,
0, 0, 0, 0, 0, 0, 0,
0, 0, 0, 0, 0, 0, 0,
0, 0, 0, 0, 0, 0, 0,
0, 0, 0, 0, 0, 0, 0,
0, 0, 0, 0, 0, 0, 0,
0, 0, 0, 0, 0, 0, 0,
0, 0, 0, 0, 0, 0, 0,
0, 0, 0, 0, 0, 0, 0,
0, 0, 0, 0, 0, 0, 0,
0, 0, 0, 0, 0, 0, 0,
0, 0, 0, 0, 0, 0, 0,
0, 0, 0, 0, 0, 0, 0,
0, 0, 0, 0, 0, 0, 0,
0, 0, 0, 0, 0, 0, 0,
0, 0, 0, 0, 0, 0, 0,
0, 0, 0, 0, 0, 0, 0,
0, 0, 0, 0, 0, 0, 0,
0, 0, 0, 0, 0, 0, 0,
0, 0, 0, 0, 0, 0, 0,
0, 0, 0, 0, 0, 0, 0,
0, 0, 0, 0, 0, 0, 0,
0, 0, 0, 0, 0, 0, 0,
0, 0, 0, 0, 0, 0, 0,
```

```
0, 0, 0, 0, 0, 0, 0,
0, 0, 0, 0, 0, 0, 0,
0, 0, 0, 0, 0, 0, 0,
0, 0, 0, 0, 0, 0, 0,
0, 0, 0, 0, 0, 0, 0,
0, 0, 0, 0, 0, 0, 0,
0, 0, 0, 0, 0, 0, 0,
0, 0, 0, 0, 0, 0, 0,
0, 0, 0, 0, 0, 0, 0,
0, 0, 0, 0, 0, 0, 0,
0, 0, 0, 0, 0, 0, 0,
0, 0, 0, 0, 0, 0, 0,
0, 0, 0, 0, 0, 0, 0,
0, 0, 0, 0, 0, 0, 0,
0, 0, 0, 0, 0, 0, 0,
0, 0, 0, 0, 0, 0, 0,
0, 0, 0, 0, 0, 0, 0,
0, 0, 0, 0, 0, 0, 0,
0, 0, 0, 0, 0, 0, 0,
0, 0, 0, 0, 0, 0, 0,
0, 0, 0, 0, 0, 0, 0,
0, 0, 0, 0, 0, 0, 0,
0, 0, 0, 0, 0, 0, 0,
0, 0, 0, 0, 0, 0, 0,
0, 0, 0, 0, 0, 0, 0,
0, 0, 0, 0, 0, 0, 0,
0, 0, 0, 0, 0, 0, 0,
0, 0, 0, 0, 0, 0, 0,
0, 0, 0, 0, 0, 0, 0,
0, 0, 0, 0, 0, 0, 0,
0, 0, 0, 0, 0, 0, 0,
0, 0, 0, 0, 0, 0, 0,
0, 0, 0, 0, 0, 0, 0,
0, 0, 0, 0, 0, 0, 0,
0, 0, 0, 0, 0, 0, 0,
0, 0, 0, 0, 0, 0, 0,
0, 0, 0, 0, 0, 0, 0,
0, 0, 0, 0, 0, 0, 0,
0, 0, 0, 0, 0, 0, 0,
0, 0, 0, 0, 0, 0, 0,
0, 0, 0, 0, 0, 0, 0,
0, 0, 0, 0, 0, 0, 0,
0, 0, 0, 0, 0, 0, 0,
0, 0, 0, 0, 0, 0, 0,
0, 0, 0, 0, 0, 0, 0,
0, 0, 0, 0, 0, 0, 0,
0, 0, 0, 0, 0, 0, 0,
0, 0, 0, 0, 0, 0, 0,
0, 0, 0, 0, 0, 0, 0,
0, 0, 0, 0, 0, 0, 0,
0, 0, 0, 0, 0, 0, 0,
0, 0, 0, 0, 0, 0, 0,
0, 0, 0, 0, 0, 0, 0,
0, 0, 0, 0, 0, 0, 0,
0, 0, 0, 0, 0, 0, 0,
```

Figure 3-2   *Continued.*

```
0, 0, 0, 0, 0, 0, 0,
0, 0, 0, 0, 0, 0, 0,
0, 0, 0, 0, 0, 0, 0,
0, 0, 0, 0, 0, 0, 0,
0, 0, 0, 0, 0, 0, 0,
0, 0, 0, 0, 0, 0, 0,
0, 0, 0, 0, 0, 0, 0,
0, 0, 0, 0, 0, 0, 0,
0, 0, 0, 0, 0, 0, 0,
0, 0, 0, 0, 0, 0, 0,
0, 0, 0, 0, 0, 0, 0,
0, 0, 0, 0, 0, 0, 0,
0, 0, 0, 0, 0, 0, 0,
0, 0, 0, 0, 0, 0, 0,
0, 0, 0, 0, 0, 0, 0,
0, 0, 0, 0, 0, 0, 0,
0, 0, 0, 0, 0, 0, 0,
0, 0, 0, 0, 0, 0, 0,
0, 0, 0, 0, 0, 0, 0,
0, 0, 0, 0, 0, 0, 0,
0, 0, 0, 0, 0, 0, 0,
0, 0, 0, 0, 0, 0, 0,
0, 0, 0, 0, 0, 0, 0,
0, 0, 0, 0, 0, 0, 0,
0, 0, 0, 0, 0, 0, 0,
0, 0, 0, 0, 0, 0, 0,
0, 0, 0, 0, 0, 0, 0,
0, 0, 0, 0, 0, 0, 0,
0, 0, 0, 0, 0, 0, 0,
0, 0, 0, 0, 0, 0, 0,
0, 0, 0, 0, 0, 0, 0,
0, 0, 0, 0, 0, 0, 0,
0, 0, 0, 0, 0, 0, 0,
0, 0, 0, 0, 0, 0, 0,
0, 0, 0, 0, 0, 0, 0,
0, 0, 0, 0, 0, 0, 0,
0, 0, 0, 0, 0, 0, 0,
0, 0, 0, 0, 0, 0, 0,
0, 0, 0, 0, 0, 0, 0,
0, 0, 0, 0, 0, 0, 0,
0, 0, 0, 0, 0, 0, 0,
0, 0, 0, 0, 0, 0, 0,
0, 0, 0, 0, 0, 0, 0,
0, 0, 0, 0, 0, 0, 0,
0, 0, 0, 0, 0, 0, 0,
0, 0, 0, 0, 0, 0, 0,
0, 0, 0, 0, 0, 0, 0,
0, 0, 0, 0, 0, 0, 0,
0, 0, 0, 0, 0, 0, 0,
0, 0, 0, 0, 0, 0, 0,
0, 0, 0, 0, 0, 0, 0,
0, 0, 0, 0, 0, 0, 0,
0, 0, 0, 0, 0, 0, 0,
0, 0, 0, 0, 0, 0, 0,
0, 0, 0, 0, 0, 0, 0,
0, 0, 0, 0, 0, 0, 0,
```

```
0, 0, 0, 0, 0, 0, 0,
0, 0, 0, 0, 0, 0, 0,
0, 0, 0, 0, 0, 0, 0,
0, 0, 0, 0, 0, 0, 0,
0, 0, 0, 0, 0, 0, 0,
0, 0, 0, 0, 0, 0, 0,
0, 0, 0, 0, 0, 0, 0,
0, 0, 0, 0, 0, 0, 0,
0, 0, 0, 0, 0, 0, 0,
0, 0, 0, 0, 0, 0, 0,
0, 0, 0, 0, 0, 0, 0,
0, 0, 0, 0, 0, 0, 0,
0, 0, 0, 0, 0, 0, 0,
0, 0, 0, 0, 0, 0, 0,
0, 0, 0, 0, 0, 0, 0,
0, 0, 0, 0, 0, 0, 0,
0, 0, 0, 0, 0, 0, 0,
0, 0, 0, 0, 0, 0, 0,
0, 0, 0, 0, 0, 0, 0,
0, 0, 0, 0, 0, 0, 0,
0, 0, 0, 0, 0, 0, 0,
0, 0, 0, 0, 0, 0, 0,
0, 0, 0, 0, 0, 0, 0,
0, 0, 0, 0, 0, 0, 0,
0, 0, 0, 0, 0, 0, 0,
0, 0, 0, 0, 0, 0, 0,
0, 0, 0, 0, 0, 0, 0,
0, 0, 0, 0, 0, 0, 0,
0, 0, 0, 0, 0, 0, 0,
0, 0, 0, 0, 0, 0, 0,
0, 0, 0, 0, 0, 0, 0,
0, 0, 0, 0, 0, 0, 0,
0, 0, 0, 0, 0, 0, 0,
0, 0, 0, 0, 0, 0, 0,
0, 0, 0, 0, 0, 0, 0,
0, 0, 0, 0, 0, 0, 0,
0, 0, 0, 0, 0, 0, 0,
0, 0, 0, 0, 0, 0, 0,
0, 0, 0, 0, 0, 0, 0,
0, 0, 0, 0, 0, 0, 0,
0, 0, 0, 0, 0, 0, 0,
0, 0, 0, 0, 0, 0, 0,
0, 0, 0, 0, 0, 0, 0,
0, 0, 0, 0, 0, 0, 0,
0, 0, 0, 0, 0, 0, 0,
0, 0, 0, 0, 0, 0, 0,
0, 0, 0, 0, 0, 0, 0,
0, 0, 0, 0, 0, 0, 0,
0, 0, 0, 0, 0, 0, 0,
0, 0, 0, 0, 0, 0, 0,
0, 0, 0, 0, 0, 0, 0,
0, 0, 0, 0, 0, 0, 0,
0, 0, 0, 0, 0, 0, 0,
```

Figure 3-2   *Continued.*

```
0,  0,  0,  0,  0,  0,  0,
0,  0,  0,  0,  0,  0,  0,
0,  0,  0,  0,  0,  0,  0,
0,  0,  0,  0,  0,  0,  0,
0,  0,  0,  0,  0,  0,  0,
0,  0,  0,  0,  0,  0,  0,
0,  0,  0,  0,  0,  0,  0,
0,  0,  0,  0,  0,  0,  0,
0,  0,  0,  0,  0,  0,  0,
0,  0,  0,  0,  0,  0,  0,
0,  0,  0,  0,  0,  0,  0,
0,  0,  0,  0,  0,  0,  0,
0,  0,  0,  0,  0,  0,  0,
0,  0,  0,  0,  0,  0,  0,
0,  0,  0,  0,  0,  0,  0,
0,  0,  0,  0,  0,  0,  0,
0,  0,  0,  0,  0,  0,  0,
0,  0,  0,  0,  0,  0,  0,
0,  0,  0,  0,  0,  0,  0,
0,  0,  0,  0,  0,  0,  0,
0,  0,  0,  0,  0,  0,  0,
0,  0,  0,  0,  0,  0,  0,
0,  0,  0,  0,  0,  0,  0,
0,  0,  0,  0,  0,  0,  0,
0,  0,  0,  0,  0,  0,  0,
0,  0,  0,  0,  0,  0,  0,
0,  0,  0,  0,  0,  0,  0,
0,  0,  0,  0,  0,  0,  0,
0,  0,  0,  0,  0,  0,  0,
0,  0,  0,  0,  0,  0,  0,
0,  0,  0,  0,  0,  0,  0,
0,  0,  0,  0,  0,  0,  0,
0,  0,  0,  0,  0,  0,  0,
0,  0,  0,  0,  0,  0,  0,
0,  0,  0,  0,  0,  0,  0,
0,  0,  0,  0,  0,  0,  0,
0,  0,  0,  0,  0,  0,  0,
0,  0,  0,  0,  0,  0,  0,
0,  0,  0,  0,  0,  0,  0,
0,  0,  0,  0,  0,  0,  0,
0,  0,  0,  0,  0,  0,  0,
0,  0,  0,  0,  0,  0,  0,
0,  0,  0,  0,  0,  0,  0,
0,  0,  0,  0,  0,  0,  0,
0,  0,  0,  0,  0,  0,  0,
0,  0,  0,  0,  0,  0,  0,
0,  0,  0,  0,  0,  0,  0,
0,  0,  0,  0,  0,  0,  0,
0,  0,  0,  0,  0,  0,  0,
```

```
0,  0,  0,  0,  0,  0,  0,
0,  0,  0,  0,  0,  0,  0,
0,  0,  0,  0,  0,  0,  0,
0,  0,  0,  0,  0,  0,  0,
0,  0,  0,  0,  0,  0,  0,
0,  0,  0,  0,  0,  0,  0,
0,  0,  0,  0,  0,  0,  0,
0,  0,  0,  0,  0,  0,  0,
0,  0,  0,  0,  0,  0,  0,
0,  0,  0,  0,  0,  0,  0,
0,  0,  0,  0,  0,  0,  0,
0,  0,  0,  0,  0,  0,  0,
0,  0,  0,  0,  0,  0,  0,
0,  0,  0,  0,  0,  0,  0,
0,  0,  0,  0,  0,  0,  0,
0,  0,  0,  0,  0,  0,  0,
0,  0,  0,  0,  0,  0,  0,
0,  0,  0,  0,  0,  0,  0,
0,  0,  0,  0,  0,  0,  0,
0,  0,  0,  0,  0,  0,  0,
0,  0,  0,  0,  0,  0,  0,
0,  0,  0,  0,  0,  0,  0,
0,  0,  0,  0,  0,  0,  0,
0,  0,  0,  0,  0,  0,  0,
0,  0,  0,  0,  0,  0,  0,
0,  0,  0,  0,  0,  0,  0,
0,  0,  0,  0,  0,  0,  0,
0,  0,  0,  0,  0,  0,  0,
0,  0,  0,  0,  0,  0,  0,
0,  0,  0,  0,  0,  0,  0,
0,  0,  0,  0,  0,  0,  0,
0,  0,  0,  0,  0,  0,  0,
0,  0,  0,  0,  0,  0,  0,
0,  0,  0,  0,  0,  0,  0,
0,  0,  0,  0,  0,  0,  0,
0,  0,  0,  0,  0,  0,  0,
0,  0,  0,  0,  0,  0,  0,
0,  0,  0,  0,  0,  0,  0,
0,  0,  0,  0,  0,  0,  0,
0,  0,  0,  0,  0,  0,  0,
0,  0,  0,  0,  0,  0,  0,
0,  0,  0,  0,  0,  0,  0,
0,  0,  0,  0,  0,  0,  0,
0,  0,  0,  0,  0,  0,  0,
0,  0,  0,  0,  0,  0,  0,
0,  0,  0,  0,  0,  0,  0,
0,  0,  0,  0,  0,  0,  0,
0,  0,  0,  0,  0,  0,  0,
0,  0,  0,  0,  0,  0,  0,
0,  0,  0,  0,  0,  0,  0,
0,  0,  0,  0,  0,  0,  0,
0,  0,  0,  0,  0,  0,  0,
0,  0,  0,  0,  0,  0,  0,
```

Figure 3-2   *Continued.*

```
0, 0, 0, 0, 0, 0, 0,
0, 0, 0, 0, 0, 0, 0,
0, 0, 0, 0, 0, 0, 0,
0, 0, 0, 0, 0, 0, 0,
0, 0, 0, 0, 0, 0, 0,
0, 0, 0, 0, 0, 0, 0,
0, 0, 0, 0, 0, 0, 0,
0, 0, 0, 0, 0, 0, 0,
0, 0, 0, 0, 0, 0, 0,
0, 0, 0, 0, 0, 0, 0,
0, 0, 0, 0, 0, 0, 0,
0, 0, 0, 0, 0, 0, 0,
0, 0, 0, 0, 0, 0, 0,
0, 0, 0, 0, 0, 0, 0,
0, 0, 0, 0, 0, 0, 0,
0, 0, 0, 0, 0, 0, 0,
0, 0, 0, 0, 0, 0, 0,
0, 0, 0, 0, 0, 0, 0,
0, 0, 0, 0, 0, 0, 0,
0, 0, 0, 0, 0, 0, 0,
0, 0, 0, 0, 0, 0, 0,
0, 0, 0, 0, 0, 0, 0,
0, 0, 0, 0, 0, 0, 0,
0, 0, 0, 0, 0, 0, 0,
0, 0, 0, 0, 0, 0, 0,
0, 0, 0, 0, 0, 0, 0,
0, 0, 0, 0, 0, 0, 0,
0, 0, 0, 0, 0, 0, 0,
0, 0, 0, 0, 0, 0, 0,
0, 0, 0, 0, 0, 0, 0,
0, 0, 0, 0, 0, 0, 0,
0, 0, 0, 0, 0, 0, 0,
0, 0, 0, 0, 0, 0, 0,
0, 0, 0, 0, 0, 0, 0,
0, 0, 0, 0, 0, 0, 0,
0, 0, 0, 0, 0, 0, 0,
0, 0, 0, 0, 0, 0, 0,
0, 0, 0, 0, 0, 0, 0,
0, 0, 0, 0, 0, 0, 0,
0, 0, 0, 0, 0, 0, 0,
0, 0, 0, 0, 0, 0, 0,
0, 0, 0, 0, 0, 0, 0 };

unsigned char BOXA2[48*7*8]= {
0, 0, 0, 0, 0, 0, 0,
0, 0, 0, 0, 0, 0, 0,
0, 0, 0, 0, 0, 0, 0,
0, 0, 0, 0, 0, 0, 0,
```

```
0, 0, 0, 0, 0, 0, 0,
31, 255, 255, 255, 255, 252, 0,
31, 255, 255, 255, 255, 252, 0,
31, 255, 255, 255, 255, 252, 0,
31, 255, 255, 255, 255, 252, 0,
0, 0, 0, 0, 0, 0, 0,
0, 0, 0, 0, 0, 0, 0,
0, 0, 0, 0, 0, 0, 0,
0, 0, 0, 0, 0, 0, 0,
0, 0, 0, 0, 0, 0, 0,
0, 0, 0, 0, 0, 0, 0,
0, 0, 0, 0, 0, 0, 0,
0, 0, 0, 0, 0, 0, 0,
0, 0, 0, 0, 0, 0, 0,
0, 0, 0, 0, 0, 0, 0,
0, 0, 0, 0, 0, 0, 0,
0, 0, 0, 0, 0, 0, 0,
0, 0, 0, 0, 0, 0, 0,
0, 0, 0, 0, 0, 0, 0,
0, 0, 0, 0, 0, 0, 0,
0, 0, 0, 0, 0, 0, 0,
0, 0, 0, 0, 0, 0, 0,
0, 0, 0, 0, 0, 0, 0,
31, 255, 255, 255, 255, 252, 0,
31, 255, 255, 255, 255, 252, 0,
31, 255, 255, 255, 255, 252, 0,
31, 255, 255, 255, 255, 252, 0,
0, 0, 0, 0, 0, 0, 0,
0, 0, 0, 0, 0, 0, 0,
0, 0, 0, 0, 0, 0, 0,
0, 0, 0, 0, 0, 0, 0,
0, 0, 0, 0, 0, 0, 0,
0, 0, 0, 0, 0, 0, 0,
0, 0, 0, 0, 0, 0, 0,
0, 0, 0, 0, 0, 0, 0,
0, 0, 0, 0, 0, 0, 0,
0, 0, 0, 0, 0, 0, 0,
0, 0, 0, 0, 0, 0, 0,
0, 0, 0, 0, 0, 0, 0,
0, 0, 0, 0, 0, 0, 0,
0, 0, 0, 0, 0, 0, 0,
0, 0, 0, 0, 0, 0, 0,
0, 0, 0, 0, 0, 0, 0,
0, 0, 0, 0, 0, 0, 0,
0, 0, 0, 0, 0, 0, 0,
0, 0, 0, 0, 0, 0, 0,
0, 0, 0, 0, 0, 0, 0,
0, 0, 0, 0, 0, 0, 0,
0, 0, 0, 0, 0, 0, 0,
0, 0, 0, 0, 0, 0, 0,
0, 0, 0, 0, 0, 0, 0,
```

Figure 3-2   *Continued.*

```
0,  0,  0,  0,  0,  0,  0,
0,  0,  0,  0,  0,  0,  0,
0,  0,  0,  0,  0,  0,  0,
0,  0,  0,  0,  0,  0,  0,
0,  0,  0,  0,  0,  0,  0,
0,  0,  0,  0,  0,  0,  0,
0,  0,  0,  0,  0,  0,  0,
0,  0,  0,  0,  0,  0,  0,
0,  0,  0,  0,  0,  0,  0,
0,  0,  0,  0,  0,  0,  0,
0,  0,  0,  0,  0,  0,  0,
0,  0,  0,  0,  0,  0,  0,
0,  0,  0,  0,  0,  0,  0,
0,  0,  0,  0,  0,  0,  0,
0,  0,  0,  0,  0,  0,  0,
0,  0,  0,  0,  0,  0,  0,
0,  0,  0,  0,  0,  0,  0,
0,  0,  0,  0,  0,  0,  0,
0,  0,  0,  0,  0,  0,  0,
0,  0,  0,  0,  0,  0,  0,
0,  0,  0,  0,  0,  0,  0,
0,  0,  0,  0,  0,  0,  0,
0,  0,  0,  0,  0,  0,  0,
0,  0,  0,  0,  0,  0,  0,
0,  0,  0,  0,  0,  0,  0,
0,  0,  0,  0,  0,  0,  0,
0,  0,  0,  0,  0,  0,  0,
0,  0,  0,  0,  0,  0,  0,
0,  0,  0,  0,  0,  0,  0,
0,  0,  0,  0,  0,  0,  0,
0,  0,  0,  0,  0,  0,  0,
0,  0,  0,  0,  0,  0,  0,
0,  0,  0,  0,  0,  0,  0,
0,  0,  0,  0,  0,  0,  0,
0,  0,  0,  0,  0,  0,  0,
0,  0,  0,  0,  0,  0,  0,
0,  0,  0,  0,  0,  0,  0,
0,  0,  0,  0,  0,  0,  0,
0,  0,  0,  0,  0,  0,  0,
0,  0,  0,  0,  0,  0,  0,
0,  0,  0,  0,  0,  0,  0,
0,  0,  0,  0,  0,  0,  0,
0,  0,  0,  0,  0,  0,  0,
0,  0,  0,  0,  0,  0,  0,
0,  0,  0,  0,  0,  0,  0,
0,  0,  0,  0,  0,  0,  0,
0,  0,  0,  0,  0,  0,  0,
0,  0,  0,  0,  0,  0,  0,
0,  0,  0,  0,  0,  0,  0,
0,  0,  0,  0,  0,  0,  0,
```

```
0, 0, 0, 0, 0, 0, 0,
0, 0, 0, 0, 0, 0, 0,
0, 0, 0, 0, 0, 0, 0,
0, 0, 0, 0, 0, 0, 0,
0, 0, 0, 0, 0, 0, 0,
0, 0, 0, 0, 0, 0, 0,
0, 0, 0, 0, 0, 0, 0,
0, 0, 0, 0, 0, 0, 0,
0, 0, 0, 0, 0, 0, 0,
0, 0, 0, 0, 0, 0, 0,
0, 0, 0, 0, 0, 0, 0,
0, 0, 0, 0, 0, 0, 0,
0, 0, 0, 0, 0, 0, 0,
0, 0, 0, 0, 0, 0, 0,
0, 0, 0, 0, 0, 0, 0,
0, 0, 0, 0, 0, 0, 0,
0, 0, 0, 0, 0, 0, 0,
0, 0, 0, 0, 0, 0, 0,
0, 0, 0, 0, 0, 0, 0,
0, 0, 0, 0, 0, 0, 0,
0, 0, 0, 0, 0, 0, 0,
0, 0, 0, 0, 0, 0, 0,
0, 0, 0, 0, 0, 0, 0,
0, 0, 0, 0, 0, 0, 0,
0, 0, 0, 0, 0, 0, 0,
0, 0, 0, 0, 0, 0, 0,
0, 0, 0, 0, 0, 0, 0,
0, 0, 0, 0, 0, 0, 0,
0, 0, 0, 0, 0, 0, 0,
0, 0, 0, 0, 0, 0, 0,
0, 0, 0, 0, 0, 0, 0,
0, 0, 0, 0, 0, 0, 0,
0, 0, 0, 0, 0, 0, 0,
0, 0, 0, 0, 0, 0, 0,
0, 0, 0, 0, 0, 0, 0,
0, 0, 0, 0, 0, 0, 0,
0, 0, 0, 0, 0, 0, 0,
0, 0, 0, 0, 0, 0, 0,
0, 0, 0, 0, 0, 0, 0,
0, 0, 0, 0, 0, 0, 0,
0, 0, 0, 0, 0, 0, 0,
0, 0, 0, 0, 0, 0, 0,
0, 0, 0, 0, 0, 0, 0,
0, 0, 0, 0, 0, 0, 0,
0, 0, 0, 0, 0, 0, 0,
0, 0, 0, 0, 0, 0, 0,
0, 0, 0, 0, 0, 0, 0,
0, 0, 0, 0, 0, 0, 0,
0, 0, 0, 0, 0, 0, 0,
0, 0, 0, 0, 0, 0, 0,
0, 0, 0, 0, 0, 0, 0,
0, 0, 0, 0, 0, 0, 0,
0, 0, 0, 0, 0, 0, 0,
0, 0, 0, 0, 0, 0, 0,
0, 0, 0, 0, 0, 0, 0,
```

Figure 3-2   *Continued.*

```
0, 0, 0, 0, 0, 0, 0,
0, 0, 0, 0, 0, 0, 0,
0, 0, 0, 0, 0, 0, 0,
0, 0, 0, 0, 0, 0, 0,
0, 0, 0, 0, 0, 0, 0,
0, 0, 0, 0, 0, 0, 0,
0, 0, 0, 0, 0, 0, 0,
0, 0, 0, 0, 0, 0, 0,
0, 0, 0, 0, 0, 0, 0,
0, 0, 0, 0, 0, 0, 0,
0, 0, 0, 0, 0, 0, 0,
0, 0, 0, 0, 0, 0, 0,
0, 0, 0, 0, 0, 0, 0,
0, 0, 0, 0, 0, 0, 0,
0, 0, 0, 0, 0, 0, 0,
0, 0, 0, 0, 0, 0, 0,
0, 0, 0, 0, 0, 0, 0,
0, 0, 0, 0, 0, 0, 0,
0, 0, 0, 0, 0, 0, 0,
0, 0, 0, 0, 0, 0, 0,
0, 0, 0, 0, 0, 0, 0,
0, 0, 0, 0, 0, 0, 0,
0, 0, 0, 0, 0, 0, 0,
0, 0, 0, 0, 0, 0, 0,
0, 0, 0, 0, 0, 0, 0,
0, 0, 0, 0, 0, 0, 0,
0, 0, 0, 0, 0, 0, 0,
0, 0, 0, 0, 0, 0, 0,
0, 0, 0, 0, 0, 0, 0,
0, 0, 0, 0, 0, 0, 0,
0, 0, 0, 0, 0, 0, 0,
0, 0, 0, 0, 0, 0, 0,
0, 0, 0, 0, 0, 0, 0,
0, 0, 0, 0, 0, 0, 0,
0, 0, 0, 0, 0, 0, 0,
0, 0, 0, 0, 0, 0, 0,
0, 0, 0, 0, 0, 0, 0,
0, 0, 0, 0, 0, 0, 0,
0, 0, 0, 0, 0, 0, 0,
0, 0, 0, 0, 0, 0, 0,
0, 0, 0, 0, 0, 0, 0,
0, 0, 0, 0, 0, 0, 0,
0, 0, 0, 0, 0, 0, 0,
0, 0, 0, 0, 0, 0, 0,
0, 0, 0, 0, 0, 0, 0,
0, 0, 0, 0, 0, 0, 0,
0, 0, 0, 0, 0, 0, 0,
0, 0, 0, 0, 0, 0, 0,
0, 0, 0, 0, 0, 0, 0,
0, 0, 0, 0, 0, 0, 0,
0, 0, 0, 0, 0, 0, 0,
```

```
0, 0, 0, 0, 0, 0, 0,
0, 0, 0, 0, 0, 0, 0,
0, 0, 0, 0, 0, 0, 0,
0, 0, 0, 0, 0, 0, 0,
0, 0, 0, 0, 0, 0, 0,
0, 0, 0, 0, 0, 0, 0,
0, 0, 0, 0, 0, 0, 0,
0, 0, 0, 0, 0, 0, 0,
0, 0, 0, 0, 0, 0, 0,
0, 0, 0, 0, 0, 0, 0,
0, 0, 0, 0, 0, 0, 0,
0, 0, 0, 0, 0, 0, 0,
0, 0, 0, 0, 0, 0, 0,
0, 0, 0, 0, 0, 0, 0,
0, 0, 0, 0, 0, 0, 0,
0, 0, 0, 0, 0, 0, 0,
0, 0, 0, 0, 0, 0, 0,
0, 0, 0, 0, 0, 0, 0,
0, 0, 0, 0, 0, 0, 0,
0, 0, 0, 0, 0, 0, 0,
0, 0, 0, 0, 0, 0, 0,
0, 0, 0, 0, 0, 0, 0,
0, 0, 0, 0, 0, 0, 0,
0, 0, 0, 0, 0, 0, 0,
0, 0, 0, 0, 0, 0, 0,
0, 0, 0, 0, 0, 0, 0,
0, 0, 0, 0, 0, 0, 0,
0, 0, 0, 0, 0, 0, 0,
0, 0, 0, 0, 0, 0, 0,
0, 0, 0, 0, 0, 0, 0,
0, 0, 0, 0, 0, 0, 0,
0, 0, 0, 0, 0, 0, 0,
0, 0, 0, 0, 0, 0, 0,
0, 0, 0, 0, 0, 0, 0,
0, 0, 0, 0, 0, 0, 0,
0, 0, 0, 0, 0, 0, 0,
0, 0, 0, 0, 0, 0, 0,
0, 0, 0, 0, 0, 0, 0,
0, 0, 0, 0, 0, 0, 0,
0, 0, 0, 0, 0, 0, 0,
0, 0, 0, 0, 0, 0, 0,
0, 0, 0, 0, 0, 0, 0,
0, 0, 0, 0, 0, 0, 0,
0, 0, 0, 0, 0, 0, 0,
0, 0, 0, 0, 0, 0, 0,
0, 0, 0, 0, 0, 0, 0,
0, 0, 0, 0, 0, 0, 0,
0, 0, 0, 0, 0, 0, 0,
0, 0, 0, 0, 0, 0, 0,
0, 0, 0, 0, 0, 0, 0,
```

Figure 3-2   *Continued.*

```
0,  0,  0,  0,  0,  0,  0,
0,  0,  0,  0,  0,  0,  0,
0,  0,  0,  0,  0,  0,  0,
0,  0,  0,  0,  0,  0,  0,
0,  0,  0,  0,  0,  0,  0,
0,  0,  0,  0,  0,  0,  0,
0,  0,  0,  0,  0,  0,  0,
0,  0,  0,  0,  0,  0,  0,
0,  0,  0,  0,  0,  0,  0,
0,  0,  0,  0,  0,  0,  0,
0,  0,  0,  0,  0,  0,  0,
0,  0,  0,  0,  0,  0,  0,
0,  0,  0,  0,  0,  0,  0,
0,  0,  0,  0,  0,  0,  0,
0,  0,  0,  0,  0,  0,  0,
0,  0,  0,  0,  0,  0,  0,
0,  0,  0,  0,  0,  0,  0,
0,  0,  0,  0,  0,  0,  0,
0,  0,  0,  0,  0,  0,  0,
0,  0,  0,  0,  0,  0,  0,
0,  0,  0,  0,  0,  0,  0,
0,  0,  0,  0,  0,  0,  0,
0,  0,  0,  0,  0,  0,  0,
0,  0,  0,  0,  0,  0,  0,
0,  0,  0,  0,  0,  0,  0,
0,  0,  0,  0,  0,  0,  0,
0,  0,  0,  0,  0,  0,  0,
0,  0,  0,  0,  0,  0,  0,
0,  0,  0,  0,  0,  0,  0,
0,  0,  0,  0,  0,  0,  0,
0,  0,  0,  0,  0,  0,  0,
0,  0,  0,  0,  0,  0,  0,
0,  0,  0,  0,  0,  0,  0,
0,  0,  0,  0,  0,  0,  0,
0,  0,  0,  0,  0,  0,  0,
0,  0,  0,  0,  0,  0,  0,
0,  0,  0,  0,  0,  0,  0,
0,  0,  0,  0,  0,  0,  0,
0,  0,  0,  0,  0,  0,  0,
0,  0,  0,  0,  0,  0,  0,
0,  0,  0,  0,  0,  0,  0,
0,  0,  0,  0,  0,  0,  0,
0,  0,  0,  0,  0,  0,  0,
0,  0,  0,  0,  0,  0,  0,
0,  0,  0,  0,  0,  0,  0,
0,  0,  0,  0,  0,  0,  0,
0,  0,  0,  0,  0,  0,  0,
0,  0,  0,  0,  0,  0,  0,
0,  0,  0,  0,  0,  0,  0,
0,  0,  0,  0,  0,  0,  0,
```

```
0, 0, 0, 0, 0, 0, 0,
0, 0, 0, 0, 0, 0, 0,
0, 0, 0, 0, 0, 0, 0,
0, 0, 0, 0, 0, 0, 0,
0, 0, 0, 0, 0, 0, 0,
0, 0, 0, 0, 0, 0, 0,
0, 0, 0, 0, 0, 0, 0,
0, 0, 0, 0, 0, 0, 0,
0, 0, 0, 0, 0, 0, 0,
0, 0, 0, 0, 0, 0, 0,
0, 0, 0, 0, 0, 0, 0,
0, 0, 0, 0, 0, 0, 0,
0, 0, 0, 0, 0, 0, 0,
0, 0, 0, 0, 0, 0, 0,
0, 0, 0, 0, 0, 0, 0,
0, 0, 0, 0, 0, 0, 0,
0, 0, 0, 0, 0, 0, 0,
0, 0, 0, 0, 0, 0, 0,
0, 0, 0, 0, 0, 0, 0,
0, 0, 0, 0, 0, 0, 0,
0, 0, 0, 0, 0, 0, 0,
0, 0, 0, 0, 0, 0, 0,
0, 0, 0, 0, 0, 0, 0,
0, 0, 0, 0, 0, 0, 0,
0, 0, 0, 0, 0, 0, 0,
0, 0, 0, 0, 0, 0, 0,
0, 0, 0, 0, 0, 0, 0,
0, 0, 0, 0, 0, 0, 0,
0, 0, 0, 0, 0, 0, 0,
0, 0, 0, 0, 0, 0, 0,
0, 0, 0, 0, 0, 0, 0,
0, 0, 0, 0, 0, 0, 0,
0, 0, 0, 0, 0, 0, 0,
0, 0, 0, 0, 0, 0, 0,
0, 0, 0, 0, 0, 0, 0,
0, 0, 0, 0, 0, 0, 0,
0, 0, 0, 0, 0, 0, 0,
0, 0, 0, 0, 0, 0, 0,
0, 0, 0, 0, 0, 0, 0,
0, 0, 0, 0, 0, 0, 0,
0, 0, 0, 0, 0, 0, 0,
0, 0, 0, 0, 0, 0, 0,
0, 0, 0, 0, 0, 0, 0,
0, 0, 0, 0, 0, 0, 0,
0, 0, 0, 0, 0, 0, 0,
0, 0, 0, 0, 0, 0, 0,
0, 0, 0, 0, 0, 0, 0,
0, 0, 0, 0, 0, 0, 0,
0, 0, 0, 0, 0, 0, 0,
0, 0, 0, 0, 0, 0, 0,
0, 0, 0, 0, 0, 0, 0,
0, 0, 0, 0, 0, 0, 0,
0, 0, 0, 0, 0, 0, 0,
0, 0, 0, 0, 0, 0, 0,
0, 0, 0, 0, 0, 0, 0,
0, 0, 0, 0, 0, 0, 0,
```

Figure 3-2   *Continued.*

```
    0, 0, 0, 0, 0, 0, 0,
    0, 0, 0, 0, 0, 0, 0,
    0, 0, 0, 0, 0, 0, 0,
    0, 0, 0, 0, 0, 0, 0,
    0, 0, 0, 0, 0, 0, 0,
    0, 0, 0, 0, 0, 0, 0,
    0, 0, 0, 0, 0, 0, 0,
    0, 0, 0, 0, 0, 0, 0,
    0, 0, 0, 0, 0, 0, 0,
    0, 0, 0, 0, 0, 0, 0,
    0, 0, 0, 0, 0, 0, 0,
    0, 0, 0, 0, 0, 0, 0,
    0, 0, 0, 0, 0, 0, 0,
    0, 0, 0, 0, 0, 0, 0,
    0, 0, 0, 0, 0, 0, 0 };

unsigned char BOXA3[48*7*8]= {
    0, 0, 0, 0, 0, 0, 0,
    0, 0, 0, 0, 0, 0, 0,
    0, 0, 0, 0, 0, 0, 0,
    0, 0, 0, 0, 0, 0, 0,
    0, 0, 0, 0, 0, 0, 0,
    0, 0, 0, 0, 0, 0, 0,
    0, 0, 0, 0, 0, 0, 0,
    0, 0, 0, 0, 0, 0, 0,
    0, 0, 0, 0, 0, 0, 0,
    31, 255, 255, 255, 255, 252, 0,
    31, 255, 255, 255, 255, 252, 0,
    31, 255, 255, 255, 255, 252, 0,
    31, 255, 255, 255, 255, 252, 0,
    0, 0, 0, 0, 0, 0, 0,
    0, 0, 0, 0, 0, 0, 0,
    0, 0, 0, 0, 0, 0, 0,
    0, 0, 0, 0, 0, 0, 0,
    0, 0, 0, 0, 0, 0, 0,
    0, 0, 0, 0, 0, 0, 0,
    0, 0, 0, 0, 0, 0, 0,
    0, 0, 0, 0, 0, 0, 0,
    0, 0, 0, 0, 0, 0, 0,
    0, 0, 0, 0, 0, 0, 0,
    0, 0, 0, 0, 0, 0, 0,
    0, 0, 0, 0, 0, 0, 0,
    0, 0, 0, 0, 0, 0, 0,
    0, 0, 0, 0, 0, 0, 0,
    0, 0, 0, 0, 0, 0, 0,
    0, 0, 0, 0, 0, 0, 0,
    0, 0, 0, 0, 0, 0, 0,
    0, 0, 0, 0, 0, 0, 0,
    31, 255, 255, 255, 255, 252, 0,
    31, 255, 255, 255, 255, 252, 0,
    31, 255, 255, 255, 255, 252, 0,
```

```
31, 255, 255, 255, 255, 252, 0,
0, 0, 0, 0, 0, 0, 0,
0, 0, 0, 0, 0, 0, 0,
0, 0, 0, 0, 0, 0, 0,
0, 0, 0, 0, 0, 0, 0,
0, 0, 0, 0, 0, 0, 0,
0, 0, 0, 0, 0, 0, 0,
0, 0, 0, 0, 0, 0, 0,
0, 0, 0, 0, 0, 0, 0,
0, 0, 0, 0, 0, 0, 0,
0, 0, 0, 0, 0, 0, 0,
0, 0, 0, 0, 0, 0, 0,
0, 0, 0, 0, 0, 0, 0,
0, 0, 0, 0, 0, 0, 0,
0, 0, 0, 0, 0, 0, 0,
0, 0, 0, 0, 0, 0, 0,
0, 0, 0, 0, 0, 0, 0,
0, 0, 0, 0, 0, 0, 0,
0, 0, 0, 0, 0, 0, 0,
0, 0, 0, 0, 0, 0, 0,
0, 0, 0, 0, 0, 0, 0,
0, 0, 0, 0, 0, 0, 0,
0, 0, 0, 0, 0, 0, 0,
0, 0, 0, 0, 0, 0, 0,
0, 0, 0, 0, 0, 0, 0,
0, 0, 0, 0, 0, 0, 0,
0, 0, 0, 0, 0, 0, 0,
0, 0, 0, 0, 0, 0, 0,
0, 0, 0, 0, 0, 0, 0,
0, 0, 0, 0, 0, 0, 0,
0, 0, 0, 0, 0, 0, 0,
0, 0, 0, 0, 0, 0, 0,
0, 0, 0, 0, 0, 0, 0,
0, 0, 0, 0, 0, 0, 0,
0, 0, 0, 0, 0, 0, 0,
0, 0, 0, 0, 0, 0, 0,
0, 0, 0, 0, 0, 0, 0,
0, 0, 0, 0, 0, 0, 0,
0, 0, 0, 0, 0, 0, 0,
0, 0, 0, 0, 0, 0, 0,
0, 0, 0, 0, 0, 0, 0,
0, 0, 0, 0, 0, 0, 0,
0, 0, 0, 0, 0, 0, 0,
0, 0, 0, 0, 0, 0, 0,
0, 0, 0, 0, 0, 0, 0,
0, 0, 0, 0, 0, 0, 0,
0, 0, 0, 0, 0, 0, 0,
0, 0, 0, 0, 0, 0, 0,
0, 0, 0, 0, 0, 0, 0,
0, 0, 0, 0, 0, 0, 0,
0, 0, 0, 0, 0, 0, 0,
```

Figure 3-2 *Continued.*

```
0,  0,  0,  0,  0,  0,  0,
0,  0,  0,  0,  0,  0,  0,
0,  0,  0,  0,  0,  0,  0,
0,  0,  0,  0,  0,  0,  0,
0,  0,  0,  0,  0,  0,  0,
0,  0,  0,  0,  0,  0,  0,
0,  0,  0,  0,  0,  0,  0,
0,  0,  0,  0,  0,  0,  0,
0,  0,  0,  0,  0,  0,  0,
0,  0,  0,  0,  0,  0,  0,
0,  0,  0,  0,  0,  0,  0,
0,  0,  0,  0,  0,  0,  0,
0,  0,  0,  0,  0,  0,  0,
0,  0,  0,  0,  0,  0,  0,
0,  0,  0,  0,  0,  0,  0,
0,  0,  0,  0,  0,  0,  0,
0,  0,  0,  0,  0,  0,  0,
0,  0,  0,  0,  0,  0,  0,
0,  0,  0,  0,  0,  0,  0,
0,  0,  0,  0,  0,  0,  0,
0,  0,  0,  0,  0,  0,  0,
0,  0,  0,  0,  0,  0,  0,
0,  0,  0,  0,  0,  0,  0,
0,  0,  0,  0,  0,  0,  0,
0,  0,  0,  0,  0,  0,  0,
0,  0,  0,  0,  0,  0,  0,
0,  0,  0,  0,  0,  0,  0,
0,  0,  0,  0,  0,  0,  0,
0,  0,  0,  0,  0,  0,  0,
0,  0,  0,  0,  0,  0,  0,
0,  0,  0,  0,  0,  0,  0,
0,  0,  0,  0,  0,  0,  0,
0,  0,  0,  0,  0,  0,  0,
0,  0,  0,  0,  0,  0,  0,
0,  0,  0,  0,  0,  0,  0,
0,  0,  0,  0,  0,  0,  0,
0,  0,  0,  0,  0,  0,  0,
0,  0,  0,  0,  0,  0,  0,
0,  0,  0,  0,  0,  0,  0,
0,  0,  0,  0,  0,  0,  0,
0,  0,  0,  0,  0,  0,  0,
0,  0,  0,  0,  0,  0,  0,
0,  0,  0,  0,  0,  0,  0,
0,  0,  0,  0,  0,  0,  0,
0,  0,  0,  0,  0,  0,  0,
0,  0,  0,  0,  0,  0,  0,
0,  0,  0,  0,  0,  0,  0,
0,  0,  0,  0,  0,  0,  0,
```

```
0, 0, 0, 0, 0, 0, 0,
0, 0, 0, 0, 0, 0, 0,
0, 0, 0, 0, 0, 0, 0,
0, 0, 0, 0, 0, 0, 0,
0, 0, 0, 0, 0, 0, 0,
0, 0, 0, 0, 0, 0, 0,
0, 0, 0, 0, 0, 0, 0,
0, 0, 0, 0, 0, 0, 0,
0, 0, 0, 0, 0, 0, 0,
0, 0, 0, 0, 0, 0, 0,
0, 0, 0, 0, 0, 0, 0,
0, 0, 0, 0, 0, 0, 0,
0, 0, 0, 0, 0, 0, 0,
0, 0, 0, 0, 0, 0, 0,
0, 0, 0, 0, 0, 0, 0,
0, 0, 0, 0, 0, 0, 0,
0, 0, 0, 0, 0, 0, 0,
0, 0, 0, 0, 0, 0, 0,
0, 0, 0, 0, 0, 0, 0,
0, 0, 0, 0, 0, 0, 0,
0, 0, 0, 0, 0, 0, 0,
0, 0, 0, 0, 0, 0, 0,
0, 0, 0, 0, 0, 0, 0,
0, 0, 0, 0, 0, 0, 0,
0, 0, 0, 0, 0, 0, 0,
0, 0, 0, 0, 0, 0, 0,
0, 0, 0, 0, 0, 0, 0,
0, 0, 0, 0, 0, 0, 0,
0, 0, 0, 0, 0, 0, 0,
0, 0, 0, 0, 0, 0, 0,
0, 0, 0, 0, 0, 0, 0,
0, 0, 0, 0, 0, 0, 0,
0, 0, 0, 0, 0, 0, 0,
0, 0, 0, 0, 0, 0, 0,
0, 0, 0, 0, 0, 0, 0,
0, 0, 0, 0, 0, 0, 0,
0, 0, 0, 0, 0, 0, 0,
0, 0, 0, 0, 0, 0, 0,
0, 0, 0, 0, 0, 0, 0,
0, 0, 0, 0, 0, 0, 0,
0, 0, 0, 0, 0, 0, 0,
0, 0, 0, 0, 0, 0, 0,
0, 0, 0, 0, 0, 0, 0,
0, 0, 0, 0, 0, 0, 0,
0, 0, 0, 0, 0, 0, 0,
0, 0, 0, 0, 0, 0, 0,
0, 0, 0, 0, 0, 0, 0,
0, 0, 0, 0, 0, 0, 0,
0, 0, 0, 0, 0, 0, 0,
0, 0, 0, 0, 0, 0, 0,
0, 0, 0, 0, 0, 0, 0,
0, 0, 0, 0, 0, 0, 0,
0, 0, 0, 0, 0, 0, 0,
0, 0, 0, 0, 0, 0, 0,
0, 0, 0, 0, 0, 0, 0,
0, 0, 0, 0, 0, 0, 0,
0, 0, 0, 0, 0, 0, 0,
0, 0, 0, 0, 0, 0, 0,
0, 0, 0, 0, 0, 0, 0,
0, 0, 0, 0, 0, 0, 0,
```

Figure 3-2   *Continued.*

```
0,  0,  0,  0,  0,  0,  0,
0,  0,  0,  0,  0,  0,  0,
0,  0,  0,  0,  0,  0,  0,
0,  0,  0,  0,  0,  0,  0,
0,  0,  0,  0,  0,  0,  0,
0,  0,  0,  0,  0,  0,  0,
0,  0,  0,  0,  0,  0,  0,
0,  0,  0,  0,  0,  0,  0,
0,  0,  0,  0,  0,  0,  0,
0,  0,  0,  0,  0,  0,  0,
0,  0,  0,  0,  0,  0,  0,
0,  0,  0,  0,  0,  0,  0,
0,  0,  0,  0,  0,  0,  0,
0,  0,  0,  0,  0,  0,  0,
0,  0,  0,  0,  0,  0,  0,
0,  0,  0,  0,  0,  0,  0,
0,  0,  0,  0,  0,  0,  0,
0,  0,  0,  0,  0,  0,  0,
0,  0,  0,  0,  0,  0,  0,
0,  0,  0,  0,  0,  0,  0,
0,  0,  0,  0,  0,  0,  0,
0,  0,  0,  0,  0,  0,  0,
0,  0,  0,  0,  0,  0,  0,
0,  0,  0,  0,  0,  0,  0,
0,  0,  0,  0,  0,  0,  0,
0,  0,  0,  0,  0,  0,  0,
0,  0,  0,  0,  0,  0,  0,
0,  0,  0,  0,  0,  0,  0,
0,  0,  0,  0,  0,  0,  0,
0,  0,  0,  0,  0,  0,  0,
0,  0,  0,  0,  0,  0,  0,
0,  0,  0,  0,  0,  0,  0,
0,  0,  0,  0,  0,  0,  0,
0,  0,  0,  0,  0,  0,  0,
0,  0,  0,  0,  0,  0,  0,
0,  0,  0,  0,  0,  0,  0,
0,  0,  0,  0,  0,  0,  0,
0,  0,  0,  0,  0,  0,  0,
0,  0,  0,  0,  0,  0,  0,
0,  0,  0,  0,  0,  0,  0,
0,  0,  0,  0,  0,  0,  0,
0,  0,  0,  0,  0,  0,  0,
0,  0,  0,  0,  0,  0,  0,
0,  0,  0,  0,  0,  0,  0,
0,  0,  0,  0,  0,  0,  0,
0,  0,  0,  0,  0,  0,  0,
0,  0,  0,  0,  0,  0,  0,
0,  0,  0,  0,  0,  0,  0,
0,  0,  0,  0,  0,  0,  0,
0,  0,  0,  0,  0,  0,  0,
0,  0,  0,  0,  0,  0,  0,
0,  0,  0,  0,  0,  0,  0,
```

```
0, 0, 0, 0, 0, 0, 0,
0, 0, 0, 0, 0, 0, 0,
0, 0, 0, 0, 0, 0, 0,
0, 0, 0, 0, 0, 0, 0,
0, 0, 0, 0, 0, 0, 0,
0, 0, 0, 0, 0, 0, 0,
0, 0, 0, 0, 0, 0, 0,
0, 0, 0, 0, 0, 0, 0,
0, 0, 0, 0, 0, 0, 0,
0, 0, 0, 0, 0, 0, 0,
0, 0, 0, 0, 0, 0, 0,
0, 0, 0, 0, 0, 0, 0,
0, 0, 0, 0, 0, 0, 0,
0, 0, 0, 0, 0, 0, 0,
0, 0, 0, 0, 0, 0, 0,
0, 0, 0, 0, 0, 0, 0,
0, 0, 0, 0, 0, 0, 0,
0, 0, 0, 0, 0, 0, 0,
0, 0, 0, 0, 0, 0, 0,
0, 0, 0, 0, 0, 0, 0,
0, 0, 0, 0, 0, 0, 0,
0, 0, 0, 0, 0, 0, 0,
0, 0, 0, 0, 0, 0, 0,
0, 0, 0, 0, 0, 0, 0,
0, 0, 0, 0, 0, 0, 0,
0, 0, 0, 0, 0, 0, 0,
0, 0, 0, 0, 0, 0, 0,
0, 0, 0, 0, 0, 0, 0,
0, 0, 0, 0, 0, 0, 0,
0, 0, 0, 0, 0, 0, 0,
0, 0, 0, 0, 0, 0, 0,
0, 0, 0, 0, 0, 0, 0,
0, 0, 0, 0, 0, 0, 0,
0, 0, 0, 0, 0, 0, 0,
0, 0, 0, 0, 0, 0, 0,
0, 0, 0, 0, 0, 0, 0,
0, 0, 0, 0, 0, 0, 0,
0, 0, 0, 0, 0, 0, 0,
0, 0, 0, 0, 0, 0, 0,
0, 0, 0, 0, 0, 0, 0,
0, 0, 0, 0, 0, 0, 0,
0, 0, 0, 0, 0, 0, 0,
0, 0, 0, 0, 0, 0, 0,
0, 0, 0, 0, 0, 0, 0,
0, 0, 0, 0, 0, 0, 0,
0, 0, 0, 0, 0, 0, 0,
0, 0, 0, 0, 0, 0, 0,
0, 0, 0, 0, 0, 0, 0,
0, 0, 0, 0, 0, 0, 0,
0, 0, 0, 0, 0, 0, 0,
0, 0, 0, 0, 0, 0, 0,
0, 0, 0, 0, 0, 0, 0,
```

Figure 3-2   *Continued.*

```
0, 0, 0, 0, 0, 0, 0,
0, 0, 0, 0, 0, 0, 0,
0, 0, 0, 0, 0, 0, 0,
0, 0, 0, 0, 0, 0, 0,
0, 0, 0, 0, 0, 0, 0,
0, 0, 0, 0, 0, 0, 0,
0, 0, 0, 0, 0, 0, 0,
0, 0, 0, 0, 0, 0, 0,
0, 0, 0, 0, 0, 0, 0,
0, 0, 0, 0, 0, 0, 0,
0, 0, 0, 0, 0, 0, 0,
0, 0, 0, 0, 0, 0, 0,
0, 0, 0, 0, 0, 0, 0,
0, 0, 0, 0, 0, 0, 0,
0, 0, 0, 0, 0, 0, 0,
0, 0, 0, 0, 0, 0, 0,
0, 0, 0, 0, 0, 0, 0,
0, 0, 0, 0, 0, 0, 0,
0, 0, 0, 0, 0, 0, 0,
0, 0, 0, 0, 0, 0, 0,
0, 0, 0, 0, 0, 0, 0,
0, 0, 0, 0, 0, 0, 0,
0, 0, 0, 0, 0, 0, 0,
0, 0, 0, 0, 0, 0, 0,
0, 0, 0, 0, 0, 0, 0,
0, 0, 0, 0, 0, 0, 0,
0, 0, 0, 0, 0, 0, 0,
0, 0, 0, 0, 0, 0, 0,
0, 0, 0, 0, 0, 0, 0,
0, 0, 0, 0, 0, 0, 0,
0, 0, 0, 0, 0, 0, 0,
0, 0, 0, 0, 0, 0, 0,
0, 0, 0, 0, 0, 0, 0,
0, 0, 0, 0, 0, 0, 0,
0, 0, 0, 0, 0, 0, 0,
0, 0, 0, 0, 0, 0, 0,
0, 0, 0, 0, 0, 0, 0,
0, 0, 0, 0, 0, 0, 0,
0, 0, 0, 0, 0, 0, 0,
0, 0, 0, 0, 0, 0, 0,
0, 0, 0, 0, 0, 0, 0,
0, 0, 0, 0, 0, 0, 0,
0, 0, 0, 0, 0, 0, 0,
0, 0, 0, 0, 0, 0, 0,
0, 0, 0, 0, 0, 0, 0,
0, 0, 0, 0, 0, 0, 0,
0, 0, 0, 0, 0, 0, 0,
0, 0, 0, 0, 0, 0, 0,
0, 0, 0, 0, 0, 0, 0,
0, 0, 0, 0, 0, 0, 0,
0, 0, 0, 0, 0, 0, 0,
```

```
        0, 0, 0, 0, 0, 0, 0,
        0, 0, 0, 0, 0, 0, 0,
        0, 0, 0, 0, 0, 0, 0,
        0, 0, 0, 0, 0, 0, 0,
        0, 0, 0, 0, 0, 0, 0,
        0, 0, 0, 0, 0, 0, 0,
        0, 0, 0, 0, 0, 0, 0,
        0, 0, 0, 0, 0, 0, 0,
        0, 0, 0, 0, 0, 0, 0,
        0, 0, 0, 0, 0, 0, 0,
        0, 0, 0, 0, 0, 0, 0,
        0, 0, 0, 0, 0, 0, 0,
        0, 0, 0, 0, 0, 0, 0,
        0, 0, 0, 0, 0, 0, 0,
        0, 0, 0, 0, 0, 0, 0,
        0, 0, 0, 0, 0, 0, 0,
        0, 0, 0, 0, 0, 0, 0,
        0, 0, 0, 0, 0, 0, 0,
        0, 0, 0, 0, 0, 0, 0,
        0, 0, 0, 0, 0, 0, 0,
        0, 0, 0, 0, 0, 0, 0,
        0, 0, 0, 0, 0, 0, 0,
        0, 0, 0, 0, 0, 0, 0,
        0, 0, 0, 0, 0, 0, 0,
        0, 0, 0, 0, 0, 0, 0,
        0, 0, 0, 0, 0, 0, 0,
        0, 0, 0, 0, 0, 0, 0,
        0, 0, 0, 0, 0, 0, 0,
        0, 0, 0, 0, 0, 0, 0,
        0, 0, 0, 0, 0, 0, 0,
        0, 0, 0, 0, 0, 0, 0,
        0, 0, 0, 0, 0, 0, 0,
        0, 0, 0, 0, 0, 0, 0,
        0, 0, 0, 0, 0, 0, 0,
        0, 0, 0, 0, 0, 0, 0,
        0, 0, 0, 0, 0, 0, 0 };

//!
// End of sprite source
/////////////////////////////////////
```

⇨ Summary

When using the sprite management functions presented in this book,
a multicolored sprite is no more than separate overlapping sprites

moving on different planes. The sprite editor facilitates the creation of multicolored (multiplane) sprites.

Under certain conditions, the first sprite that is moved in a multicolored sprite will visually appear to lead the other sprites. This quirk can be used to your advantage when displaying multicolored graphics objects.

Chapter 4 introduces a technique to animate the sprite image (change the sprite image itself) while it's moving about the screen.

4

A within-sprite
animation technique

CHAPTER 4

C HAPTER 3 presented the method for displaying a multicolored sprite by overlapping different sprites on different planes. The multiple sprite images were created using the sprite editor. Chapter 4 adds a bit more sophistication to your bit-plane animation skill.

The PROG4-1.C demonstration program moves a ghostlike rendering in the same path as the three-colored block of PROG3-1.C (Fig. 3-1). The red googlie eyes of the blue ghost point to the direction in which the ghost is moving. PROG4-1.C, however, adds a new twist.

The new twist is that the legs of the ghost sway in the opposite direction of the motion of the ghost. In other words, the ghost moves about the screen in a smoothly animated fashion. The ghost shape is changed, or animated, according to the direction that the ghost is travelling in. The effect is compelling.

Changing a multicolored sprite shape as direction changes

The technique is simple. First, determine the directions that your sprite will move on the graphics playfield. Second, create sprite shapes which correspond to the directions in which the sprite will move. That's it.

In PROG4-1.C (Fig. 4-1) you'll note that the program always knows in which direction the sprite is travelling. By carefully examining the source, it'll prove easy to determine what sprite shape is used for each direction.

As you can see, each demonstration program presented in the book is incrementally more complex than the previous one. If you understood the source code presented in PROG3-1.C (Fig. 3-1), you should have no problem understanding the source presented in PROG4-1.C.

Figure 4-1 presents the source code listing to PROG4-1.C. This program demonstrates one method for changing a multicolored sprite shape according to the direction that the sprite is moving in.

The source code listing to PROG4-1.C

Figure 4-1

```
//////////////////////////////////////
//
// prog4-1.c
//
// Two color sprite movement with
// sprite shape shift emphasizing
// direction
//

//////////////////////////////////////
//
//   defines
//

#include <graphics.h>
#include <dos.h>
#include <stdlib.h>
#include <stdio.h>
#include <stdio.h>
#include <string.h>
#include <conio.h>
#include "tproto.h"
#include "sprite.h"

//////////////////////////////////////
//
// include sprite created by the
// sprite editor

#include "UGHOST.C"
#include "LGHOST.C"
#include "RGHOST.C"

void main(void);

SPRITE_IMAGE sprite1, sprite2;
SPRITE_IMAGE spriteL1, spriteL2;
SPRITE_IMAGE spriteR1, spriteR2;


void main()
{
int  row, col, key, cnt;
int param;
int gdriver= DETECT, gmode, errorcode;
int midx, midy, mode;
int max_x, max_y;

    // BGI graphics initialization routine

    initgraph(&gdriver, &gmode, "");
```

Figure 4-1   *Continued.*

```
// check to see if there is an error

errorcode= graphresult();

// if initialization error occurs then report
// error and abort

if(errorcode != grOk) {
   printf("Graphics error: %s\n", grapherrormsg(errorcode));
   printf("Press any to return to DOS\n");
   gtKey();
   exit(1);
   }

// expand image in buffer

expand_sprite_image(UGHOST1);
expand_sprite_image(UGHOST2);

expand_sprite_image(LGHOST1);
expand_sprite_image(LGHOST2);

expand_sprite_image(RGHOST1);
expand_sprite_image(RGHOST2);

// initialize the sprite

init_sprite(&sprite1, UGHOST1, 1);
init_sprite(&sprite2, UGHOST2, 4);

init_sprite(&spriteL1, LGHOST1, 1);
init_sprite(&spriteL2, LGHOST2, 4);

init_sprite(&spriteR1, RGHOST1, 1);
init_sprite(&spriteR2, RGHOST2, 4);


setbkcolor(LIGHTGRAY);

// set text style

settextstyle(DEFAULT_FONT, HORIZ_DIR, 1);

// print message to screen in graphics text

setcolor(BLUE);

outtextxy(140, 20, "ENTER Runs Program -- F10 Quits to DOS");

// initialize graphics playfield after playfield
```

```
    // is drawn

    init_playfield();

    // initialize row and column location of sprite

    row= 50;
    col= 50;

    // display sprite image on screen

    move_sprite_image(col, row, &sprite2);
    move_sprite_image(col, row, &sprite1);

    // wait for key press

    key= gtKey();

    if(key == F10) {
       goto program_abort;
       }

    ///////////////////////////////////////
    // goto program execution label

restart_program:

       setbkcolor(LIGHTGRAY);
       setcolor(LIGHTGRAY);

       delay(2);

       line(140, 10, 140 + (40 * 8), 10);
       for(cnt= 10; cnt < 30; cnt++) {
          line(140, cnt, 140 + (40 * 8), cnt);
          }
       delay(2);

    ///////////////////////////////////////
    // move sprite horizontally right

    for(;;) {
       if(col > 560) {
          break;
          }

       // move the sprite image

         move_sprite_image(col++, row, &spriteR1);
         move_sprite_image(col, row, &spriteR2);

       // slow down to human time frame
```

Figure 4-1   *Continued.*

```
      delay(8);
      }

//////////////////////////////////
// move sprite down

for(;;) {
   if(row > 400) {
      break;
      }

   // move the sprite image

     move_sprite_image(col, row++, &sprite1);
     move_sprite_image(col, row, &sprite2);

   // slow down to human time frame

   delay(8);
   }

//////////////////////////////////
// move sprite horizontally left

for(;;) {
   if(col < 50) {
      break;
      }

   // move the sprite image

     move_sprite_image(col--, row, &spriteL1);
     move_sprite_image(col, row, &spriteL2);

   // slow down to human time frame

   delay(8);
   }

//////////////////////////////////
// move sprite up

for(;;) {
   if(row < 50) {
      break;
      }

   // move the sprite image

     move_sprite_image(col, row--, &sprite1);
     move_sprite_image(col, row, &sprite2);
```

```c
            // slow down to human time frame

            delay(8);
            }

////////////////////////////////////
// move sprite diagonally down
// right

for(;;) {
    if(row > 400) {
        break;
        }

    // move the sprite image

        move_sprite_image(col++, row++, &spriteR1);
        move_sprite_image(col, row, &spriteR2);

    // slow down to human time frame

    delay(8);
    }

////////////////////////////////////
// move sprite diagonally up
// left

for(;;) {
    if(row < 50) {
        break;
        }

    // move the sprite image

        move_sprite_image(col--, row--, &spriteL1);
        move_sprite_image(col, row, &spriteL2);

    // slow down to human time frame

    delay(8);
    }

setcolor(BLUE);

outtextxy(140, 20, "E");
outtextxy(140, 20, "ENTER Runs Program -- F10 Quits to DOS");

key= gtKey();

if(key != F10) {
    goto restart_program;
    }
```

Figure 4-1   *Continued.*

```
    // program has been aborted before it is run

program_abort:

    // return from graphics mode

    closegraph();

    // free memory allocated during playfield initialization

    destroy_playfield();
}
```

Figure 4-2 presents the source code listing to UGHOST.C. This sprite
description source file was created using the sprite editor presented in
part III of the book.

Figure 4-2   *The source code listing to UGHOST.C*

```
/////////////////////////////////////////
// ughost.c
//

unsigned char UGHOST1[48*7*8]= {
    0, 0, 0, 0, 0, 0, 0,
    0, 15, 255, 255, 240, 0, 0,
    0, 255, 255, 255, 255, 0, 0,
    3, 255, 255, 255, 255, 192, 0,
    7, 255, 255, 255, 255, 240, 0,
    15, 255, 255, 255, 255, 248, 0,
    31, 255, 255, 255, 255, 252, 0,
    63, 255, 255, 255, 255, 254, 0,
    63, 225, 255, 255, 195, 254, 0,
    63, 128, 127, 255, 0, 254, 0,
    63, 0, 63, 254, 0, 126, 0,
    63, 0, 63, 254, 0, 126, 0,
    127, 0, 63, 254, 0, 127, 0,
    127, 128, 127, 255, 0, 255, 0,
    127, 225, 255, 255, 195, 255, 0,
    127, 255, 255, 255, 255, 255, 0,
    127, 255, 255, 255, 255, 255, 0,
    127, 255, 255, 255, 255, 255, 0,
    127, 255, 255, 255, 255, 255, 0,
    127, 255, 255, 255, 255, 255, 0,
    127, 255, 255, 255, 255, 255, 0,
    127, 255, 255, 255, 255, 255, 0,
    127, 255, 255, 255, 255, 255, 0,
    127, 255, 255, 255, 255, 255, 0,
    127, 255, 255, 255, 255, 255, 0,
    127, 255, 255, 255, 255, 255, 0,
```

```
127, 255, 255, 255, 255, 255, 0,
127, 255, 255, 255, 255, 255, 0,
127, 255, 255, 255, 255, 255, 0,
127, 255, 255, 255, 255, 255, 0,
127, 255, 255, 255, 255, 255, 0,
127, 255, 255, 255, 255, 255, 0,
127, 255, 255, 255, 255, 255, 0,
127, 255, 255, 255, 255, 255, 0,
127, 255, 255, 255, 255, 255, 0,
63, 255, 255, 255, 255, 254, 0,
1, 255, 15, 248, 127, 192, 0,
0, 254, 7, 240, 63, 128, 0,
0, 254, 7, 240, 63, 128, 0,
0, 254, 7, 240, 63, 128, 0,
0, 254, 7, 240, 63, 128, 0,
0, 254, 7, 240, 63, 128, 0,
0, 254, 7, 240, 63, 128, 0,
0, 254, 7, 240, 63, 128, 0,
0, 254, 7, 240, 63, 128, 0,
0, 254, 7, 240, 63, 128, 0,
1, 255, 15, 248, 127, 192, 0,
0, 0, 0, 0, 0, 0, 0,
0, 0, 0, 0, 0, 0, 0,
0, 0, 0, 0, 0, 0, 0,
0, 0, 0, 0, 0, 0, 0,
0, 0, 0, 0, 0, 0, 0,
0, 0, 0, 0, 0, 0, 0,
0, 0, 0, 0, 0, 0, 0,
0, 0, 0, 0, 0, 0, 0,
0, 0, 0, 0, 0, 0, 0,
0, 0, 0, 0, 0, 0, 0,
0, 0, 0, 0, 0, 0, 0,
0, 0, 0, 0, 0, 0, 0,
0, 0, 0, 0, 0, 0, 0,
0, 0, 0, 0, 0, 0, 0,
0, 0, 0, 0, 0, 0, 0,
0, 0, 0, 0, 0, 0, 0,
0, 0, 0, 0, 0, 0, 0,
0, 0, 0, 0, 0, 0, 0,
0, 0, 0, 0, 0, 0, 0,
0, 0, 0, 0, 0, 0, 0,
0, 0, 0, 0, 0, 0, 0,
0, 0, 0, 0, 0, 0, 0,
0, 0, 0, 0, 0, 0, 0,
0, 0, 0, 0, 0, 0, 0,
0, 0, 0, 0, 0, 0, 0,
0, 0, 0, 0, 0, 0, 0,
0, 0, 0, 0, 0, 0, 0,
0, 0, 0, 0, 0, 0, 0,
```

Figure 4-2   *Continued.*

```
0,  0,  0,  0,  0,  0,  0,
0,  0,  0,  0,  0,  0,  0,
0,  0,  0,  0,  0,  0,  0,
0,  0,  0,  0,  0,  0,  0,
0,  0,  0,  0,  0,  0,  0,
0,  0,  0,  0,  0,  0,  0,
0,  0,  0,  0,  0,  0,  0,
0,  0,  0,  0,  0,  0,  0,
0,  0,  0,  0,  0,  0,  0,
0,  0,  0,  0,  0,  0,  0,
0,  0,  0,  0,  0,  0,  0,
0,  0,  0,  0,  0,  0,  0,
0,  0,  0,  0,  0,  0,  0,
0,  0,  0,  0,  0,  0,  0,
0,  0,  0,  0,  0,  0,  0,
0,  0,  0,  0,  0,  0,  0,
0,  0,  0,  0,  0,  0,  0,
0,  0,  0,  0,  0,  0,  0,
0,  0,  0,  0,  0,  0,  0,
0,  0,  0,  0,  0,  0,  0,
0,  0,  0,  0,  0,  0,  0,
0,  0,  0,  0,  0,  0,  0,
0,  0,  0,  0,  0,  0,  0,
0,  0,  0,  0,  0,  0,  0,
0,  0,  0,  0,  0,  0,  0,
0,  0,  0,  0,  0,  0,  0,
0,  0,  0,  0,  0,  0,  0,
0,  0,  0,  0,  0,  0,  0,
0,  0,  0,  0,  0,  0,  0,
0,  0,  0,  0,  0,  0,  0,
0,  0,  0,  0,  0,  0,  0,
0,  0,  0,  0,  0,  0,  0,
0,  0,  0,  0,  0,  0,  0,
0,  0,  0,  0,  0,  0,  0,
0,  0,  0,  0,  0,  0,  0,
0,  0,  0,  0,  0,  0,  0,
0,  0,  0,  0,  0,  0,  0,
0,  0,  0,  0,  0,  0,  0,
0,  0,  0,  0,  0,  0,  0,
0,  0,  0,  0,  0,  0,  0,
0,  0,  0,  0,  0,  0,  0,
0,  0,  0,  0,  0,  0,  0,
0,  0,  0,  0,  0,  0,  0,
0,  0,  0,  0,  0,  0,  0,
0,  0,  0,  0,  0,  0,  0,
0,  0,  0,  0,  0,  0,  0,
0,  0,  0,  0,  0,  0,  0,
0,  0,  0,  0,  0,  0,  0,
0,  0,  0,  0,  0,  0,  0,
```

```
0, 0, 0, 0, 0, 0, 0,
0, 0, 0, 0, 0, 0, 0,
0, 0, 0, 0, 0, 0, 0,
0, 0, 0, 0, 0, 0, 0,
0, 0, 0, 0, 0, 0, 0,
0, 0, 0, 0, 0, 0, 0,
0, 0, 0, 0, 0, 0, 0,
0, 0, 0, 0, 0, 0, 0,
0, 0, 0, 0, 0, 0, 0,
0, 0, 0, 0, 0, 0, 0,
0, 0, 0, 0, 0, 0, 0,
0, 0, 0, 0, 0, 0, 0,
0, 0, 0, 0, 0, 0, 0,
0, 0, 0, 0, 0, 0, 0,
0, 0, 0, 0, 0, 0, 0,
0, 0, 0, 0, 0, 0, 0,
0, 0, 0, 0, 0, 0, 0,
0, 0, 0, 0, 0, 0, 0,
0, 0, 0, 0, 0, 0, 0,
0, 0, 0, 0, 0, 0, 0,
0, 0, 0, 0, 0, 0, 0,
0, 0, 0, 0, 0, 0, 0,
0, 0, 0, 0, 0, 0, 0,
0, 0, 0, 0, 0, 0, 0,
0, 0, 0, 0, 0, 0, 0,
0, 0, 0, 0, 0, 0, 0,
0, 0, 0, 0, 0, 0, 0,
0, 0, 0, 0, 0, 0, 0,
0, 0, 0, 0, 0, 0, 0,
0, 0, 0, 0, 0, 0, 0,
0, 0, 0, 0, 0, 0, 0,
0, 0, 0, 0, 0, 0, 0,
0, 0, 0, 0, 0, 0, 0,
0, 0, 0, 0, 0, 0, 0,
0, 0, 0, 0, 0, 0, 0,
0, 0, 0, 0, 0, 0, 0,
0, 0, 0, 0, 0, 0, 0,
0, 0, 0, 0, 0, 0, 0,
0, 0, 0, 0, 0, 0, 0,
0, 0, 0, 0, 0, 0, 0,
0, 0, 0, 0, 0, 0, 0,
0, 0, 0, 0, 0, 0, 0,
0, 0, 0, 0, 0, 0, 0,
0, 0, 0, 0, 0, 0, 0,
0, 0, 0, 0, 0, 0, 0,
0, 0, 0, 0, 0, 0, 0,
0, 0, 0, 0, 0, 0, 0,
0, 0, 0, 0, 0, 0, 0,
0, 0, 0, 0, 0, 0, 0,
0, 0, 0, 0, 0, 0, 0,
0, 0, 0, 0, 0, 0, 0,
0, 0, 0, 0, 0, 0, 0,
0, 0, 0, 0, 0, 0, 0,
0, 0, 0, 0, 0, 0, 0,
0, 0, 0, 0, 0, 0, 0,
0, 0, 0, 0, 0, 0, 0,
0, 0, 0, 0, 0, 0, 0,
0, 0, 0, 0, 0, 0, 0,
0, 0, 0, 0, 0, 0, 0,
```

Figure 4-2   *Continued.*

```
0, 0, 0, 0, 0, 0, 0,
0, 0, 0, 0, 0, 0, 0,
0, 0, 0, 0, 0, 0, 0,
0, 0, 0, 0, 0, 0, 0,
0, 0, 0, 0, 0, 0, 0,
0, 0, 0, 0, 0, 0, 0,
0, 0, 0, 0, 0, 0, 0,
0, 0, 0, 0, 0, 0, 0,
0, 0, 0, 0, 0, 0, 0,
0, 0, 0, 0, 0, 0, 0,
0, 0, 0, 0, 0, 0, 0,
0, 0, 0, 0, 0, 0, 0,
0, 0, 0, 0, 0, 0, 0,
0, 0, 0, 0, 0, 0, 0,
0, 0, 0, 0, 0, 0, 0,
0, 0, 0, 0, 0, 0, 0,
0, 0, 0, 0, 0, 0, 0,
0, 0, 0, 0, 0, 0, 0,
0, 0, 0, 0, 0, 0, 0,
0, 0, 0, 0, 0, 0, 0,
0, 0, 0, 0, 0, 0, 0,
0, 0, 0, 0, 0, 0, 0,
0, 0, 0, 0, 0, 0, 0,
0, 0, 0, 0, 0, 0, 0,
0, 0, 0, 0, 0, 0, 0,
0, 0, 0, 0, 0, 0, 0,
0, 0, 0, 0, 0, 0, 0,
0, 0, 0, 0, 0, 0, 0,
0, 0, 0, 0, 0, 0, 0,
0, 0, 0, 0, 0, 0, 0,
0, 0, 0, 0, 0, 0, 0,
0, 0, 0, 0, 0, 0, 0,
0, 0, 0, 0, 0, 0, 0,
0, 0, 0, 0, 0, 0, 0,
0, 0, 0, 0, 0, 0, 0,
0, 0, 0, 0, 0, 0, 0,
0, 0, 0, 0, 0, 0, 0,
0, 0, 0, 0, 0, 0, 0,
0, 0, 0, 0, 0, 0, 0,
0, 0, 0, 0, 0, 0, 0,
0, 0, 0, 0, 0, 0, 0,
0, 0, 0, 0, 0, 0, 0,
0, 0, 0, 0, 0, 0, 0,
0, 0, 0, 0, 0, 0, 0,
0, 0, 0, 0, 0, 0, 0,
0, 0, 0, 0, 0, 0, 0,
0, 0, 0, 0, 0, 0, 0,
0, 0, 0, 0, 0, 0, 0,
0, 0, 0, 0, 0, 0, 0,
```

```
0,  0,  0,  0,  0,  0,  0,
0,  0,  0,  0,  0,  0,  0,
0,  0,  0,  0,  0,  0,  0,
0,  0,  0,  0,  0,  0,  0,
0,  0,  0,  0,  0,  0,  0,
0,  0,  0,  0,  0,  0,  0,
0,  0,  0,  0,  0,  0,  0,
0,  0,  0,  0,  0,  0,  0,
0,  0,  0,  0,  0,  0,  0,
0,  0,  0,  0,  0,  0,  0,
0,  0,  0,  0,  0,  0,  0,
0,  0,  0,  0,  0,  0,  0,
0,  0,  0,  0,  0,  0,  0,
0,  0,  0,  0,  0,  0,  0,
0,  0,  0,  0,  0,  0,  0,
0,  0,  0,  0,  0,  0,  0,
0,  0,  0,  0,  0,  0,  0,
0,  0,  0,  0,  0,  0,  0,
0,  0,  0,  0,  0,  0,  0,
0,  0,  0,  0,  0,  0,  0,
0,  0,  0,  0,  0,  0,  0,
0,  0,  0,  0,  0,  0,  0,
0,  0,  0,  0,  0,  0,  0,
0,  0,  0,  0,  0,  0,  0,
0,  0,  0,  0,  0,  0,  0,
0,  0,  0,  0,  0,  0,  0,
0,  0,  0,  0,  0,  0,  0,
0,  0,  0,  0,  0,  0,  0,
0,  0,  0,  0,  0,  0,  0,
0,  0,  0,  0,  0,  0,  0,
0,  0,  0,  0,  0,  0,  0,
0,  0,  0,  0,  0,  0,  0,
0,  0,  0,  0,  0,  0,  0,
0,  0,  0,  0,  0,  0,  0,
0,  0,  0,  0,  0,  0,  0,
0,  0,  0,  0,  0,  0,  0,
0,  0,  0,  0,  0,  0,  0,
0,  0,  0,  0,  0,  0,  0,
0,  0,  0,  0,  0,  0,  0,
0,  0,  0,  0,  0,  0,  0,
0,  0,  0,  0,  0,  0,  0,
0,  0,  0,  0,  0,  0,  0,
0,  0,  0,  0,  0,  0,  0,
0,  0,  0,  0,  0,  0,  0,
0,  0,  0,  0,  0,  0,  0,
0,  0,  0,  0,  0,  0,  0,
0,  0,  0,  0,  0,  0,  0,
0,  0,  0,  0,  0,  0,  0,
0,  0,  0,  0,  0,  0,  0,
0,  0,  0,  0,  0,  0,  0,
0,  0,  0,  0,  0,  0,  0,
0,  0,  0,  0,  0,  0,  0,
0,  0,  0,  0,  0,  0,  0,
0,  0,  0,  0,  0,  0,  0,
```

Figure 4-2   *Continued.*

```
0, 0, 0, 0, 0, 0, 0,
0, 0, 0, 0, 0, 0, 0,
0, 0, 0, 0, 0, 0, 0,
0, 0, 0, 0, 0, 0, 0,
0, 0, 0, 0, 0, 0, 0,
0, 0, 0, 0, 0, 0, 0,
0, 0, 0, 0, 0, 0, 0,
0, 0, 0, 0, 0, 0, 0,
0, 0, 0, 0, 0, 0, 0,
0, 0, 0, 0, 0, 0, 0,
0, 0, 0, 0, 0, 0, 0,
0, 0, 0, 0, 0, 0, 0,
0, 0, 0, 0, 0, 0, 0,
0, 0, 0, 0, 0, 0, 0,
0, 0, 0, 0, 0, 0, 0,
0, 0, 0, 0, 0, 0, 0,
0, 0, 0, 0, 0, 0, 0,
0, 0, 0, 0, 0, 0, 0,
0, 0, 0, 0, 0, 0, 0,
0, 0, 0, 0, 0, 0, 0,
0, 0, 0, 0, 0, 0, 0,
0, 0, 0, 0, 0, 0, 0,
0, 0, 0, 0, 0, 0, 0,
0, 0, 0, 0, 0, 0, 0,
0, 0, 0, 0, 0, 0, 0,
0, 0, 0, 0, 0, 0, 0,
0, 0, 0, 0, 0, 0, 0,
0, 0, 0, 0, 0, 0, 0,
0, 0, 0, 0, 0, 0, 0,
0, 0, 0, 0, 0, 0, 0,
0, 0, 0, 0, 0, 0, 0,
0, 0, 0, 0, 0, 0, 0,
0, 0, 0, 0, 0, 0, 0,
0, 0, 0, 0, 0, 0, 0,
0, 0, 0, 0, 0, 0, 0,
0, 0, 0, 0, 0, 0, 0,
0, 0, 0, 0, 0, 0, 0,
0, 0, 0, 0, 0, 0, 0,
0, 0, 0, 0, 0, 0, 0,
0, 0, 0, 0, 0, 0, 0,
0, 0, 0, 0, 0, 0, 0,
0, 0, 0, 0, 0, 0, 0,
0, 0, 0, 0, 0, 0, 0,
0, 0, 0, 0, 0, 0, 0,
0, 0, 0, 0, 0, 0, 0,
0, 0, 0, 0, 0, 0, 0,
0, 0, 0, 0, 0, 0, 0,
0, 0, 0, 0, 0, 0, 0,
0, 0, 0, 0, 0, 0, 0,
```

```
     0,  0,  0,  0,  0,  0,  0,
     0,  0,  0,  0,  0,  0,  0,
     0,  0,  0,  0,  0,  0,  0,
     0,  0,  0,  0,  0,  0,  0,
     0,  0,  0,  0,  0,  0,  0,
     0,  0,  0,  0,  0,  0,  0,
     0,  0,  0,  0,  0,  0,  0,
     0,  0,  0,  0,  0,  0,  0,
     0,  0,  0,  0,  0,  0,  0,
     0,  0,  0,  0,  0,  0,  0,
     0,  0,  0,  0,  0,  0,  0,
     0,  0,  0,  0,  0,  0,  0,
     0,  0,  0,  0,  0,  0,  0,
     0,  0,  0,  0,  0,  0,  0,
     0,  0,  0,  0,  0,  0,  0,
     0,  0,  0,  0,  0,  0,  0,
     0,  0,  0,  0,  0,  0,  0,
     0,  0,  0,  0,  0,  0,  0,
     0,  0,  0,  0,  0,  0,  0,
     0,  0,  0,  0,  0,  0,  0,
     0,  0,  0,  0,  0,  0,  0,
     0,  0,  0,  0,  0,  0,  0,
     0,  0,  0,  0,  0,  0,  0,
     0,  0,  0,  0,  0,  0,  0,
     0,  0,  0,  0,  0,  0,  0,
     0,  0,  0,  0,  0,  0,  0,
     0,  0,  0,  0,  0,  0,  0,
     0,  0,  0,  0,  0,  0,  0,
     0,  0,  0,  0,  0,  0,  0,
     0,  0,  0,  0,  0,  0,  0,
     0,  0,  0,  0,  0,  0,  0,
     0,  0,  0,  0,  0,  0,  0,
     0,  0,  0,  0,  0,  0,  0,
     0,  0,  0,  0,  0,  0,  0,
     0,  0,  0,  0,  0,  0,  0,
     0,  0,  0,  0,  0,  0,  0,
     0,  0,  0,  0,  0,  0,  0,
     0,  0,  0,  0,  0,  0,  0,
     0,  0,  0,  0,  0,  0,  0,
     0,  0,  0,  0,  0,  0,  0,
     0,  0,  0,  0,  0,  0,  0,
     0,  0,  0,  0,  0,  0,  0,
     0,  0,  0,  0,  0,  0,  0,
     0,  0,  0,  0,  0,  0,  0,
     0,  0,  0,  0,  0,  0,  0,
     0,  0,  0,  0,  0,  0,  0,
     0,  0,  0,  0,  0,  0,  0 };

unsigned char UGHOST2[48*7*8]= {
     0,  0,  0,  0,  0,  0,  0,
     0,  0,  0,  0,  0,  0,  0,
     0,  0,  0,  0,  0,  0,  0,
     0,  0,  0,  0,  0,  0,  0,
     0,  0,  0,  0,  0,  0,  0,
```

Figure 4-2   *Continued.*

```
0,  0,  0,  0,  0,  0,  0,
0,  0,  0,  0,  0,  0,  0,
0,  0,  0,  0,  0,  0,  0,
0,  0,  0,  0,  0,  0,  0,
0,  0,  0,  0,  0,  0,  0,
0, 30,  0,  0, 60,  0,  0,
0, 63,  0,  0, 126,  0,  0,
0, 30,  0,  0, 60,  0,  0,
0,  0,  0,  0,  0,  0,  0,
0,  0,  0,  0,  0,  0,  0,
0,  0,  0,  0,  0,  0,  0,
0,  0,  0,  0,  0,  0,  0,
0,  0,  0,  0,  0,  0,  0,
0,  0,  0,  0,  0,  0,  0,
0,  0,  0,  0,  0,  0,  0,
0,  0,  0,  0,  0,  0,  0,
0,  0,  0,  0,  0,  0,  0,
0,  0,  0,  0,  0,  0,  0,
0,  0,  0,  0,  0,  0,  0,
0,  0,  0,  0,  0,  0,  0,
0,  0,  0,  0,  0,  0,  0,
0,  0,  0,  0,  0,  0,  0,
0,  0,  0,  0,  0,  0,  0,
0,  0,  0,  0,  0,  0,  0,
0,  0,  0,  0,  0,  0,  0,
0,  0,  0,  0,  0,  0,  0,
0,  0,  0,  0,  0,  0,  0,
0,  0,  0,  0,  0,  0,  0,
0,  0,  0,  0,  0,  0,  0,
0,  0,  0,  0,  0,  0,  0,
0,  0,  0,  0,  0,  0,  0,
0,  0,  0,  0,  0,  0,  0,
0,  0,  0,  0,  0,  0,  0,
0,  0,  0,  0,  0,  0,  0,
0,  0,  0,  0,  0,  0,  0,
0,  0,  0,  0,  0,  0,  0,
0,  0,  0,  0,  0,  0,  0,
0,  0,  0,  0,  0,  0,  0,
0,  0,  0,  0,  0,  0,  0,
0,  0,  0,  0,  0,  0,  0,
0,  0,  0,  0,  0,  0,  0,
0,  0,  0,  0,  0,  0,  0,
0,  0,  0,  0,  0,  0,  0,
0,  0,  0,  0,  0,  0,  0,
0,  0,  0,  0,  0,  0,  0,
0,  0,  0,  0,  0,  0,  0,
0,  0,  0,  0,  0,  0,  0,
0,  0,  0,  0,  0,  0,  0,
0,  0,  0,  0,  0,  0,  0,
```

```
0, 0, 0, 0, 0, 0, 0,
0, 0, 0, 0, 0, 0, 0,
0, 0, 0, 0, 0, 0, 0,
0, 0, 0, 0, 0, 0, 0,
0, 0, 0, 0, 0, 0, 0,
0, 0, 0, 0, 0, 0, 0,
0, 0, 0, 0, 0, 0, 0,
0, 0, 0, 0, 0, 0, 0,
0, 0, 0, 0, 0, 0, 0,
0, 0, 0, 0, 0, 0, 0,
0, 0, 0, 0, 0, 0, 0,
0, 0, 0, 0, 0, 0, 0,
0, 0, 0, 0, 0, 0, 0,
0, 0, 0, 0, 0, 0, 0,
0, 0, 0, 0, 0, 0, 0,
0, 0, 0, 0, 0, 0, 0,
0, 0, 0, 0, 0, 0, 0,
0, 0, 0, 0, 0, 0, 0,
0, 0, 0, 0, 0, 0, 0,
0, 0, 0, 0, 0, 0, 0,
0, 0, 0, 0, 0, 0, 0,
0, 0, 0, 0, 0, 0, 0,
0, 0, 0, 0, 0, 0, 0,
0, 0, 0, 0, 0, 0, 0,
0, 0, 0, 0, 0, 0, 0,
0, 0, 0, 0, 0, 0, 0,
0, 0, 0, 0, 0, 0, 0,
0, 0, 0, 0, 0, 0, 0,
0, 0, 0, 0, 0, 0, 0,
0, 0, 0, 0, 0, 0, 0,
0, 0, 0, 0, 0, 0, 0,
0, 0, 0, 0, 0, 0, 0,
0, 0, 0, 0, 0, 0, 0,
0, 0, 0, 0, 0, 0, 0,
0, 0, 0, 0, 0, 0, 0,
0, 0, 0, 0, 0, 0, 0,
0, 0, 0, 0, 0, 0, 0,
0, 0, 0, 0, 0, 0, 0,
0, 0, 0, 0, 0, 0, 0,
0, 0, 0, 0, 0, 0, 0,
0, 0, 0, 0, 0, 0, 0,
0, 0, 0, 0, 0, 0, 0,
0, 0, 0, 0, 0, 0, 0,
0, 0, 0, 0, 0, 0, 0,
0, 0, 0, 0, 0, 0, 0,
0, 0, 0, 0, 0, 0, 0,
0, 0, 0, 0, 0, 0, 0,
0, 0, 0, 0, 0, 0, 0,
0, 0, 0, 0, 0, 0, 0,
0, 0, 0, 0, 0, 0, 0,
0, 0, 0, 0, 0, 0, 0,
0, 0, 0, 0, 0, 0, 0,
```

Figure 4-2   *Continued.*

```
0, 0, 0, 0, 0, 0, 0,
0, 0, 0, 0, 0, 0, 0,
0, 0, 0, 0, 0, 0, 0,
0, 0, 0, 0, 0, 0, 0,
0, 0, 0, 0, 0, 0, 0,
0, 0, 0, 0, 0, 0, 0,
0, 0, 0, 0, 0, 0, 0,
0, 0, 0, 0, 0, 0, 0,
0, 0, 0, 0, 0, 0, 0,
0, 0, 0, 0, 0, 0, 0,
0, 0, 0, 0, 0, 0, 0,
0, 0, 0, 0, 0, 0, 0,
0, 0, 0, 0, 0, 0, 0,
0, 0, 0, 0, 0, 0, 0,
0, 0, 0, 0, 0, 0, 0,
0, 0, 0, 0, 0, 0, 0,
0, 0, 0, 0, 0, 0, 0,
0, 0, 0, 0, 0, 0, 0,
0, 0, 0, 0, 0, 0, 0,
0, 0, 0, 0, 0, 0, 0,
0, 0, 0, 0, 0, 0, 0,
0, 0, 0, 0, 0, 0, 0,
0, 0, 0, 0, 0, 0, 0,
0, 0, 0, 0, 0, 0, 0,
0, 0, 0, 0, 0, 0, 0,
0, 0, 0, 0, 0, 0, 0,
0, 0, 0, 0, 0, 0, 0,
0, 0, 0, 0, 0, 0, 0,
0, 0, 0, 0, 0, 0, 0,
0, 0, 0, 0, 0, 0, 0,
0, 0, 0, 0, 0, 0, 0,
0, 0, 0, 0, 0, 0, 0,
0, 0, 0, 0, 0, 0, 0,
0, 0, 0, 0, 0, 0, 0,
0, 0, 0, 0, 0, 0, 0,
0, 0, 0, 0, 0, 0, 0,
0, 0, 0, 0, 0, 0, 0,
0, 0, 0, 0, 0, 0, 0,
0, 0, 0, 0, 0, 0, 0,
0, 0, 0, 0, 0, 0, 0,
0, 0, 0, 0, 0, 0, 0,
0, 0, 0, 0, 0, 0, 0,
0, 0, 0, 0, 0, 0, 0,
0, 0, 0, 0, 0, 0, 0,
0, 0, 0, 0, 0, 0, 0,
0, 0, 0, 0, 0, 0, 0,
0, 0, 0, 0, 0, 0, 0,
0, 0, 0, 0, 0, 0, 0,
0, 0, 0, 0, 0, 0, 0,
```

```
0, 0, 0, 0, 0, 0, 0,
0, 0, 0, 0, 0, 0, 0,
0, 0, 0, 0, 0, 0, 0,
0, 0, 0, 0, 0, 0, 0,
0, 0, 0, 0, 0, 0, 0,
0, 0, 0, 0, 0, 0, 0,
0, 0, 0, 0, 0, 0, 0,
0, 0, 0, 0, 0, 0, 0,
0, 0, 0, 0, 0, 0, 0,
0, 0, 0, 0, 0, 0, 0,
0, 0, 0, 0, 0, 0, 0,
0, 0, 0, 0, 0, 0, 0,
0, 0, 0, 0, 0, 0, 0,
0, 0, 0, 0, 0, 0, 0,
0, 0, 0, 0, 0, 0, 0,
0, 0, 0, 0, 0, 0, 0,
0, 0, 0, 0, 0, 0, 0,
0, 0, 0, 0, 0, 0, 0,
0, 0, 0, 0, 0, 0, 0,
0, 0, 0, 0, 0, 0, 0,
0, 0, 0, 0, 0, 0, 0,
0, 0, 0, 0, 0, 0, 0,
0, 0, 0, 0, 0, 0, 0,
0, 0, 0, 0, 0, 0, 0,
0, 0, 0, 0, 0, 0, 0,
0, 0, 0, 0, 0, 0, 0,
0, 0, 0, 0, 0, 0, 0,
0, 0, 0, 0, 0, 0, 0,
0, 0, 0, 0, 0, 0, 0,
0, 0, 0, 0, 0, 0, 0,
0, 0, 0, 0, 0, 0, 0,
0, 0, 0, 0, 0, 0, 0,
0, 0, 0, 0, 0, 0, 0,
0, 0, 0, 0, 0, 0, 0,
0, 0, 0, 0, 0, 0, 0,
0, 0, 0, 0, 0, 0, 0,
0, 0, 0, 0, 0, 0, 0,
0, 0, 0, 0, 0, 0, 0,
0, 0, 0, 0, 0, 0, 0,
0, 0, 0, 0, 0, 0, 0,
0, 0, 0, 0, 0, 0, 0,
0, 0, 0, 0, 0, 0, 0,
0, 0, 0, 0, 0, 0, 0,
0, 0, 0, 0, 0, 0, 0,
0, 0, 0, 0, 0, 0, 0,
0, 0, 0, 0, 0, 0, 0,
0, 0, 0, 0, 0, 0, 0,
0, 0, 0, 0, 0, 0, 0,
0, 0, 0, 0, 0, 0, 0,
0, 0, 0, 0, 0, 0, 0,
0, 0, 0, 0, 0, 0, 0,
0, 0, 0, 0, 0, 0, 0,
0, 0, 0, 0, 0, 0, 0,
0, 0, 0, 0, 0, 0, 0,
0, 0, 0, 0, 0, 0, 0,
0, 0, 0, 0, 0, 0, 0,
0, 0, 0, 0, 0, 0, 0,
```

Figure 4-2   *Continued.*

```
0, 0, 0, 0, 0, 0, 0,
0, 0, 0, 0, 0, 0, 0,
0, 0, 0, 0, 0, 0, 0,
0, 0, 0, 0, 0, 0, 0,
0, 0, 0, 0, 0, 0, 0,
0, 0, 0, 0, 0, 0, 0,
0, 0, 0, 0, 0, 0, 0,
0, 0, 0, 0, 0, 0, 0,
0, 0, 0, 0, 0, 0, 0,
0, 0, 0, 0, 0, 0, 0,
0, 0, 0, 0, 0, 0, 0,
0, 0, 0, 0, 0, 0, 0,
0, 0, 0, 0, 0, 0, 0,
0, 0, 0, 0, 0, 0, 0,
0, 0, 0, 0, 0, 0, 0,
0, 0, 0, 0, 0, 0, 0,
0, 0, 0, 0, 0, 0, 0,
0, 0, 0, 0, 0, 0, 0,
0, 0, 0, 0, 0, 0, 0,
0, 0, 0, 0, 0, 0, 0,
0, 0, 0, 0, 0, 0, 0,
0, 0, 0, 0, 0, 0, 0,
0, 0, 0, 0, 0, 0, 0,
0, 0, 0, 0, 0, 0, 0,
0, 0, 0, 0, 0, 0, 0,
0, 0, 0, 0, 0, 0, 0,
0, 0, 0, 0, 0, 0, 0,
0, 0, 0, 0, 0, 0, 0,
0, 0, 0, 0, 0, 0, 0,
0, 0, 0, 0, 0, 0, 0,
0, 0, 0, 0, 0, 0, 0,
0, 0, 0, 0, 0, 0, 0,
0, 0, 0, 0, 0, 0, 0,
0, 0, 0, 0, 0, 0, 0,
0, 0, 0, 0, 0, 0, 0,
0, 0, 0, 0, 0, 0, 0,
0, 0, 0, 0, 0, 0, 0,
0, 0, 0, 0, 0, 0, 0,
0, 0, 0, 0, 0, 0, 0,
0, 0, 0, 0, 0, 0, 0,
0, 0, 0, 0, 0, 0, 0,
0, 0, 0, 0, 0, 0, 0,
0, 0, 0, 0, 0, 0, 0,
0, 0, 0, 0, 0, 0, 0,
0, 0, 0, 0, 0, 0, 0,
0, 0, 0, 0, 0, 0, 0,
0, 0, 0, 0, 0, 0, 0,
0, 0, 0, 0, 0, 0, 0,
0, 0, 0, 0, 0, 0, 0,
0, 0, 0, 0, 0, 0, 0,
```

```
0, 0, 0, 0, 0, 0, 0,
0, 0, 0, 0, 0, 0, 0,
0, 0, 0, 0, 0, 0, 0,
0, 0, 0, 0, 0, 0, 0,
0, 0, 0, 0, 0, 0, 0,
0, 0, 0, 0, 0, 0, 0,
0, 0, 0, 0, 0, 0, 0,
0, 0, 0, 0, 0, 0, 0,
0, 0, 0, 0, 0, 0, 0,
0, 0, 0, 0, 0, 0, 0,
0, 0, 0, 0, 0, 0, 0,
0, 0, 0, 0, 0, 0, 0,
0, 0, 0, 0, 0, 0, 0,
0, 0, 0, 0, 0, 0, 0,
0, 0, 0, 0, 0, 0, 0,
0, 0, 0, 0, 0, 0, 0,
0, 0, 0, 0, 0, 0, 0,
0, 0, 0, 0, 0, 0, 0,
0, 0, 0, 0, 0, 0, 0,
0, 0, 0, 0, 0, 0, 0,
0, 0, 0, 0, 0, 0, 0,
0, 0, 0, 0, 0, 0, 0,
0, 0, 0, 0, 0, 0, 0,
0, 0, 0, 0, 0, 0, 0,
0, 0, 0, 0, 0, 0, 0,
0, 0, 0, 0, 0, 0, 0,
0, 0, 0, 0, 0, 0, 0,
0, 0, 0, 0, 0, 0, 0,
0, 0, 0, 0, 0, 0, 0,
0, 0, 0, 0, 0, 0, 0,
0, 0, 0, 0, 0, 0, 0,
0, 0, 0, 0, 0, 0, 0,
0, 0, 0, 0, 0, 0, 0,
0, 0, 0, 0, 0, 0, 0,
0, 0, 0, 0, 0, 0, 0,
0, 0, 0, 0, 0, 0, 0,
0, 0, 0, 0, 0, 0, 0,
0, 0, 0, 0, 0, 0, 0,
0, 0, 0, 0, 0, 0, 0,
0, 0, 0, 0, 0, 0, 0,
0, 0, 0, 0, 0, 0, 0,
0, 0, 0, 0, 0, 0, 0,
0, 0, 0, 0, 0, 0, 0,
0, 0, 0, 0, 0, 0, 0,
0, 0, 0, 0, 0, 0, 0,
0, 0, 0, 0, 0, 0, 0,
0, 0, 0, 0, 0, 0, 0,
0, 0, 0, 0, 0, 0, 0,
0, 0, 0, 0, 0, 0, 0,
0, 0, 0, 0, 0, 0, 0,
0, 0, 0, 0, 0, 0, 0,
0, 0, 0, 0, 0, 0, 0,
0, 0, 0, 0, 0, 0, 0,
```

Figure 4-2   *Continued.*

```
0, 0, 0, 0, 0, 0, 0,
0, 0, 0, 0, 0, 0, 0,
0, 0, 0, 0, 0, 0, 0,
0, 0, 0, 0, 0, 0, 0,
0, 0, 0, 0, 0, 0, 0,
0, 0, 0, 0, 0, 0, 0,
0, 0, 0, 0, 0, 0, 0,
0, 0, 0, 0, 0, 0, 0,
0, 0, 0, 0, 0, 0, 0,
0, 0, 0, 0, 0, 0, 0,
0, 0, 0, 0, 0, 0, 0,
0, 0, 0, 0, 0, 0, 0,
0, 0, 0, 0, 0, 0, 0,
0, 0, 0, 0, 0, 0, 0,
0, 0, 0, 0, 0, 0, 0,
0, 0, 0, 0, 0, 0, 0,
0, 0, 0, 0, 0, 0, 0,
0, 0, 0, 0, 0, 0, 0,
0, 0, 0, 0, 0, 0, 0,
0, 0, 0, 0, 0, 0, 0,
0, 0, 0, 0, 0, 0, 0,
0, 0, 0, 0, 0, 0, 0,
0, 0, 0, 0, 0, 0, 0,
0, 0, 0, 0, 0, 0, 0,
0, 0, 0, 0, 0, 0, 0,
0, 0, 0, 0, 0, 0, 0,
0, 0, 0, 0, 0, 0, 0,
0, 0, 0, 0, 0, 0, 0,
0, 0, 0, 0, 0, 0, 0,
0, 0, 0, 0, 0, 0, 0,
0, 0, 0, 0, 0, 0, 0,
0, 0, 0, 0, 0, 0, 0,
0, 0, 0, 0, 0, 0, 0,
0, 0, 0, 0, 0, 0, 0,
0, 0, 0, 0, 0, 0, 0,
0, 0, 0, 0, 0, 0, 0,
0, 0, 0, 0, 0, 0, 0,
0, 0, 0, 0, 0, 0, 0,
0, 0, 0, 0, 0, 0, 0,
0, 0, 0, 0, 0, 0, 0,
0, 0, 0, 0, 0, 0, 0,
0, 0, 0, 0, 0, 0, 0,
0, 0, 0, 0, 0, 0, 0,
0, 0, 0, 0, 0, 0, 0,
0, 0, 0, 0, 0, 0, 0,
0, 0, 0, 0, 0, 0, 0,
0, 0, 0, 0, 0, 0, 0,
0, 0, 0, 0, 0, 0, 0,
0, 0, 0, 0, 0, 0, 0,
0, 0, 0, 0, 0, 0, 0,
```

```
    0, 0, 0, 0, 0, 0, 0,
    0, 0, 0, 0, 0, 0, 0,
    0, 0, 0, 0, 0, 0, 0,
    0, 0, 0, 0, 0, 0, 0,
    0, 0, 0, 0, 0, 0, 0,
    0, 0, 0, 0, 0, 0, 0,
    0, 0, 0, 0, 0, 0, 0,
    0, 0, 0, 0, 0, 0, 0,
    0, 0, 0, 0, 0, 0, 0,
    0, 0, 0, 0, 0, 0, 0,
    0, 0, 0, 0, 0, 0, 0,
    0, 0, 0, 0, 0, 0, 0,
    0, 0, 0, 0, 0, 0, 0,
    0, 0, 0, 0, 0, 0, 0,
    0, 0, 0, 0, 0, 0, 0,
    0, 0, 0, 0, 0, 0, 0 };

//!
// End of sprite source
//////////////////////////////////////
```

Figure 4-3 presents the source code listing to LGHOST.C. This sprite description source file was created using the sprite editor.

The source code listing to LGHOST.C   Figure 4-3

```
//////////////////////////////////////
// lghost.c
//

unsigned char LGHOST1[48*7*8]= {
    0, 0, 0, 0, 0, 0, 0,
    0, 15, 255, 255, 240, 0, 0,
    0, 255, 255, 255, 255, 0, 0,
    3, 255, 255, 255, 255, 192, 0,
    7, 255, 255, 255, 255, 240, 0,
    15, 255, 255, 255, 255, 248, 0,
    31, 255, 255, 255, 255, 252, 0,
    63, 255, 255, 255, 255, 254, 0,
    63, 225, 255, 255, 195, 254, 0,
    63, 128, 127, 255, 0, 254, 0,
    63, 0, 63, 254, 0, 126, 0,
    63, 0, 63, 254, 0, 126, 0,
    127, 0, 63, 254, 0, 127, 0,
    127, 128, 127, 255, 0, 255, 0,
    127, 225, 255, 255, 195, 255, 0,
    127, 255, 255, 255, 255, 255, 0,
    127, 255, 255, 255, 255, 255, 0,
    127, 255, 255, 255, 255, 255, 0,
    127, 255, 255, 255, 255, 255, 0,
    127, 255, 255, 255, 255, 255, 0,
    127, 255, 255, 255, 255, 255, 0,
    127, 255, 255, 255, 255, 255, 0,
```

Figure 4-3   *Continued.*

```
127, 255, 255, 255, 255, 255, 0,
127, 255, 255, 255, 255, 255, 0,
127, 255, 255, 255, 255, 255, 0,
127, 255, 255, 255, 255, 255, 0,
127, 255, 255, 255, 255, 255, 0,
127, 255, 255, 255, 255, 255, 0,
127, 255, 255, 255, 255, 255, 0,
127, 255, 255, 255, 255, 255, 0,
127, 255, 255, 255, 255, 255, 0,
127, 255, 255, 255, 255, 255, 0,
127, 255, 255, 255, 255, 255, 0,
127, 255, 255, 255, 255, 255, 0,
127, 255, 255, 255, 255, 255, 0,
127, 255, 255, 255, 255, 255, 0,
63, 255, 255, 255, 255, 254, 0,
1, 255, 15, 248, 127, 192, 0,
0, 254, 7, 240, 63, 128, 0,
0, 254, 7, 240, 63, 128, 0,
0, 255, 7, 240, 63, 128, 0,
0, 127, 3, 248, 31, 128, 0,
0, 63, 129, 252, 15, 192, 0,
0, 31, 192, 254, 7, 224, 0,
0, 15, 224, 127, 3, 240, 0,
0, 7, 240, 63, 129, 248, 0,
0, 3, 252, 31, 192, 254, 0,
0, 7, 254, 63, 225, 255, 0,
0, 0, 0, 0, 0, 0, 0,
0, 0, 0, 0, 0, 0, 0,
0, 0, 0, 0, 0, 0, 0,
0, 0, 0, 0, 0, 0, 0,
0, 0, 0, 0, 0, 0, 0,
0, 0, 0, 0, 0, 0, 0,
0, 0, 0, 0, 0, 0, 0,
0, 0, 0, 0, 0, 0, 0,
0, 0, 0, 0, 0, 0, 0,
0, 0, 0, 0, 0, 0, 0,
0, 0, 0, 0, 0, 0, 0,
0, 0, 0, 0, 0, 0, 0,
0, 0, 0, 0, 0, 0, 0,
0, 0, 0, 0, 0, 0, 0,
0, 0, 0, 0, 0, 0, 0,
0, 0, 0, 0, 0, 0, 0,
0, 0, 0, 0, 0, 0, 0,
0, 0, 0, 0, 0, 0, 0,
0, 0, 0, 0, 0, 0, 0,
0, 0, 0, 0, 0, 0, 0,
0, 0, 0, 0, 0, 0, 0,
0, 0, 0, 0, 0, 0, 0,
0, 0, 0, 0, 0, 0, 0,
0, 0, 0, 0, 0, 0, 0,
```

```
0, 0, 0, 0, 0, 0, 0,
0, 0, 0, 0, 0, 0, 0,
0, 0, 0, 0, 0, 0, 0,
0, 0, 0, 0, 0, 0, 0,
0, 0, 0, 0, 0, 0, 0,
0, 0, 0, 0, 0, 0, 0,
0, 0, 0, 0, 0, 0, 0,
0, 0, 0, 0, 0, 0, 0,
0, 0, 0, 0, 0, 0, 0,
0, 0, 0, 0, 0, 0, 0,
0, 0, 0, 0, 0, 0, 0,
0, 0, 0, 0, 0, 0, 0,
0, 0, 0, 0, 0, 0, 0,
0, 0, 0, 0, 0, 0, 0,
0, 0, 0, 0, 0, 0, 0,
0, 0, 0, 0, 0, 0, 0,
0, 0, 0, 0, 0, 0, 0,
0, 0, 0, 0, 0, 0, 0,
0, 0, 0, 0, 0, 0, 0,
0, 0, 0, 0, 0, 0, 0,
0, 0, 0, 0, 0, 0, 0,
0, 0, 0, 0, 0, 0, 0,
0, 0, 0, 0, 0, 0, 0,
0, 0, 0, 0, 0, 0, 0,
0, 0, 0, 0, 0, 0, 0,
0, 0, 0, 0, 0, 0, 0,
0, 0, 0, 0, 0, 0, 0,
0, 0, 0, 0, 0, 0, 0,
0, 0, 0, 0, 0, 0, 0,
0, 0, 0, 0, 0, 0, 0,
0, 0, 0, 0, 0, 0, 0,
0, 0, 0, 0, 0, 0, 0,
0, 0, 0, 0, 0, 0, 0,
0, 0, 0, 0, 0, 0, 0,
0, 0, 0, 0, 0, 0, 0,
0, 0, 0, 0, 0, 0, 0,
0, 0, 0, 0, 0, 0, 0,
0, 0, 0, 0, 0, 0, 0,
0, 0, 0, 0, 0, 0, 0,
0, 0, 0, 0, 0, 0, 0,
0, 0, 0, 0, 0, 0, 0,
0, 0, 0, 0, 0, 0, 0,
0, 0, 0, 0, 0, 0, 0,
0, 0, 0, 0, 0, 0, 0,
0, 0, 0, 0, 0, 0, 0,
0, 0, 0, 0, 0, 0, 0,
0, 0, 0, 0, 0, 0, 0,
0, 0, 0, 0, 0, 0, 0,
0, 0, 0, 0, 0, 0, 0,
0, 0, 0, 0, 0, 0, 0,
0, 0, 0, 0, 0, 0, 0,
0, 0, 0, 0, 0, 0, 0,
0, 0, 0, 0, 0, 0, 0,
0, 0, 0, 0, 0, 0, 0,
0, 0, 0, 0, 0, 0, 0,
0, 0, 0, 0, 0, 0, 0,
0, 0, 0, 0, 0, 0, 0,
```

Figure 4-3   *Continued.*

```
0, 0, 0, 0, 0, 0, 0,
0, 0, 0, 0, 0, 0, 0,
0, 0, 0, 0, 0, 0, 0,
0, 0, 0, 0, 0, 0, 0,
0, 0, 0, 0, 0, 0, 0,
0, 0, 0, 0, 0, 0, 0,
0, 0, 0, 0, 0, 0, 0,
0, 0, 0, 0, 0, 0, 0,
0, 0, 0, 0, 0, 0, 0,
0, 0, 0, 0, 0, 0, 0,
0, 0, 0, 0, 0, 0, 0,
0, 0, 0, 0, 0, 0, 0,
0, 0, 0, 0, 0, 0, 0,
0, 0, 0, 0, 0, 0, 0,
0, 0, 0, 0, 0, 0, 0,
0, 0, 0, 0, 0, 0, 0,
0, 0, 0, 0, 0, 0, 0,
0, 0, 0, 0, 0, 0, 0,
0, 0, 0, 0, 0, 0, 0,
0, 0, 0, 0, 0, 0, 0,
0, 0, 0, 0, 0, 0, 0,
0, 0, 0, 0, 0, 0, 0,
0, 0, 0, 0, 0, 0, 0,
0, 0, 0, 0, 0, 0, 0,
0, 0, 0, 0, 0, 0, 0,
0, 0, 0, 0, 0, 0, 0,
0, 0, 0, 0, 0, 0, 0,
0, 0, 0, 0, 0, 0, 0,
0, 0, 0, 0, 0, 0, 0,
0, 0, 0, 0, 0, 0, 0,
0, 0, 0, 0, 0, 0, 0,
0, 0, 0, 0, 0, 0, 0,
0, 0, 0, 0, 0, 0, 0,
0, 0, 0, 0, 0, 0, 0,
0, 0, 0, 0, 0, 0, 0,
0, 0, 0, 0, 0, 0, 0,
0, 0, 0, 0, 0, 0, 0,
0, 0, 0, 0, 0, 0, 0,
0, 0, 0, 0, 0, 0, 0,
0, 0, 0, 0, 0, 0, 0,
0, 0, 0, 0, 0, 0, 0,
0, 0, 0, 0, 0, 0, 0,
0, 0, 0, 0, 0, 0, 0,
0, 0, 0, 0, 0, 0, 0,
0, 0, 0, 0, 0, 0, 0,
0, 0, 0, 0, 0, 0, 0,
0, 0, 0, 0, 0, 0, 0,
0, 0, 0, 0, 0, 0, 0,
0, 0, 0, 0, 0, 0, 0,
0, 0, 0, 0, 0, 0, 0,
```

```
0, 0, 0, 0, 0, 0, 0,
0, 0, 0, 0, 0, 0, 0,
0, 0, 0, 0, 0, 0, 0,
0, 0, 0, 0, 0, 0, 0,
0, 0, 0, 0, 0, 0, 0,
0, 0, 0, 0, 0, 0, 0,
0, 0, 0, 0, 0, 0, 0,
0, 0, 0, 0, 0, 0, 0,
0, 0, 0, 0, 0, 0, 0,
0, 0, 0, 0, 0, 0, 0,
0, 0, 0, 0, 0, 0, 0,
0, 0, 0, 0, 0, 0, 0,
0, 0, 0, 0, 0, 0, 0,
0, 0, 0, 0, 0, 0, 0,
0, 0, 0, 0, 0, 0, 0,
0, 0, 0, 0, 0, 0, 0,
0, 0, 0, 0, 0, 0, 0,
0, 0, 0, 0, 0, 0, 0,
0, 0, 0, 0, 0, 0, 0,
0, 0, 0, 0, 0, 0, 0,
0, 0, 0, 0, 0, 0, 0,
0, 0, 0, 0, 0, 0, 0,
0, 0, 0, 0, 0, 0, 0,
0, 0, 0, 0, 0, 0, 0,
0, 0, 0, 0, 0, 0, 0,
0, 0, 0, 0, 0, 0, 0,
0, 0, 0, 0, 0, 0, 0,
0, 0, 0, 0, 0, 0, 0,
0, 0, 0, 0, 0, 0, 0,
0, 0, 0, 0, 0, 0, 0,
0, 0, 0, 0, 0, 0, 0,
0, 0, 0, 0, 0, 0, 0,
0, 0, 0, 0, 0, 0, 0,
0, 0, 0, 0, 0, 0, 0,
0, 0, 0, 0, 0, 0, 0,
0, 0, 0, 0, 0, 0, 0,
0, 0, 0, 0, 0, 0, 0,
0, 0, 0, 0, 0, 0, 0,
0, 0, 0, 0, 0, 0, 0,
0, 0, 0, 0, 0, 0, 0,
0, 0, 0, 0, 0, 0, 0,
0, 0, 0, 0, 0, 0, 0,
0, 0, 0, 0, 0, 0, 0,
0, 0, 0, 0, 0, 0, 0,
0, 0, 0, 0, 0, 0, 0,
0, 0, 0, 0, 0, 0, 0,
0, 0, 0, 0, 0, 0, 0,
0, 0, 0, 0, 0, 0, 0,
0, 0, 0, 0, 0, 0, 0,
0, 0, 0, 0, 0, 0, 0,
0, 0, 0, 0, 0, 0, 0,
0, 0, 0, 0, 0, 0, 0,
0, 0, 0, 0, 0, 0, 0,
0, 0, 0, 0, 0, 0, 0,
0, 0, 0, 0, 0, 0, 0,
0, 0, 0, 0, 0, 0, 0,
```

Figure 4-3   *Continued.*

```
0, 0, 0, 0, 0, 0, 0,
0, 0, 0, 0, 0, 0, 0,
0, 0, 0, 0, 0, 0, 0,
0, 0, 0, 0, 0, 0, 0,
0, 0, 0, 0, 0, 0, 0,
0, 0, 0, 0, 0, 0, 0,
0, 0, 0, 0, 0, 0, 0,
0, 0, 0, 0, 0, 0, 0,
0, 0, 0, 0, 0, 0, 0,
0, 0, 0, 0, 0, 0, 0,
0, 0, 0, 0, 0, 0, 0,
0, 0, 0, 0, 0, 0, 0,
0, 0, 0, 0, 0, 0, 0,
0, 0, 0, 0, 0, 0, 0,
0, 0, 0, 0, 0, 0, 0,
0, 0, 0, 0, 0, 0, 0,
0, 0, 0, 0, 0, 0, 0,
0, 0, 0, 0, 0, 0, 0,
0, 0, 0, 0, 0, 0, 0,
0, 0, 0, 0, 0, 0, 0,
0, 0, 0, 0, 0, 0, 0,
0, 0, 0, 0, 0, 0, 0,
0, 0, 0, 0, 0, 0, 0,
0, 0, 0, 0, 0, 0, 0,
0, 0, 0, 0, 0, 0, 0,
0, 0, 0, 0, 0, 0, 0,
0, 0, 0, 0, 0, 0, 0,
0, 0, 0, 0, 0, 0, 0,
0, 0, 0, 0, 0, 0, 0,
0, 0, 0, 0, 0, 0, 0,
0, 0, 0, 0, 0, 0, 0,
0, 0, 0, 0, 0, 0, 0,
0, 0, 0, 0, 0, 0, 0,
0, 0, 0, 0, 0, 0, 0,
0, 0, 0, 0, 0, 0, 0,
0, 0, 0, 0, 0, 0, 0,
0, 0, 0, 0, 0, 0, 0,
0, 0, 0, 0, 0, 0, 0,
0, 0, 0, 0, 0, 0, 0,
0, 0, 0, 0, 0, 0, 0,
0, 0, 0, 0, 0, 0, 0,
0, 0, 0, 0, 0, 0, 0,
0, 0, 0, 0, 0, 0, 0,
0, 0, 0, 0, 0, 0, 0,
0, 0, 0, 0, 0, 0, 0,
0, 0, 0, 0, 0, 0, 0,
0, 0, 0, 0, 0, 0, 0,
0, 0, 0, 0, 0, 0, 0,
0, 0, 0, 0, 0, 0, 0,
0, 0, 0, 0, 0, 0, 0,
0, 0, 0, 0, 0, 0, 0,
0, 0, 0, 0, 0, 0, 0,
0, 0, 0, 0, 0, 0, 0,
0, 0, 0, 0, 0, 0, 0,
0, 0, 0, 0, 0, 0, 0,
0, 0, 0, 0, 0, 0, 0,
```

```
0, 0, 0, 0, 0, 0, 0,
0, 0, 0, 0, 0, 0, 0,
0, 0, 0, 0, 0, 0, 0,
0, 0, 0, 0, 0, 0, 0,
0, 0, 0, 0, 0, 0, 0,
0, 0, 0, 0, 0, 0, 0,
0, 0, 0, 0, 0, 0, 0,
0, 0, 0, 0, 0, 0, 0,
0, 0, 0, 0, 0, 0, 0,
0, 0, 0, 0, 0, 0, 0,
0, 0, 0, 0, 0, 0, 0,
0, 0, 0, 0, 0, 0, 0,
0, 0, 0, 0, 0, 0, 0,
0, 0, 0, 0, 0, 0, 0,
0, 0, 0, 0, 0, 0, 0,
0, 0, 0, 0, 0, 0, 0,
0, 0, 0, 0, 0, 0, 0,
0, 0, 0, 0, 0, 0, 0,
0, 0, 0, 0, 0, 0, 0,
0, 0, 0, 0, 0, 0, 0,
0, 0, 0, 0, 0, 0, 0,
0, 0, 0, 0, 0, 0, 0,
0, 0, 0, 0, 0, 0, 0,
0, 0, 0, 0, 0, 0, 0,
0, 0, 0, 0, 0, 0, 0,
0, 0, 0, 0, 0, 0, 0,
0, 0, 0, 0, 0, 0, 0,
0, 0, 0, 0, 0, 0, 0,
0, 0, 0, 0, 0, 0, 0,
0, 0, 0, 0, 0, 0, 0,
0, 0, 0, 0, 0, 0, 0,
0, 0, 0, 0, 0, 0, 0,
0, 0, 0, 0, 0, 0, 0,
0, 0, 0, 0, 0, 0, 0,
0, 0, 0, 0, 0, 0, 0,
0, 0, 0, 0, 0, 0, 0,
0, 0, 0, 0, 0, 0, 0,
0, 0, 0, 0, 0, 0, 0,
0, 0, 0, 0, 0, 0, 0,
0, 0, 0, 0, 0, 0, 0,
0, 0, 0, 0, 0, 0, 0,
0, 0, 0, 0, 0, 0, 0,
0, 0, 0, 0, 0, 0, 0,
0, 0, 0, 0, 0, 0, 0,
0, 0, 0, 0, 0, 0, 0,
0, 0, 0, 0, 0, 0, 0,
0, 0, 0, 0, 0, 0, 0,
0, 0, 0, 0, 0, 0, 0,
0, 0, 0, 0, 0, 0, 0,
0, 0, 0, 0, 0, 0, 0,
0, 0, 0, 0, 0, 0, 0,
0, 0, 0, 0, 0, 0, 0,
0, 0, 0, 0, 0, 0, 0,
0, 0, 0, 0, 0, 0, 0,
0, 0, 0, 0, 0, 0, 0,
0, 0, 0, 0, 0, 0, 0,
0, 0, 0, 0, 0, 0, 0,
```

Figure 4-3   *Continued.*

```
0,  0,  0,  0,  0,  0,  0,
0,  0,  0,  0,  0,  0,  0,
0,  0,  0,  0,  0,  0,  0,
0,  0,  0,  0,  0,  0,  0,
0,  0,  0,  0,  0,  0,  0,
0,  0,  0,  0,  0,  0,  0,
0,  0,  0,  0,  0,  0,  0,
0,  0,  0,  0,  0,  0,  0,
0,  0,  0,  0,  0,  0,  0,
0,  0,  0,  0,  0,  0,  0,
0,  0,  0,  0,  0,  0,  0,
0,  0,  0,  0,  0,  0,  0,
0,  0,  0,  0,  0,  0,  0,
0,  0,  0,  0,  0,  0,  0,
0,  0,  0,  0,  0,  0,  0,
0,  0,  0,  0,  0,  0,  0,
0,  0,  0,  0,  0,  0,  0,
0,  0,  0,  0,  0,  0,  0,
0,  0,  0,  0,  0,  0,  0,
0,  0,  0,  0,  0,  0,  0,
0,  0,  0,  0,  0,  0,  0,
0,  0,  0,  0,  0,  0,  0,
0,  0,  0,  0,  0,  0,  0,
0,  0,  0,  0,  0,  0,  0,
0,  0,  0,  0,  0,  0,  0,
0,  0,  0,  0,  0,  0,  0,
0,  0,  0,  0,  0,  0,  0,
0,  0,  0,  0,  0,  0,  0,
0,  0,  0,  0,  0,  0,  0,
0,  0,  0,  0,  0,  0,  0,
0,  0,  0,  0,  0,  0,  0,
0,  0,  0,  0,  0,  0,  0,
0,  0,  0,  0,  0,  0,  0,
0,  0,  0,  0,  0,  0,  0,
0,  0,  0,  0,  0,  0,  0,
0,  0,  0,  0,  0,  0,  0,
0,  0,  0,  0,  0,  0,  0,
0,  0,  0,  0,  0,  0,  0,
0,  0,  0,  0,  0,  0,  0,
0,  0,  0,  0,  0,  0,  0,
0,  0,  0,  0,  0,  0,  0,
0,  0,  0,  0,  0,  0,  0,
0,  0,  0,  0,  0,  0,  0,
0,  0,  0,  0,  0,  0,  0,
0,  0,  0,  0,  0,  0,  0,
0,  0,  0,  0,  0,  0,  0,
0,  0,  0,  0,  0,  0,  0,
0,  0,  0,  0,  0,  0,  0 };
```

```
unsigned char LGHOST2[48*7*8]= {
    0, 0, 0, 0, 0, 0, 0,
    0, 0, 0, 0, 0, 0, 0,
    0, 0, 0, 0, 0, 0, 0,
    0, 0, 0, 0, 0, 0, 0,
    0, 0, 0, 0, 0, 0, 0,
    0, 0, 0, 0, 0, 0, 0,
    0, 0, 0, 0, 0, 0, 0,
    0, 0, 0, 0, 0, 0, 0,
    0, 0, 0, 0, 0, 0, 0,
    0, 0, 0, 0, 0, 0, 0,
    0, 30, 0, 0, 60, 0, 0,
    0, 63, 0, 0, 126, 0, 0,
    0, 30, 0, 0, 60, 0, 0,
    0, 0, 0, 0, 0, 0, 0,
    0, 0, 0, 0, 0, 0, 0,
    0, 0, 0, 0, 0, 0, 0,
    0, 0, 0, 0, 0, 0, 0,
    0, 0, 0, 0, 0, 0, 0,
    0, 0, 0, 0, 0, 0, 0,
    0, 0, 0, 0, 0, 0, 0,
    0, 0, 0, 0, 0, 0, 0,
    0, 0, 0, 0, 0, 0, 0,
    0, 0, 0, 0, 0, 0, 0,
    0, 0, 0, 0, 0, 0, 0,
    0, 0, 0, 0, 0, 0, 0,
    0, 0, 0, 0, 0, 0, 0,
    0, 0, 0, 0, 0, 0, 0,
    0, 0, 0, 0, 0, 0, 0,
    0, 0, 0, 0, 0, 0, 0,
    0, 0, 0, 0, 0, 0, 0,
    0, 0, 0, 0, 0, 0, 0,
    0, 0, 0, 0, 0, 0, 0,
    0, 0, 0, 0, 0, 0, 0,
    0, 0, 0, 0, 0, 0, 0,
    0, 0, 0, 0, 0, 0, 0,
    0, 0, 0, 0, 0, 0, 0,
    0, 0, 0, 0, 0, 0, 0,
    0, 0, 0, 0, 0, 0, 0,
    0, 0, 0, 0, 0, 0, 0,
    0, 0, 0, 0, 0, 0, 0,
    0, 0, 0, 0, 0, 0, 0,
    0, 0, 0, 0, 0, 0, 0,
    0, 0, 0, 0, 0, 0, 0,
    0, 0, 0, 0, 0, 0, 0,
    0, 0, 0, 0, 0, 0, 0,
    0, 0, 0, 0, 0, 0, 0,
    0, 0, 0, 0, 0, 0, 0,
    0, 0, 0, 0, 0, 0, 0,
    0, 0, 0, 0, 0, 0, 0,
    0, 0, 0, 0, 0, 0, 0,
    0, 0, 0, 0, 0, 0, 0,
```

Figure 4-3   *Continued.*

```
0, 0, 0, 0, 0, 0, 0,
0, 0, 0, 0, 0, 0, 0, 0,
0, 0, 0, 0, 0, 0, 0, 0,
0, 0, 0, 0, 0, 0, 0, 0,
0, 0, 0, 0, 0, 0, 0, 0,
0, 0, 0, 0, 0, 0, 0, 0,
0, 0, 0, 0, 0, 0, 0, 0,
0, 0, 0, 0, 0, 0, 0, 0,
0, 0, 0, 0, 0, 0, 0, 0,
0, 0, 0, 0, 0, 0, 0, 0,
0, 0, 0, 0, 0, 0, 0, 0,
0, 0, 0, 0, 0, 0, 0, 0,
0, 0, 0, 0, 0, 0, 0, 0,
0, 0, 0, 0, 0, 0, 0, 0,
0, 0, 0, 0, 0, 0, 0, 0,
0, 0, 0, 0, 0, 0, 0, 0,
0, 0, 0, 0, 0, 0, 0, 0,
0, 0, 0, 0, 0, 0, 0, 0,
0, 0, 0, 0, 0, 0, 0, 0,
0, 0, 0, 0, 0, 0, 0, 0,
0, 0, 0, 0, 0, 0, 0, 0,
0, 0, 0, 0, 0, 0, 0, 0,
0, 0, 0, 0, 0, 0, 0, 0,
0, 0, 0, 0, 0, 0, 0, 0,
0, 0, 0, 0, 0, 0, 0, 0,
0, 0, 0, 0, 0, 0, 0, 0,
0, 0, 0, 0, 0, 0, 0, 0,
0, 0, 0, 0, 0, 0, 0, 0,
0, 0, 0, 0, 0, 0, 0, 0,
0, 0, 0, 0, 0, 0, 0, 0,
0, 0, 0, 0, 0, 0, 0, 0,
0, 0, 0, 0, 0, 0, 0, 0,
0, 0, 0, 0, 0, 0, 0, 0,
0, 0, 0, 0, 0, 0, 0, 0,
0, 0, 0, 0, 0, 0, 0, 0,
0, 0, 0, 0, 0, 0, 0, 0,
0, 0, 0, 0, 0, 0, 0, 0,
0, 0, 0, 0, 0, 0, 0, 0,
0, 0, 0, 0, 0, 0, 0, 0,
0, 0, 0, 0, 0, 0, 0, 0,
0, 0, 0, 0, 0, 0, 0, 0,
0, 0, 0, 0, 0, 0, 0, 0,
0, 0, 0, 0, 0, 0, 0, 0,
0, 0, 0, 0, 0, 0, 0, 0,
0, 0, 0, 0, 0, 0, 0, 0,
0, 0, 0, 0, 0, 0, 0, 0,
0, 0, 0, 0, 0, 0, 0, 0,
0, 0, 0, 0, 0, 0, 0, 0,
0, 0, 0, 0, 0, 0, 0, 0,
0, 0, 0, 0, 0, 0, 0, 0,
```

```
0, 0, 0, 0, 0, 0, 0,
0, 0, 0, 0, 0, 0, 0,
0, 0, 0, 0, 0, 0, 0,
0, 0, 0, 0, 0, 0, 0,
0, 0, 0, 0, 0, 0, 0,
0, 0, 0, 0, 0, 0, 0,
0, 0, 0, 0, 0, 0, 0,
0, 0, 0, 0, 0, 0, 0,
0, 0, 0, 0, 0, 0, 0,
0, 0, 0, 0, 0, 0, 0,
0, 0, 0, 0, 0, 0, 0,
0, 0, 0, 0, 0, 0, 0,
0, 0, 0, 0, 0, 0, 0,
0, 0, 0, 0, 0, 0, 0,
0, 0, 0, 0, 0, 0, 0,
0, 0, 0, 0, 0, 0, 0,
0, 0, 0, 0, 0, 0, 0,
0, 0, 0, 0, 0, 0, 0,
0, 0, 0, 0, 0, 0, 0,
0, 0, 0, 0, 0, 0, 0,
0, 0, 0, 0, 0, 0, 0,
0, 0, 0, 0, 0, 0, 0,
0, 0, 0, 0, 0, 0, 0,
0, 0, 0, 0, 0, 0, 0,
0, 0, 0, 0, 0, 0, 0,
0, 0, 0, 0, 0, 0, 0,
0, 0, 0, 0, 0, 0, 0,
0, 0, 0, 0, 0, 0, 0,
0, 0, 0, 0, 0, 0, 0,
0, 0, 0, 0, 0, 0, 0,
0, 0, 0, 0, 0, 0, 0,
0, 0, 0, 0, 0, 0, 0,
0, 0, 0, 0, 0, 0, 0,
0, 0, 0, 0, 0, 0, 0,
0, 0, 0, 0, 0, 0, 0,
0, 0, 0, 0, 0, 0, 0,
0, 0, 0, 0, 0, 0, 0,
0, 0, 0, 0, 0, 0, 0,
0, 0, 0, 0, 0, 0, 0,
0, 0, 0, 0, 0, 0, 0,
0, 0, 0, 0, 0, 0, 0,
0, 0, 0, 0, 0, 0, 0,
0, 0, 0, 0, 0, 0, 0,
0, 0, 0, 0, 0, 0, 0,
0, 0, 0, 0, 0, 0, 0,
0, 0, 0, 0, 0, 0, 0,
0, 0, 0, 0, 0, 0, 0,
0, 0, 0, 0, 0, 0, 0,
0, 0, 0, 0, 0, 0, 0,
0, 0, 0, 0, 0, 0, 0,
0, 0, 0, 0, 0, 0, 0,
0, 0, 0, 0, 0, 0, 0,
0, 0, 0, 0, 0, 0, 0,
0, 0, 0, 0, 0, 0, 0,
```

Figure 4-3   *Continued.*

```
0,  0,  0,  0,  0,  0,  0,
0,  0,  0,  0,  0,  0,  0,
0,  0,  0,  0,  0,  0,  0,
0,  0,  0,  0,  0,  0,  0,
0,  0,  0,  0,  0,  0,  0,
0,  0,  0,  0,  0,  0,  0,
0,  0,  0,  0,  0,  0,  0,
0,  0,  0,  0,  0,  0,  0,
0,  0,  0,  0,  0,  0,  0,
0,  0,  0,  0,  0,  0,  0,
0,  0,  0,  0,  0,  0,  0,
0,  0,  0,  0,  0,  0,  0,
0,  0,  0,  0,  0,  0,  0,
0,  0,  0,  0,  0,  0,  0,
0,  0,  0,  0,  0,  0,  0,
0,  0,  0,  0,  0,  0,  0,
0,  0,  0,  0,  0,  0,  0,
0,  0,  0,  0,  0,  0,  0,
0,  0,  0,  0,  0,  0,  0,
0,  0,  0,  0,  0,  0,  0,
0,  0,  0,  0,  0,  0,  0,
0,  0,  0,  0,  0,  0,  0,
0,  0,  0,  0,  0,  0,  0,
0,  0,  0,  0,  0,  0,  0,
0,  0,  0,  0,  0,  0,  0,
0,  0,  0,  0,  0,  0,  0,
0,  0,  0,  0,  0,  0,  0,
0,  0,  0,  0,  0,  0,  0,
0,  0,  0,  0,  0,  0,  0,
0,  0,  0,  0,  0,  0,  0,
0,  0,  0,  0,  0,  0,  0,
0,  0,  0,  0,  0,  0,  0,
0,  0,  0,  0,  0,  0,  0,
0,  0,  0,  0,  0,  0,  0,
0,  0,  0,  0,  0,  0,  0,
0,  0,  0,  0,  0,  0,  0,
0,  0,  0,  0,  0,  0,  0,
0,  0,  0,  0,  0,  0,  0,
0,  0,  0,  0,  0,  0,  0,
0,  0,  0,  0,  0,  0,  0,
0,  0,  0,  0,  0,  0,  0,
0,  0,  0,  0,  0,  0,  0,
0,  0,  0,  0,  0,  0,  0,
0,  0,  0,  0,  0,  0,  0,
0,  0,  0,  0,  0,  0,  0,
0,  0,  0,  0,  0,  0,  0,
0,  0,  0,  0,  0,  0,  0,
0,  0,  0,  0,  0,  0,  0,
0,  0,  0,  0,  0,  0,  0,
0,  0,  0,  0,  0,  0,  0,
0,  0,  0,  0,  0,  0,  0,
0,  0,  0,  0,  0,  0,  0,
```

```
0, 0, 0, 0, 0, 0, 0,
0, 0, 0, 0, 0, 0, 0,
0, 0, 0, 0, 0, 0, 0,
0, 0, 0, 0, 0, 0, 0,
0, 0, 0, 0, 0, 0, 0,
0, 0, 0, 0, 0, 0, 0,
0, 0, 0, 0, 0, 0, 0,
0, 0, 0, 0, 0, 0, 0,
0, 0, 0, 0, 0, 0, 0,
0, 0, 0, 0, 0, 0, 0,
0, 0, 0, 0, 0, 0, 0,
0, 0, 0, 0, 0, 0, 0,
0, 0, 0, 0, 0, 0, 0,
0, 0, 0, 0, 0, 0, 0,
0, 0, 0, 0, 0, 0, 0,
0, 0, 0, 0, 0, 0, 0,
0, 0, 0, 0, 0, 0, 0,
0, 0, 0, 0, 0, 0, 0,
0, 0, 0, 0, 0, 0, 0,
0, 0, 0, 0, 0, 0, 0,
0, 0, 0, 0, 0, 0, 0,
0, 0, 0, 0, 0, 0, 0,
0, 0, 0, 0, 0, 0, 0,
0, 0, 0, 0, 0, 0, 0,
0, 0, 0, 0, 0, 0, 0,
0, 0, 0, 0, 0, 0, 0,
0, 0, 0, 0, 0, 0, 0,
0, 0, 0, 0, 0, 0, 0,
0, 0, 0, 0, 0, 0, 0,
0, 0, 0, 0, 0, 0, 0,
0, 0, 0, 0, 0, 0, 0,
0, 0, 0, 0, 0, 0, 0,
0, 0, 0, 0, 0, 0, 0,
0, 0, 0, 0, 0, 0, 0,
0, 0, 0, 0, 0, 0, 0,
0, 0, 0, 0, 0, 0, 0,
0, 0, 0, 0, 0, 0, 0,
0, 0, 0, 0, 0, 0, 0,
0, 0, 0, 0, 0, 0, 0,
0, 0, 0, 0, 0, 0, 0,
0, 0, 0, 0, 0, 0, 0,
0, 0, 0, 0, 0, 0, 0,
0, 0, 0, 0, 0, 0, 0,
0, 0, 0, 0, 0, 0, 0,
0, 0, 0, 0, 0, 0, 0,
0, 0, 0, 0, 0, 0, 0,
0, 0, 0, 0, 0, 0, 0,
0, 0, 0, 0, 0, 0, 0,
0, 0, 0, 0, 0, 0, 0,
0, 0, 0, 0, 0, 0, 0,
0, 0, 0, 0, 0, 0, 0,
0, 0, 0, 0, 0, 0, 0,
0, 0, 0, 0, 0, 0, 0,
0, 0, 0, 0, 0, 0, 0,
0, 0, 0, 0, 0, 0, 0,
```

Figure 4-3   *Continued.*

```
0, 0, 0, 0, 0, 0, 0,
0, 0, 0, 0, 0, 0, 0,
0, 0, 0, 0, 0, 0, 0,
0, 0, 0, 0, 0, 0, 0,
0, 0, 0, 0, 0, 0, 0,
0, 0, 0, 0, 0, 0, 0,
0, 0, 0, 0, 0, 0, 0,
0, 0, 0, 0, 0, 0, 0,
0, 0, 0, 0, 0, 0, 0,
0, 0, 0, 0, 0, 0, 0,
0, 0, 0, 0, 0, 0, 0,
0, 0, 0, 0, 0, 0, 0,
0, 0, 0, 0, 0, 0, 0,
0, 0, 0, 0, 0, 0, 0,
0, 0, 0, 0, 0, 0, 0,
0, 0, 0, 0, 0, 0, 0,
0, 0, 0, 0, 0, 0, 0,
0, 0, 0, 0, 0, 0, 0,
0, 0, 0, 0, 0, 0, 0,
0, 0, 0, 0, 0, 0, 0,
0, 0, 0, 0, 0, 0, 0,
0, 0, 0, 0, 0, 0, 0,
0, 0, 0, 0, 0, 0, 0,
0, 0, 0, 0, 0, 0, 0,
0, 0, 0, 0, 0, 0, 0,
0, 0, 0, 0, 0, 0, 0,
0, 0, 0, 0, 0, 0, 0,
0, 0, 0, 0, 0, 0, 0,
0, 0, 0, 0, 0, 0, 0,
0, 0, 0, 0, 0, 0, 0,
0, 0, 0, 0, 0, 0, 0,
0, 0, 0, 0, 0, 0, 0,
0, 0, 0, 0, 0, 0, 0,
0, 0, 0, 0, 0, 0, 0,
0, 0, 0, 0, 0, 0, 0,
0, 0, 0, 0, 0, 0, 0,
0, 0, 0, 0, 0, 0, 0,
0, 0, 0, 0, 0, 0, 0,
0, 0, 0, 0, 0, 0, 0,
0, 0, 0, 0, 0, 0, 0,
0, 0, 0, 0, 0, 0, 0,
0, 0, 0, 0, 0, 0, 0,
0, 0, 0, 0, 0, 0, 0,
0, 0, 0, 0, 0, 0, 0,
0, 0, 0, 0, 0, 0, 0,
0, 0, 0, 0, 0, 0, 0,
0, 0, 0, 0, 0, 0, 0,
0, 0, 0, 0, 0, 0, 0,
0, 0, 0, 0, 0, 0, 0,
0, 0, 0, 0, 0, 0, 0,
```

```
0, 0, 0, 0, 0, 0, 0,
0, 0, 0, 0, 0, 0, 0,
0, 0, 0, 0, 0, 0, 0,
0, 0, 0, 0, 0, 0, 0,
0, 0, 0, 0, 0, 0, 0,
0, 0, 0, 0, 0, 0, 0,
0, 0, 0, 0, 0, 0, 0,
0, 0, 0, 0, 0, 0, 0,
0, 0, 0, 0, 0, 0, 0,
0, 0, 0, 0, 0, 0, 0,
0, 0, 0, 0, 0, 0, 0,
0, 0, 0, 0, 0, 0, 0,
0, 0, 0, 0, 0, 0, 0,
0, 0, 0, 0, 0, 0, 0,
0, 0, 0, 0, 0, 0, 0,
0, 0, 0, 0, 0, 0, 0,
0, 0, 0, 0, 0, 0, 0,
0, 0, 0, 0, 0, 0, 0,
0, 0, 0, 0, 0, 0, 0,
0, 0, 0, 0, 0, 0, 0,
0, 0, 0, 0, 0, 0, 0,
0, 0, 0, 0, 0, 0, 0,
0, 0, 0, 0, 0, 0, 0,
0, 0, 0, 0, 0, 0, 0,
0, 0, 0, 0, 0, 0, 0,
0, 0, 0, 0, 0, 0, 0,
0, 0, 0, 0, 0, 0, 0,
0, 0, 0, 0, 0, 0, 0,
0, 0, 0, 0, 0, 0, 0,
0, 0, 0, 0, 0, 0, 0,
0, 0, 0, 0, 0, 0, 0,
0, 0, 0, 0, 0, 0, 0,
0, 0, 0, 0, 0, 0, 0,
0, 0, 0, 0, 0, 0, 0,
0, 0, 0, 0, 0, 0, 0,
0, 0, 0, 0, 0, 0, 0,
0, 0, 0, 0, 0, 0, 0,
0, 0, 0, 0, 0, 0, 0,
0, 0, 0, 0, 0, 0, 0,
0, 0, 0, 0, 0, 0, 0,
0, 0, 0, 0, 0, 0, 0,
0, 0, 0, 0, 0, 0, 0,
0, 0, 0, 0, 0, 0, 0,
0, 0, 0, 0, 0, 0, 0,
0, 0, 0, 0, 0, 0, 0,
0, 0, 0, 0, 0, 0, 0,
0, 0, 0, 0, 0, 0, 0,
0, 0, 0, 0, 0, 0, 0,
0, 0, 0, 0, 0, 0, 0,
0, 0, 0, 0, 0, 0, 0,
```

Figure 4-3   *Continued.*

```
0, 0, 0, 0, 0, 0, 0,
0, 0, 0, 0, 0, 0, 0,
0, 0, 0, 0, 0, 0, 0,
0, 0, 0, 0, 0, 0, 0,
0, 0, 0, 0, 0, 0, 0,
0, 0, 0, 0, 0, 0, 0,
0, 0, 0, 0, 0, 0, 0,
0, 0, 0, 0, 0, 0, 0,
0, 0, 0, 0, 0, 0, 0,
0, 0, 0, 0, 0, 0, 0,
0, 0, 0, 0, 0, 0, 0,
0, 0, 0, 0, 0, 0, 0,
0, 0, 0, 0, 0, 0, 0,
0, 0, 0, 0, 0, 0, 0,
0, 0, 0, 0, 0, 0, 0,
0, 0, 0, 0, 0, 0, 0,
0, 0, 0, 0, 0, 0, 0,
0, 0, 0, 0, 0, 0, 0,
0, 0, 0, 0, 0, 0, 0,
0, 0, 0, 0, 0, 0, 0 };

//!
// End of sprite source
/////////////////////////////////////////
```

Figure 4-4 presents the source code listing to RGHOST.C. This sprite description source file was created using the sprite editor.

Figure 4-4   *The source code listing to RGHOST.C*

```
/////////////////////////////////////////
// rghost.c
//

unsigned char RGHOST1[48*7*8]= {
    0, 0, 0, 0, 0, 0, 0,
    0, 15, 255, 255, 240, 0, 0,
    0, 255, 255, 255, 255, 0, 0,
    3, 255, 255, 255, 255, 192, 0,
    7, 255, 255, 255, 255, 240, 0,
    15, 255, 255, 255, 255, 248, 0,
    31, 255, 255, 255, 255, 252, 0,
    63, 255, 255, 255, 255, 254, 0,
    63, 225, 255, 255, 195, 254, 0,
    63, 128, 127, 255, 0, 254, 0,
    63, 0, 63, 254, 0, 126, 0,
    63, 0, 63, 254, 0, 126, 0,
    127, 0, 63, 254, 0, 127, 0,
    127, 128, 127, 255, 0, 255, 0,
    127, 225, 255, 255, 195, 255, 0,
```

```
127, 255, 255, 255, 255, 255, 0,
127, 255, 255, 255, 255, 255, 0,
127, 255, 255, 255, 255, 255, 0,
127, 255, 255, 255, 255, 255, 0,
127, 255, 255, 255, 255, 255, 0,
127, 255, 255, 255, 255, 255, 0,
127, 255, 255, 255, 255, 255, 0,
127, 255, 255, 255, 255, 255, 0,
127, 255, 255, 255, 255, 255, 0,
127, 255, 255, 255, 255, 255, 0,
127, 255, 255, 255, 255, 255, 0,
127, 255, 255, 255, 255, 255, 0,
127, 255, 255, 255, 255, 255, 0,
127, 255, 255, 255, 255, 255, 0,
127, 255, 255, 255, 255, 255, 0,
127, 255, 255, 255, 255, 255, 0,
127, 255, 255, 255, 255, 255, 0,
127, 255, 255, 255, 255, 255, 0,
127, 255, 255, 255, 255, 255, 0,
63, 255, 255, 255, 255, 254, 0,
1, 255, 15, 248, 127, 192, 0,
0, 254, 7, 240, 63, 128, 0,
0, 254, 7, 240, 63, 128, 0,
0, 254, 7, 240, 63, 128, 0,
0, 252, 7, 224, 63, 0, 0,
1, 248, 15, 192, 126, 0, 0,
3, 240, 31, 128, 252, 0, 0,
7, 224, 63, 1, 248, 0, 0,
15, 192, 126, 3, 240, 0, 0,
31, 128, 252, 7, 224, 0, 0,
127, 195, 254, 31, 240, 0, 0,
0, 0, 0, 0, 0, 0, 0,
0, 0, 0, 0, 0, 0, 0,
0, 0, 0, 0, 0, 0, 0,
0, 0, 0, 0, 0, 0, 0,
0, 0, 0, 0, 0, 0, 0,
0, 0, 0, 0, 0, 0, 0,
0, 0, 0, 0, 0, 0, 0,
0, 0, 0, 0, 0, 0, 0,
0, 0, 0, 0, 0, 0, 0,
0, 0, 0, 0, 0, 0, 0,
0, 0, 0, 0, 0, 0, 0,
0, 0, 0, 0, 0, 0, 0,
0, 0, 0, 0, 0, 0, 0,
0, 0, 0, 0, 0, 0, 0,
0, 0, 0, 0, 0, 0, 0,
0, 0, 0, 0, 0, 0, 0,
0, 0, 0, 0, 0, 0, 0,
0, 0, 0, 0, 0, 0, 0,
0, 0, 0, 0, 0, 0, 0,
0, 0, 0, 0, 0, 0, 0,
```

Figure 4-4   *Continued.*

```
0, 0, 0, 0, 0, 0, 0,
0, 0, 0, 0, 0, 0, 0,
0, 0, 0, 0, 0, 0, 0,
0, 0, 0, 0, 0, 0, 0,
0, 0, 0, 0, 0, 0, 0,
0, 0, 0, 0, 0, 0, 0,
0, 0, 0, 0, 0, 0, 0,
0, 0, 0, 0, 0, 0, 0,
0, 0, 0, 0, 0, 0, 0,
0, 0, 0, 0, 0, 0, 0,
0, 0, 0, 0, 0, 0, 0,
0, 0, 0, 0, 0, 0, 0,
0, 0, 0, 0, 0, 0, 0,
0, 0, 0, 0, 0, 0, 0,
0, 0, 0, 0, 0, 0, 0,
0, 0, 0, 0, 0, 0, 0,
0, 0, 0, 0, 0, 0, 0,
0, 0, 0, 0, 0, 0, 0,
0, 0, 0, 0, 0, 0, 0,
0, 0, 0, 0, 0, 0, 0,
0, 0, 0, 0, 0, 0, 0,
0, 0, 0, 0, 0, 0, 0,
0, 0, 0, 0, 0, 0, 0,
0, 0, 0, 0, 0, 0, 0,
0, 0, 0, 0, 0, 0, 0,
0, 0, 0, 0, 0, 0, 0,
0, 0, 0, 0, 0, 0, 0,
0, 0, 0, 0, 0, 0, 0,
0, 0, 0, 0, 0, 0, 0,
0, 0, 0, 0, 0, 0, 0,
0, 0, 0, 0, 0, 0, 0,
0, 0, 0, 0, 0, 0, 0,
0, 0, 0, 0, 0, 0, 0,
0, 0, 0, 0, 0, 0, 0,
0, 0, 0, 0, 0, 0, 0,
0, 0, 0, 0, 0, 0, 0,
0, 0, 0, 0, 0, 0, 0,
0, 0, 0, 0, 0, 0, 0,
0, 0, 0, 0, 0, 0, 0,
0, 0, 0, 0, 0, 0, 0,
0, 0, 0, 0, 0, 0, 0,
0, 0, 0, 0, 0, 0, 0,
0, 0, 0, 0, 0, 0, 0,
0, 0, 0, 0, 0, 0, 0,
0, 0, 0, 0, 0, 0, 0,
0, 0, 0, 0, 0, 0, 0,
0, 0, 0, 0, 0, 0, 0,
0, 0, 0, 0, 0, 0, 0,
0, 0, 0, 0, 0, 0, 0,
```

```
0, 0, 0, 0, 0, 0, 0,
0, 0, 0, 0, 0, 0, 0,
0, 0, 0, 0, 0, 0, 0,
0, 0, 0, 0, 0, 0, 0,
0, 0, 0, 0, 0, 0, 0,
0, 0, 0, 0, 0, 0, 0,
0, 0, 0, 0, 0, 0, 0,
0, 0, 0, 0, 0, 0, 0,
0, 0, 0, 0, 0, 0, 0,
0, 0, 0, 0, 0, 0, 0,
0, 0, 0, 0, 0, 0, 0,
0, 0, 0, 0, 0, 0, 0,
0, 0, 0, 0, 0, 0, 0,
0, 0, 0, 0, 0, 0, 0,
0, 0, 0, 0, 0, 0, 0,
0, 0, 0, 0, 0, 0, 0,
0, 0, 0, 0, 0, 0, 0,
0, 0, 0, 0, 0, 0, 0,
0, 0, 0, 0, 0, 0, 0,
0, 0, 0, 0, 0, 0, 0,
0, 0, 0, 0, 0, 0, 0,
0, 0, 0, 0, 0, 0, 0,
0, 0, 0, 0, 0, 0, 0,
0, 0, 0, 0, 0, 0, 0,
0, 0, 0, 0, 0, 0, 0,
0, 0, 0, 0, 0, 0, 0,
0, 0, 0, 0, 0, 0, 0,
0, 0, 0, 0, 0, 0, 0,
0, 0, 0, 0, 0, 0, 0,
0, 0, 0, 0, 0, 0, 0,
0, 0, 0, 0, 0, 0, 0,
0, 0, 0, 0, 0, 0, 0,
0, 0, 0, 0, 0, 0, 0,
0, 0, 0, 0, 0, 0, 0,
0, 0, 0, 0, 0, 0, 0,
0, 0, 0, 0, 0, 0, 0,
0, 0, 0, 0, 0, 0, 0,
0, 0, 0, 0, 0, 0, 0,
0, 0, 0, 0, 0, 0, 0,
0, 0, 0, 0, 0, 0, 0,
0, 0, 0, 0, 0, 0, 0,
0, 0, 0, 0, 0, 0, 0,
0, 0, 0, 0, 0, 0, 0,
0, 0, 0, 0, 0, 0, 0,
0, 0, 0, 0, 0, 0, 0,
0, 0, 0, 0, 0, 0, 0,
0, 0, 0, 0, 0, 0, 0,
0, 0, 0, 0, 0, 0, 0,
0, 0, 0, 0, 0, 0, 0,
0, 0, 0, 0, 0, 0, 0,
0, 0, 0, 0, 0, 0, 0,
0, 0, 0, 0, 0, 0, 0,
```

Figure 4-4   *Continued.*

```
0, 0, 0, 0, 0, 0, 0,
0, 0, 0, 0, 0, 0, 0,
0, 0, 0, 0, 0, 0, 0,
0, 0, 0, 0, 0, 0, 0,
0, 0, 0, 0, 0, 0, 0,
0, 0, 0, 0, 0, 0, 0,
0, 0, 0, 0, 0, 0, 0,
0, 0, 0, 0, 0, 0, 0,
0, 0, 0, 0, 0, 0, 0,
0, 0, 0, 0, 0, 0, 0,
0, 0, 0, 0, 0, 0, 0,
0, 0, 0, 0, 0, 0, 0,
0, 0, 0, 0, 0, 0, 0,
0, 0, 0, 0, 0, 0, 0,
0, 0, 0, 0, 0, 0, 0,
0, 0, 0, 0, 0, 0, 0,
0, 0, 0, 0, 0, 0, 0,
0, 0, 0, 0, 0, 0, 0,
0, 0, 0, 0, 0, 0, 0,
0, 0, 0, 0, 0, 0, 0,
0, 0, 0, 0, 0, 0, 0,
0, 0, 0, 0, 0, 0, 0,
0, 0, 0, 0, 0, 0, 0,
0, 0, 0, 0, 0, 0, 0,
0, 0, 0, 0, 0, 0, 0,
0, 0, 0, 0, 0, 0, 0,
0, 0, 0, 0, 0, 0, 0,
0, 0, 0, 0, 0, 0, 0,
0, 0, 0, 0, 0, 0, 0,
0, 0, 0, 0, 0, 0, 0,
0, 0, 0, 0, 0, 0, 0,
0, 0, 0, 0, 0, 0, 0,
0, 0, 0, 0, 0, 0, 0,
0, 0, 0, 0, 0, 0, 0,
0, 0, 0, 0, 0, 0, 0,
0, 0, 0, 0, 0, 0, 0,
0, 0, 0, 0, 0, 0, 0,
0, 0, 0, 0, 0, 0, 0,
0, 0, 0, 0, 0, 0, 0,
0, 0, 0, 0, 0, 0, 0,
0, 0, 0, 0, 0, 0, 0,
0, 0, 0, 0, 0, 0, 0,
0, 0, 0, 0, 0, 0, 0,
0, 0, 0, 0, 0, 0, 0,
0, 0, 0, 0, 0, 0, 0,
0, 0, 0, 0, 0, 0, 0,
0, 0, 0, 0, 0, 0, 0,
0, 0, 0, 0, 0, 0, 0,
0, 0, 0, 0, 0, 0, 0,
0, 0, 0, 0, 0, 0, 0,
0, 0, 0, 0, 0, 0, 0,
0, 0, 0, 0, 0, 0, 0,
0, 0, 0, 0, 0, 0, 0,
```

```
0, 0, 0, 0, 0, 0, 0,
0, 0, 0, 0, 0, 0, 0,
0, 0, 0, 0, 0, 0, 0,
0, 0, 0, 0, 0, 0, 0,
0, 0, 0, 0, 0, 0, 0,
0, 0, 0, 0, 0, 0, 0,
0, 0, 0, 0, 0, 0, 0,
0, 0, 0, 0, 0, 0, 0,
0, 0, 0, 0, 0, 0, 0,
0, 0, 0, 0, 0, 0, 0,
0, 0, 0, 0, 0, 0, 0,
0, 0, 0, 0, 0, 0, 0,
0, 0, 0, 0, 0, 0, 0,
0, 0, 0, 0, 0, 0, 0,
0, 0, 0, 0, 0, 0, 0,
0, 0, 0, 0, 0, 0, 0,
0, 0, 0, 0, 0, 0, 0,
0, 0, 0, 0, 0, 0, 0,
0, 0, 0, 0, 0, 0, 0,
0, 0, 0, 0, 0, 0, 0,
0, 0, 0, 0, 0, 0, 0,
0, 0, 0, 0, 0, 0, 0,
0, 0, 0, 0, 0, 0, 0,
0, 0, 0, 0, 0, 0, 0,
0, 0, 0, 0, 0, 0, 0,
0, 0, 0, 0, 0, 0, 0,
0, 0, 0, 0, 0, 0, 0,
0, 0, 0, 0, 0, 0, 0,
0, 0, 0, 0, 0, 0, 0,
0, 0, 0, 0, 0, 0, 0,
0, 0, 0, 0, 0, 0, 0,
0, 0, 0, 0, 0, 0, 0,
0, 0, 0, 0, 0, 0, 0,
0, 0, 0, 0, 0, 0, 0,
0, 0, 0, 0, 0, 0, 0,
0, 0, 0, 0, 0, 0, 0,
0, 0, 0, 0, 0, 0, 0,
0, 0, 0, 0, 0, 0, 0,
0, 0, 0, 0, 0, 0, 0,
0, 0, 0, 0, 0, 0, 0,
0, 0, 0, 0, 0, 0, 0,
0, 0, 0, 0, 0, 0, 0,
0, 0, 0, 0, 0, 0, 0,
0, 0, 0, 0, 0, 0, 0,
0, 0, 0, 0, 0, 0, 0,
0, 0, 0, 0, 0, 0, 0,
0, 0, 0, 0, 0, 0, 0,
0, 0, 0, 0, 0, 0, 0,
0, 0, 0, 0, 0, 0, 0,
0, 0, 0, 0, 0, 0, 0,
0, 0, 0, 0, 0, 0, 0,
0, 0, 0, 0, 0, 0, 0,
0, 0, 0, 0, 0, 0, 0,
```

Figure 4-4   *Continued.*

```
0, 0, 0, 0, 0, 0, 0,
0, 0, 0, 0, 0, 0, 0,
0, 0, 0, 0, 0, 0, 0,
0, 0, 0, 0, 0, 0, 0,
0, 0, 0, 0, 0, 0, 0,
0, 0, 0, 0, 0, 0, 0,
0, 0, 0, 0, 0, 0, 0,
0, 0, 0, 0, 0, 0, 0,
0, 0, 0, 0, 0, 0, 0,
0, 0, 0, 0, 0, 0, 0,
0, 0, 0, 0, 0, 0, 0,
0, 0, 0, 0, 0, 0, 0,
0, 0, 0, 0, 0, 0, 0,
0, 0, 0, 0, 0, 0, 0,
0, 0, 0, 0, 0, 0, 0,
0, 0, 0, 0, 0, 0, 0,
0, 0, 0, 0, 0, 0, 0,
0, 0, 0, 0, 0, 0, 0,
0, 0, 0, 0, 0, 0, 0,
0, 0, 0, 0, 0, 0, 0,
0, 0, 0, 0, 0, 0, 0,
0, 0, 0, 0, 0, 0, 0,
0, 0, 0, 0, 0, 0, 0,
0, 0, 0, 0, 0, 0, 0,
0, 0, 0, 0, 0, 0, 0,
0, 0, 0, 0, 0, 0, 0,
0, 0, 0, 0, 0, 0, 0,
0, 0, 0, 0, 0, 0, 0,
0, 0, 0, 0, 0, 0, 0,
0, 0, 0, 0, 0, 0, 0,
0, 0, 0, 0, 0, 0, 0,
0, 0, 0, 0, 0, 0, 0,
0, 0, 0, 0, 0, 0, 0,
0, 0, 0, 0, 0, 0, 0,
0, 0, 0, 0, 0, 0, 0,
0, 0, 0, 0, 0, 0, 0,
0, 0, 0, 0, 0, 0, 0,
0, 0, 0, 0, 0, 0, 0,
0, 0, 0, 0, 0, 0, 0,
0, 0, 0, 0, 0, 0, 0,
0, 0, 0, 0, 0, 0, 0,
0, 0, 0, 0, 0, 0, 0,
0, 0, 0, 0, 0, 0, 0,
0, 0, 0, 0, 0, 0, 0,
0, 0, 0, 0, 0, 0, 0,
0, 0, 0, 0, 0, 0, 0,
0, 0, 0, 0, 0, 0, 0,
0, 0, 0, 0, 0, 0, 0,
0, 0, 0, 0, 0, 0, 0,
0, 0, 0, 0, 0, 0, 0,
0, 0, 0, 0, 0, 0, 0,
0, 0, 0, 0, 0, 0, 0,
```

```
0, 0, 0, 0, 0, 0, 0,
0, 0, 0, 0, 0, 0, 0,
0, 0, 0, 0, 0, 0, 0,
0, 0, 0, 0, 0, 0, 0,
0, 0, 0, 0, 0, 0, 0,
0, 0, 0, 0, 0, 0, 0,
0, 0, 0, 0, 0, 0, 0,
0, 0, 0, 0, 0, 0, 0,
0, 0, 0, 0, 0, 0, 0,
0, 0, 0, 0, 0, 0, 0,
0, 0, 0, 0, 0, 0, 0,
0, 0, 0, 0, 0, 0, 0,
0, 0, 0, 0, 0, 0, 0,
0, 0, 0, 0, 0, 0, 0,
0, 0, 0, 0, 0, 0, 0,
0, 0, 0, 0, 0, 0, 0,
0, 0, 0, 0, 0, 0, 0,
0, 0, 0, 0, 0, 0, 0,
0, 0, 0, 0, 0, 0, 0,
0, 0, 0, 0, 0, 0, 0,
0, 0, 0, 0, 0, 0, 0,
0, 0, 0, 0, 0, 0, 0,
0, 0, 0, 0, 0, 0, 0,
0, 0, 0, 0, 0, 0, 0,
0, 0, 0, 0, 0, 0, 0,
0, 0, 0, 0, 0, 0, 0,
0, 0, 0, 0, 0, 0, 0,
0, 0, 0, 0, 0, 0, 0,
0, 0, 0, 0, 0, 0, 0,
0, 0, 0, 0, 0, 0, 0,
0, 0, 0, 0, 0, 0, 0,
0, 0, 0, 0, 0, 0, 0,
0, 0, 0, 0, 0, 0, 0,
0, 0, 0, 0, 0, 0, 0,
0, 0, 0, 0, 0, 0, 0,
0, 0, 0, 0, 0, 0, 0,
0, 0, 0, 0, 0, 0, 0,
0, 0, 0, 0, 0, 0, 0,
0, 0, 0, 0, 0, 0, 0,
0, 0, 0, 0, 0, 0, 0,
0, 0, 0, 0, 0, 0, 0,
0, 0, 0, 0, 0, 0, 0,
0, 0, 0, 0, 0, 0, 0,
0, 0, 0, 0, 0, 0, 0,
0, 0, 0, 0, 0, 0, 0,
0, 0, 0, 0, 0, 0, 0,
0, 0, 0, 0, 0, 0, 0,
0, 0, 0, 0, 0, 0, 0,
0, 0, 0, 0, 0, 0, 0,
0, 0, 0, 0, 0, 0, 0,
0, 0, 0, 0, 0, 0, 0,
0, 0, 0, 0, 0, 0, 0,
0, 0, 0, 0, 0, 0, 0,
```

Figure 4-4   *Continued.*

```
       0, 0, 0, 0, 0, 0, 0,
       0, 0, 0, 0, 0, 0, 0,
       0, 0, 0, 0, 0, 0, 0,
       0, 0, 0, 0, 0, 0, 0 };

unsigned char RGHOST2[48*7*8]= {
       0, 0, 0, 0, 0, 0, 0,
       0, 0, 0, 0, 0, 0, 0,
       0, 0, 0, 0, 0, 0, 0,
       0, 0, 0, 0, 0, 0, 0,
       0, 0, 0, 0, 0, 0, 0,
       0, 0, 0, 0, 0, 0, 0,
       0, 0, 0, 0, 0, 0, 0,
       0, 0, 0, 0, 0, 0, 0,
       0, 0, 0, 0, 0, 0, 0,
       0, 0, 0, 0, 0, 0, 0,
       0, 30, 0, 0, 60, 0, 0,
       0, 63, 0, 0, 126, 0, 0,
       0, 30, 0, 0, 60, 0, 0,
       0, 0, 0, 0, 0, 0, 0,
       0, 0, 0, 0, 0, 0, 0,
       0, 0, 0, 0, 0, 0, 0,
       0, 0, 0, 0, 0, 0, 0,
       0, 0, 0, 0, 0, 0, 0,
       0, 0, 0, 0, 0, 0, 0,
       0, 0, 0, 0, 0, 0, 0,
       0, 0, 0, 0, 0, 0, 0,
       0, 0, 0, 0, 0, 0, 0,
       0, 0, 0, 0, 0, 0, 0,
       0, 0, 0, 0, 0, 0, 0,
       0, 0, 0, 0, 0, 0, 0,
       0, 0, 0, 0, 0, 0, 0,
       0, 0, 0, 0, 0, 0, 0,
       0, 0, 0, 0, 0, 0, 0,
       0, 0, 0, 0, 0, 0, 0,
       0, 0, 0, 0, 0, 0, 0,
       0, 0, 0, 0, 0, 0, 0,
       0, 0, 0, 0, 0, 0, 0,
       0, 0, 0, 0, 0, 0, 0,
       0, 0, 0, 0, 0, 0, 0,
       0, 0, 0, 0, 0, 0, 0,
       0, 0, 0, 0, 0, 0, 0,
       0, 0, 0, 0, 0, 0, 0,
       0, 0, 0, 0, 0, 0, 0,
       0, 0, 0, 0, 0, 0, 0,
       0, 0, 0, 0, 0, 0, 0,
       0, 0, 0, 0, 0, 0, 0,
       0, 0, 0, 0, 0, 0, 0,
       0, 0, 0, 0, 0, 0, 0,
       0, 0, 0, 0, 0, 0, 0,
       0, 0, 0, 0, 0, 0, 0,
```

```
0, 0, 0, 0, 0, 0, 0,
0, 0, 0, 0, 0, 0, 0,
0, 0, 0, 0, 0, 0, 0,
0, 0, 0, 0, 0, 0, 0,
0, 0, 0, 0, 0, 0, 0,
0, 0, 0, 0, 0, 0, 0,
0, 0, 0, 0, 0, 0, 0,
0, 0, 0, 0, 0, 0, 0,
0, 0, 0, 0, 0, 0, 0,
0, 0, 0, 0, 0, 0, 0,
0, 0, 0, 0, 0, 0, 0,
0, 0, 0, 0, 0, 0, 0,
0, 0, 0, 0, 0, 0, 0,
0, 0, 0, 0, 0, 0, 0,
0, 0, 0, 0, 0, 0, 0,
0, 0, 0, 0, 0, 0, 0,
0, 0, 0, 0, 0, 0, 0,
0, 0, 0, 0, 0, 0, 0,
0, 0, 0, 0, 0, 0, 0,
0, 0, 0, 0, 0, 0, 0,
0, 0, 0, 0, 0, 0, 0,
0, 0, 0, 0, 0, 0, 0,
0, 0, 0, 0, 0, 0, 0,
0, 0, 0, 0, 0, 0, 0,
0, 0, 0, 0, 0, 0, 0,
0, 0, 0, 0, 0, 0, 0,
0, 0, 0, 0, 0, 0, 0,
0, 0, 0, 0, 0, 0, 0,
0, 0, 0, 0, 0, 0, 0,
0, 0, 0, 0, 0, 0, 0,
0, 0, 0, 0, 0, 0, 0,
0, 0, 0, 0, 0, 0, 0,
0, 0, 0, 0, 0, 0, 0,
0, 0, 0, 0, 0, 0, 0,
0, 0, 0, 0, 0, 0, 0,
0, 0, 0, 0, 0, 0, 0,
0, 0, 0, 0, 0, 0, 0,
0, 0, 0, 0, 0, 0, 0,
0, 0, 0, 0, 0, 0, 0,
0, 0, 0, 0, 0, 0, 0,
0, 0, 0, 0, 0, 0, 0,
0, 0, 0, 0, 0, 0, 0,
0, 0, 0, 0, 0, 0, 0,
0, 0, 0, 0, 0, 0, 0,
0, 0, 0, 0, 0, 0, 0,
0, 0, 0, 0, 0, 0, 0,
0, 0, 0, 0, 0, 0, 0,
0, 0, 0, 0, 0, 0, 0,
0, 0, 0, 0, 0, 0, 0,
0, 0, 0, 0, 0, 0, 0,
0, 0, 0, 0, 0, 0, 0,
0, 0, 0, 0, 0, 0, 0,
0, 0, 0, 0, 0, 0, 0,
0, 0, 0, 0, 0, 0, 0,
0, 0, 0, 0, 0, 0, 0,
```

Figure 4-4   *Continued.*

```
0, 0, 0, 0, 0, 0, 0,
0, 0, 0, 0, 0, 0, 0,
0, 0, 0, 0, 0, 0, 0,
0, 0, 0, 0, 0, 0, 0,
0, 0, 0, 0, 0, 0, 0,
0, 0, 0, 0, 0, 0, 0,
0, 0, 0, 0, 0, 0, 0,
0, 0, 0, 0, 0, 0, 0,
0, 0, 0, 0, 0, 0, 0,
0, 0, 0, 0, 0, 0, 0,
0, 0, 0, 0, 0, 0, 0,
0, 0, 0, 0, 0, 0, 0,
0, 0, 0, 0, 0, 0, 0,
0, 0, 0, 0, 0, 0, 0,
0, 0, 0, 0, 0, 0, 0,
0, 0, 0, 0, 0, 0, 0,
0, 0, 0, 0, 0, 0, 0,
0, 0, 0, 0, 0, 0, 0,
0, 0, 0, 0, 0, 0, 0,
0, 0, 0, 0, 0, 0, 0,
0, 0, 0, 0, 0, 0, 0,
0, 0, 0, 0, 0, 0, 0,
0, 0, 0, 0, 0, 0, 0,
0, 0, 0, 0, 0, 0, 0,
0, 0, 0, 0, 0, 0, 0,
0, 0, 0, 0, 0, 0, 0,
0, 0, 0, 0, 0, 0, 0,
0, 0, 0, 0, 0, 0, 0,
0, 0, 0, 0, 0, 0, 0,
0, 0, 0, 0, 0, 0, 0,
0, 0, 0, 0, 0, 0, 0,
0, 0, 0, 0, 0, 0, 0,
0, 0, 0, 0, 0, 0, 0,
0, 0, 0, 0, 0, 0, 0,
0, 0, 0, 0, 0, 0, 0,
0, 0, 0, 0, 0, 0, 0,
0, 0, 0, 0, 0, 0, 0,
0, 0, 0, 0, 0, 0, 0,
0, 0, 0, 0, 0, 0, 0,
0, 0, 0, 0, 0, 0, 0,
0, 0, 0, 0, 0, 0, 0,
0, 0, 0, 0, 0, 0, 0,
0, 0, 0, 0, 0, 0, 0,
0, 0, 0, 0, 0, 0, 0,
0, 0, 0, 0, 0, 0, 0,
0, 0, 0, 0, 0, 0, 0,
0, 0, 0, 0, 0, 0, 0,
0, 0, 0, 0, 0, 0, 0,
0, 0, 0, 0, 0, 0, 0,
0, 0, 0, 0, 0, 0, 0,
```

```
0, 0, 0, 0, 0, 0, 0,
0, 0, 0, 0, 0, 0, 0,
0, 0, 0, 0, 0, 0, 0,
0, 0, 0, 0, 0, 0, 0,
0, 0, 0, 0, 0, 0, 0,
0, 0, 0, 0, 0, 0, 0,
0, 0, 0, 0, 0, 0, 0,
0, 0, 0, 0, 0, 0, 0,
0, 0, 0, 0, 0, 0, 0,
0, 0, 0, 0, 0, 0, 0,
0, 0, 0, 0, 0, 0, 0,
0, 0, 0, 0, 0, 0, 0,
0, 0, 0, 0, 0, 0, 0,
0, 0, 0, 0, 0, 0, 0,
0, 0, 0, 0, 0, 0, 0,
0, 0, 0, 0, 0, 0, 0,
0, 0, 0, 0, 0, 0, 0,
0, 0, 0, 0, 0, 0, 0,
0, 0, 0, 0, 0, 0, 0,
0, 0, 0, 0, 0, 0, 0,
0, 0, 0, 0, 0, 0, 0,
0, 0, 0, 0, 0, 0, 0,
0, 0, 0, 0, 0, 0, 0,
0, 0, 0, 0, 0, 0, 0,
0, 0, 0, 0, 0, 0, 0,
0, 0, 0, 0, 0, 0, 0,
0, 0, 0, 0, 0, 0, 0,
0, 0, 0, 0, 0, 0, 0,
0, 0, 0, 0, 0, 0, 0,
0, 0, 0, 0, 0, 0, 0,
0, 0, 0, 0, 0, 0, 0,
0, 0, 0, 0, 0, 0, 0,
0, 0, 0, 0, 0, 0, 0,
0, 0, 0, 0, 0, 0, 0,
0, 0, 0, 0, 0, 0, 0,
0, 0, 0, 0, 0, 0, 0,
0, 0, 0, 0, 0, 0, 0,
0, 0, 0, 0, 0, 0, 0,
0, 0, 0, 0, 0, 0, 0,
0, 0, 0, 0, 0, 0, 0,
0, 0, 0, 0, 0, 0, 0,
0, 0, 0, 0, 0, 0, 0,
0, 0, 0, 0, 0, 0, 0,
0, 0, 0, 0, 0, 0, 0,
0, 0, 0, 0, 0, 0, 0,
0, 0, 0, 0, 0, 0, 0,
0, 0, 0, 0, 0, 0, 0,
0, 0, 0, 0, 0, 0, 0,
0, 0, 0, 0, 0, 0, 0,
0, 0, 0, 0, 0, 0, 0,
0, 0, 0, 0, 0, 0, 0,
0, 0, 0, 0, 0, 0, 0,
0, 0, 0, 0, 0, 0, 0,
0, 0, 0, 0, 0, 0, 0,
0, 0, 0, 0, 0, 0, 0,
```

Figure 4-4   *Continued.*

```
0, 0, 0, 0, 0, 0, 0,
0, 0, 0, 0, 0, 0, 0,
0, 0, 0, 0, 0, 0, 0,
0, 0, 0, 0, 0, 0, 0,
0, 0, 0, 0, 0, 0, 0,
0, 0, 0, 0, 0, 0, 0,
0, 0, 0, 0, 0, 0, 0,
0, 0, 0, 0, 0, 0, 0,
0, 0, 0, 0, 0, 0, 0,
0, 0, 0, 0, 0, 0, 0,
0, 0, 0, 0, 0, 0, 0,
0, 0, 0, 0, 0, 0, 0,
0, 0, 0, 0, 0, 0, 0,
0, 0, 0, 0, 0, 0, 0,
0, 0, 0, 0, 0, 0, 0,
0, 0, 0, 0, 0, 0, 0,
0, 0, 0, 0, 0, 0, 0,
0, 0, 0, 0, 0, 0, 0,
0, 0, 0, 0, 0, 0, 0,
0, 0, 0, 0, 0, 0, 0,
0, 0, 0, 0, 0, 0, 0,
0, 0, 0, 0, 0, 0, 0,
0, 0, 0, 0, 0, 0, 0,
0, 0, 0, 0, 0, 0, 0,
0, 0, 0, 0, 0, 0, 0,
0, 0, 0, 0, 0, 0, 0,
0, 0, 0, 0, 0, 0, 0,
0, 0, 0, 0, 0, 0, 0,
0, 0, 0, 0, 0, 0, 0,
0, 0, 0, 0, 0, 0, 0,
0, 0, 0, 0, 0, 0, 0,
0, 0, 0, 0, 0, 0, 0,
0, 0, 0, 0, 0, 0, 0,
0, 0, 0, 0, 0, 0, 0,
0, 0, 0, 0, 0, 0, 0,
0, 0, 0, 0, 0, 0, 0,
0, 0, 0, 0, 0, 0, 0,
0, 0, 0, 0, 0, 0, 0,
0, 0, 0, 0, 0, 0, 0,
0, 0, 0, 0, 0, 0, 0,
0, 0, 0, 0, 0, 0, 0,
0, 0, 0, 0, 0, 0, 0,
0, 0, 0, 0, 0, 0, 0,
0, 0, 0, 0, 0, 0, 0,
0, 0, 0, 0, 0, 0, 0,
0, 0, 0, 0, 0, 0, 0,
0, 0, 0, 0, 0, 0, 0,
0, 0, 0, 0, 0, 0, 0,
0, 0, 0, 0, 0, 0, 0,
0, 0, 0, 0, 0, 0, 0,
0, 0, 0, 0, 0, 0, 0,
```

```
0, 0, 0, 0, 0, 0, 0,
0, 0, 0, 0, 0, 0, 0,
0, 0, 0, 0, 0, 0, 0,
0, 0, 0, 0, 0, 0, 0,
0, 0, 0, 0, 0, 0, 0,
0, 0, 0, 0, 0, 0, 0,
0, 0, 0, 0, 0, 0, 0,
0, 0, 0, 0, 0, 0, 0,
0, 0, 0, 0, 0, 0, 0,
0, 0, 0, 0, 0, 0, 0,
0, 0, 0, 0, 0, 0, 0,
0, 0, 0, 0, 0, 0, 0,
0, 0, 0, 0, 0, 0, 0,
0, 0, 0, 0, 0, 0, 0,
0, 0, 0, 0, 0, 0, 0,
0, 0, 0, 0, 0, 0, 0,
0, 0, 0, 0, 0, 0, 0,
0, 0, 0, 0, 0, 0, 0,
0, 0, 0, 0, 0, 0, 0,
0, 0, 0, 0, 0, 0, 0,
0, 0, 0, 0, 0, 0, 0,
0, 0, 0, 0, 0, 0, 0,
0, 0, 0, 0, 0, 0, 0,
0, 0, 0, 0, 0, 0, 0,
0, 0, 0, 0, 0, 0, 0,
0, 0, 0, 0, 0, 0, 0,
0, 0, 0, 0, 0, 0, 0,
0, 0, 0, 0, 0, 0, 0,
0, 0, 0, 0, 0, 0, 0,
0, 0, 0, 0, 0, 0, 0,
0, 0, 0, 0, 0, 0, 0,
0, 0, 0, 0, 0, 0, 0,
0, 0, 0, 0, 0, 0, 0,
0, 0, 0, 0, 0, 0, 0,
0, 0, 0, 0, 0, 0, 0,
0, 0, 0, 0, 0, 0, 0,
0, 0, 0, 0, 0, 0, 0,
0, 0, 0, 0, 0, 0, 0,
0, 0, 0, 0, 0, 0, 0,
0, 0, 0, 0, 0, 0, 0,
0, 0, 0, 0, 0, 0, 0,
0, 0, 0, 0, 0, 0, 0,
0, 0, 0, 0, 0, 0, 0,
0, 0, 0, 0, 0, 0, 0,
0, 0, 0, 0, 0, 0, 0,
0, 0, 0, 0, 0, 0, 0,
0, 0, 0, 0, 0, 0, 0,
0, 0, 0, 0, 0, 0, 0,
0, 0, 0, 0, 0, 0, 0,
0, 0, 0, 0, 0, 0, 0,
0, 0, 0, 0, 0, 0, 0,
0, 0, 0, 0, 0, 0, 0,
0, 0, 0, 0, 0, 0, 0,
0, 0, 0, 0, 0, 0, 0,
```

Figure 4-4   *Continued.*

```
0, 0, 0, 0, 0, 0, 0,
0, 0, 0, 0, 0, 0, 0,
0, 0, 0, 0, 0, 0, 0,
0, 0, 0, 0, 0, 0, 0,
0, 0, 0, 0, 0, 0, 0,
0, 0, 0, 0, 0, 0, 0,
0, 0, 0, 0, 0, 0, 0,
0, 0, 0, 0, 0, 0, 0,
0, 0, 0, 0, 0, 0, 0,
0, 0, 0, 0, 0, 0, 0,
0, 0, 0, 0, 0, 0, 0,
0, 0, 0, 0, 0, 0, 0,
0, 0, 0, 0, 0, 0, 0,
0, 0, 0, 0, 0, 0, 0,
0, 0, 0, 0, 0, 0, 0,
0, 0, 0, 0, 0, 0, 0,
0, 0, 0, 0, 0, 0, 0,
0, 0, 0, 0, 0, 0, 0,
0, 0, 0, 0, 0, 0, 0,
0, 0, 0, 0, 0, 0, 0,
0, 0, 0, 0, 0, 0, 0,
0, 0, 0, 0, 0, 0, 0,
0, 0, 0, 0, 0, 0, 0,
0, 0, 0, 0, 0, 0, 0,
0, 0, 0, 0, 0, 0, 0,
0, 0, 0, 0, 0, 0, 0,
0, 0, 0, 0, 0, 0, 0,
0, 0, 0, 0, 0, 0, 0,
0, 0, 0, 0, 0, 0, 0,
0, 0, 0, 0, 0, 0, 0,
0, 0, 0, 0, 0, 0, 0,
0, 0, 0, 0, 0, 0, 0,
0, 0, 0, 0, 0, 0, 0,
0, 0, 0, 0, 0, 0, 0,
0, 0, 0, 0, 0, 0, 0,
0, 0, 0, 0, 0, 0, 0,
0, 0, 0, 0, 0, 0, 0,
0, 0, 0, 0, 0, 0, 0,
0, 0, 0, 0, 0, 0, 0,
0, 0, 0, 0, 0, 0, 0,
0, 0, 0, 0, 0, 0, 0,
0, 0, 0, 0, 0, 0, 0,
0, 0, 0, 0, 0, 0, 0,
0, 0, 0, 0, 0, 0, 0,
0, 0, 0, 0, 0, 0, 0,
0, 0, 0, 0, 0, 0, 0,
0, 0, 0, 0, 0, 0, 0,
0, 0, 0, 0, 0, 0, 0,
0, 0, 0, 0, 0, 0, 0,
0, 0, 0, 0, 0, 0, 0,
```

```
0, 0, 0, 0, 0, 0, 0,
0, 0, 0, 0, 0, 0, 0,
0, 0, 0, 0, 0, 0, 0,
0, 0, 0, 0, 0, 0, 0,
0, 0, 0, 0, 0, 0, 0,
0, 0, 0, 0, 0, 0, 0,
0, 0, 0, 0, 0, 0, 0,
0, 0, 0, 0, 0, 0, 0,
0, 0, 0, 0, 0, 0, 0,
0, 0, 0, 0, 0, 0, 0,
0, 0, 0, 0, 0, 0, 0,
0, 0, 0, 0, 0, 0, 0,
0, 0, 0, 0, 0, 0, 0,
0, 0, 0, 0, 0, 0, 0,
0, 0, 0, 0, 0, 0, 0,
0, 0, 0, 0, 0, 0, 0,
0, 0, 0, 0, 0, 0, 0,
0, 0, 0, 0, 0, 0, 0,
0, 0, 0, 0, 0, 0, 0,
0, 0, 0, 0, 0, 0, 0,
0, 0, 0, 0, 0, 0, 0,
0, 0, 0, 0, 0, 0, 0,
0, 0, 0, 0, 0, 0, 0,
0, 0, 0, 0, 0, 0, 0,
0, 0, 0, 0, 0, 0, 0,
0, 0, 0, 0, 0, 0, 0 };

//!
// End of sprite source
/////////////////////////////////////////
```

⇨ Summary

Chapter 4 presented one method of changing the sprite shape as it gallivants about the graphics playfield. This is accomplished by using the sprite editor to create a sprite image corresponding to each direction in which you wish the sprite to move.

This technique can be expanded further by adding additional sprite shape images. The more sprite images you have to describe the sprite, the more professional your bit-plane animation display will appear.

Chapter 5 introduces missiles, bullets, and sound.

Simultaneous sprite, missile, and bullet movement

THIS chapter introduces missile and sprite graphics objects. The missile (Fig. 5-2) and bullet (Fig. 5-3) data definitions are coded in assembly language. I did this for those of you who cringe whenever you think of programming in any language other than assembly. If you have any questions about the assembly source code, check your assembler manuals. The basic directives that are used in the source will be supported by most modern assemblers (TASM, MASM, etc.).

Sprites are programmer-defined (using the sprite editor presented in the book is the easiest way to design sprites); graphic objects, missiles, and bullets are not. Missiles and bullets are predefined shapes of fixed size. Missiles are larger than bullets. Running PROG5-1.EXE and seeing the sprite, missile, and bullet in motion will do more to describe it than my spewing pixel dimensions. Run PROG5-1.EXE now!

The demonstration program PROG5-1.C (Fig. 5-1) moves a sprite, missile, and bullet smoothly about the screen. The graphic objects move at different rates. Examine the source code presented in Fig. 5-1 carefully. You will see how the code provides a foundation for the Tank game presented in chapter 8.

⇨ Polling

Polling is a technique which can be used in a single-threaded operating system (such as DOS) to control allocation of CPU time to different tasks. Simply, here's why you need to allocate CPU time when wishing to smoothly move graphics objects about the screen. In video games, as in real life, one object rarely moves while all other objects remain still. In the Tank game presented in chapter 8, the tank moves about the screen while five ghosts take chase.

Let's imagine that the tank moved for three seconds and then stopped. If once the tank stopped then ghost 1 took chase for three seconds, the ghost would gobble up the tank in one fell swoop. I'm sure you get my point. In essence, the tank and all the ghosts need to appear to move on the screen at the same time. That mission is accomplished through CPU polling.

In the case of the Tank program presented in chapter 8, here are the tasks which need to be polled:

➤ Read the keyboard while not stopping program execution.

➤ Update multicolored tank sprite position.

➤ If a missile is launched, update missile position.

➤ Update multicolored ghost 1 position.

➤ Update multicolored ghost 2 position.

➤ Update multicolored ghost 3 position.

➤ Update multicolored ghost 4 position.

➤ Update multicolored ghost 5 position.

➤ If missile-ghost (sprite) collision, erase missile and update score.

When you perform a task such as updating a ghost, this means that you are going to move the position of the ghost a very small amount. When you move all the graphic objects residing in the playfield a small amount on a consistently quick basis, the impact is smooth animation.

Sprite, missile, and bullet movement

Figure 5-1 presents the source code listing to PROG5-1.C. This program bounces a multishaped sprite, missile, and bullet around the screen. When one of the moving graphic objects encounters a screen edge, a tiny crash sound is heard and then the graphic object reflects in another direction.

Initializing a missile graphic object is quite simple. First you declare the missile structure:

```
MISSILE_IMAGE missile1;
```

Once declared, you then initialize the MISSILE_IMAGE structure:

```
init_missile(&missile1, plane);
```

Once initialized, you display the missile image and move it to a designated location:

```
move_missile_image(col, row, &missile1);
```

Getting bullets up and running follows a similar path to that of getting missiles up and running. First you declare the bullet structure:

```
BULLET_IMAGE bullet1;
```

Once declared, you then initialize the BULLET_IMAGE structure:

```
init_bullet(&bullet1, plane);
```

Once initialized, you display the bullet image and move it to a designated location:

```
move_bullet_image(col, row, &bullet1);
```

You can see that moving sprite, missiles, and bullets all follow the same idea. The only difference that distinguishes the use of sprites from the use of missiles and bullets is that the sprites must be expanded while the missiles and bullets do not.

⇨ Polling in action

Figure 5-1 presents the source code listing to PROG5-1.C. This program demonstrates a basic polling technique in a single-threaded operating system.

Figure 5-1   *The source code listing to PROG5-1.C*

```
//////////////////////////////////////
//
// prog5-1.c
//
// Demonstration of simple movement of
// one sprite, one missile and one bullet
//

//////////////////////////////////////
//
//   defines
//

#include <graphics.h>
#include <dos.h>
```

```c
#include <stdlib.h>
#include <stdio.h>
#include <stdio.h>
#include <string.h>
#include <conio.h>
#include "tproto.h"
#include "sprite.h"

/////////////////////////////////////
//
// include sprite created by the
// sprite editor

#include "UGHOST.C"
#include "LGHOST.C"
#include "RGHOST.C"


#define UP_LEFT_MOTION 10
#define UP_RIGHT_MOTION 11
#define DOWN_LEFT_MOTION 12
#define DOWN_RIGHT_MOTION 13


int poll_sprite(int param);
int poll_missile(int param);
int poll_bullet1(int param);
void main(void);
void crash(void);
void crash1(void);
void do_poll_sprite(void);
void do_poll_missile(void);
void do_poll_bullet1(void);


void destroy_playfield(void);
void init_playfield(void);


MISSILE_IMAGE missile1;
BULLET_IMAGE bullet1;
SPRITE_IMAGE sprite1, sprite2, sprite3, sprite4, sprite5, sprite6;
int  row, col, mrow, mcol, mrow2, mcol2, cnt, key;
int max_x, max_y;

int direction= UP_LEFT_MOTION;
int mdirection= UP_LEFT_MOTION;
int mdirection2= UP_LEFT_MOTION;

void main()
{
int param;
int gdriver= DETECT, gmode, errorcode;
int midx, midy, mode;
int max_x, max_y, toggle= 0;
```

Figure 5-1   *Continued.*

```
initgraph(&gdriver, &gmode, "");

errorcode= graphresult();

if(errorcode != grOk) {
   printf("Graphics error: %s\n", grapherrormsg(errorcode));
   printf("Press any to return to DOS\n");
   getch();
   exit(1);
   }

// get max X and Y values

max_x= getmaxx();
max_y= getmaxy();


// expand image in buffer

expand_sprite_image(UGHOST1);

// initialize the sprite

init_sprite(&sprite1, UGHOST1, 1);

expand_sprite_image(LGHOST1);

// initialize the sprite

init_sprite(&sprite2, LGHOST1, 1);

expand_sprite_image(RGHOST1);

// initialize the sprite

init_sprite(&sprite3, RGHOST1, 1);


setcolor(4);
line(0, 0, max_x, 0);
for(cnt= 0; cnt < 480; cnt++)   {
   line(0, cnt, max_x, cnt);
   }
line(0, 0, 0, max_y);
line(0, max_y, max_x,  max_y);
line(max_x, 0, max_x,  max_y);
setcolor(0);

init_playfield();

init_missile(&missile1, 3);
```

```
    mcol= 20;
    mrow= 20;

    move_missile_image(mcol, mrow, &missile1);

    init_bullet(&bullet1, 3);


    mcol2= 10;
    mrow2= 10;

    move_bullet_image(mcol2, mrow2, &bullet1);


    col= 400;
    row= 200;

    move_sprite_image(col, row, &sprite1);



    for(;;) {
        key= gtKBstat();
        switch(key) {
            case F10:
                goto exit_loop;
            }

        delay(2);

        do_poll_bullet1();

        if(!toggle) {
            toggle= 1;
            }
        else {
            toggle= 0;
            do_poll_sprite();
            do_poll_missile();
            do_poll_bullet1();
            }

        do_poll_bullet1();
        do_poll_missile();
        }
exit_loop:
    closegraph();

    destroy_playfield();
}
```

Figure 5-1   *Continued.*

```
int poll_sprite(int param)
{

    switch(param) {
        case 1:
            if(col > 8) {
                    move_sprite_image(col--, row, &sprite2);
                }
            else {
                return 0;
                }
            break;
        case 2:
            if(col < 639 - (7 * 8) ) {
                    move_sprite_image(col++, row, &sprite3);
                }
            else {
                return 0;
                }
            break;
        case 3:
            if(row < 479 - 48 - 2) {
                    move_sprite_image(col, row++, &sprite1);
                }
            else {
                return 0;
                }
            break;
        case 4:
            if(row > 1) {
                    move_sprite_image(col, row--, &sprite1);
                }
            else {
                return 0;
                }
            break;
        }
    return 1;
}

void do_poll_sprite()
{
  if(direction == UP_LEFT_MOTION) {
      if(!poll_sprite(1)) {
          direction= UP_RIGHT_MOTION;
          poll_sprite(2);
          crash1();
          }
      delay(2);
      if(!poll_sprite(4)) {
          direction= DOWN_LEFT_MOTION;
```

```
             poll_sprite(3);
             crash1();
             }
          }

     if(direction == DOWN_LEFT_MOTION) {
        if(!poll_sprite(1)) {
           direction= DOWN_RIGHT_MOTION;
           poll_sprite(2);
           crash1();
           }
        delay(2);
        if(!poll_sprite(3)) {
           direction= UP_LEFT_MOTION;
           poll_sprite(4);
           crash1();
           }
        }

     if(direction == DOWN_RIGHT_MOTION) {
        if(!poll_sprite(2)) {
           direction= DOWN_LEFT_MOTION;
           poll_sprite(1);
           crash1();
           }
        delay(2);
        if(!poll_sprite(3)) {
           direction= UP_RIGHT_MOTION;
           poll_sprite(4);
           crash1();
           }
        }

     if(direction == UP_RIGHT_MOTION) {
        if(!poll_sprite(2)) {
           direction= UP_LEFT_MOTION;
           poll_sprite(1);
           crash1();
           }
        delay(2);
        if(!poll_sprite(4)) {
           direction= DOWN_RIGHT_MOTION;
           poll_sprite(3);
           crash1();
           }
        }
  }


int poll_missile(int param)
{

   switch(param) {
```

Figure 5-1   *Continued.*

```
            case 1:
               if(mcol > 8) {
                       move_missile_image(mcol--, mrow, &missile1);
                   }
               else {
                   return 0;
                   }
               break;
            case 2:
               if(mcol < 639 - (2 * 8) ) {
                       move_missile_image(mcol++, mrow, &missile1);
                   }
               else {
                   return 0;
                   }
               break;
            case 3:
               if(mrow < 479 - 8) {
                       move_missile_image(mcol, mrow++, &missile1);
                   }
               else {
                   return 0;
                   }
               break;
            case 4:
               if(mrow > 1) {
                       move_missile_image(mcol, mrow--, &missile1);
                   }
               else {
                   return 0;
                   }
               break;
            }
        return 1;
    }

    void do_poll_missile()
    {
       if(mdirection == UP_LEFT_MOTION) {
          if(!poll_missile(1)) {
             mdirection= UP_RIGHT_MOTION;
             poll_missile(2);
             crash();
             }
          delay(2);
          if(!poll_missile(4)) {
             mdirection= DOWN_LEFT_MOTION;
             poll_missile(3);
             crash();
             }
          }
```

```
    if(mdirection == DOWN_LEFT_MOTION) {
        if(!poll_missile(1)) {
            mdirection= DOWN_RIGHT_MOTION;
            poll_missile(2);
            crash();
            }
        delay(2);
        if(!poll_missile(3)) {
            mdirection= UP_LEFT_MOTION;
            poll_missile(4);
            crash();
            }
        }

    if(mdirection == DOWN_RIGHT_MOTION) {
        if(!poll_missile(2)) {
            mdirection= DOWN_LEFT_MOTION;
            poll_missile(1);
            crash();
            }
        delay(2);
        if(!poll_missile(3)) {
            mdirection= UP_RIGHT_MOTION;
            poll_missile(4);
            crash();
            }
        }

    if(mdirection == UP_RIGHT_MOTION) {
        if(!poll_missile(2)) {
            mdirection= UP_LEFT_MOTION;
            poll_missile(1);
            crash();
            }
        delay(2);
        if(!poll_missile(4)) {
            mdirection= DOWN_RIGHT_MOTION;
            poll_missile(3);
            crash();
            }
        }
    }


int poll_bullet1(int param)
{

    switch(param) {
        case 1:
            if(mcol2 > 8) {
                    move_bullet_image(mcol2--, mrow2, &bullet1);
                }
            else {
```

Figure 5-1   *Continued.*

```
                return 0;
                }
            break;
        case 2:
            if(mcol2 < 639 - (2 * 8) ) {
                    move_bullet_image(mcol2++, mrow2, &bullet1);
                }
            else {
                return 0;
                }
            break;
        case 3:
            if(mrow2 < 479 - 8) {
                    move_bullet_image(mcol2, mrow2++, &bullet1);
                }
            else {
                return 0;
                }
            break;
        case 4:
            if(mrow2 > 1) {
                    move_bullet_image(mcol2, mrow2--, &bullet1);
                }
            else {
                return 0;
                }
            break;
        }
    return 1;
}

void do_poll_bullet1()
{
    if(mdirection2 == UP_LEFT_MOTION) {
        if(!poll_bullet1(1)) {
            mdirection2= UP_RIGHT_MOTION;
            poll_bullet1(2);
            crash();
            }
        if(!poll_bullet1(4)) {
            mdirection2= DOWN_LEFT_MOTION;
            poll_bullet1(3);
            crash();
            }
        }

    if(mdirection2 == DOWN_LEFT_MOTION) {
        if(!poll_bullet1(1)) {
            mdirection2= DOWN_RIGHT_MOTION;
            poll_bullet1(2);
```

```
            crash();
            }
        if(!poll_bullet1(3)) {
            mdirection2= UP_LEFT_MOTION;
            poll_bullet1(4);
            crash();
            }
        }

    if(mdirection2 == DOWN_RIGHT_MOTION) {
        if(!poll_bullet1(2)) {
            mdirection2= DOWN_LEFT_MOTION;
            poll_bullet1(1);
            crash();
            }
        if(!poll_bullet1(3)) {
            mdirection2= UP_RIGHT_MOTION;
            poll_bullet1(4);
            crash();
            }
        }

    if(mdirection2 == UP_RIGHT_MOTION) {
        if(!poll_bullet1(2)) {
            mdirection2= UP_LEFT_MOTION;
            poll_bullet1(1);
            crash();
            }
        if(!poll_bullet1(4)) {
            mdirection2= DOWN_RIGHT_MOTION;
            poll_bullet1(3);
            crash();
            }
        }
    }


void crash()
{
    onSound(300);
    delay(2);
    offSound();
}

void crash1()
{
    onSound(1300);
    delay(4);
    offSound();
}
```

Figure 5-2 presents the assembly source code for the missile. The assembly .RADIX directive makes declaring graphics object shapes easier in assembly (in my humble opinion) than in C.

Figure 5-2   *The source code listing to the missile's data.*

```
_missile_data label byte

                .radix 2
                DB 00000000, 00000000 ; 1
                DB 00111000, 00000000
                DB 01111100, 00000000
                DB 01111100, 00000000
                DB 00111000, 00000000
                DB 00000000, 00000000

                DB 00000000, 00000000 ; 2
                DB 00011100, 00000000
                DB 00111110, 00000000
                DB 00111110, 00000000
                DB 00011100, 00000000
                DB 00000000, 00000000

                DB 00000000, 00000000 ; 3
                DB 00001110, 00000000
                DB 00011111, 00000000
                DB 00011111, 00000000
                DB 00001110, 00000000
                DB 00000000, 00000000

                DB 00000000, 00000000 ; 4
                DB 00000111, 00000000
                DB 00001111, 10000000
                DB 00001111, 10000000
                DB 00000111, 00000000
                DB 00000000, 00000000

                DB 00000000, 00000000 ; 5
                DB 00000011, 10000000
                DB 00000111, 11000000
                DB 00000111, 11000000
                DB 00000011, 10000000
                DB 00000000, 00000000

                DB 00000000, 00000000 ; 6
                DB 00000001, 11000000
                DB 00000011, 11100000
                DB 00000011, 11100000
                DB 00000001, 11000000
                DB 00000000, 00000000

                DB 00000000, 00000000 ; 7
```

```
        DB 00000000, 11100000
        DB 00000001, 11110000
        DB 00000001, 11110000
        DB 00000000, 11100000
        DB 00000000, 00000000

        DB 00000000, 00000000 ; 8
        DB 00000000, 01110000
        DB 00000000, 11111000
        DB 00000000, 11111000
        DB 00000000, 01110000
        DB 00000000, 00000000
```

Figure 5-3 presents the assembly source code for the bullet. Note how it is quite similar to that of the missile.

The source code listing to the bullet's data.

Figure 5-3

```
_bullet_data label byte

        .radix 2
        DB 00000000, 00000000 ; 1
        DB 01100000, 00000000
        DB 01100000, 00000000
        DB 00000000, 00000000

        DB 00000000, 00000000 ; 2
        DB 00110000, 00000000
        DB 00110000, 00000000
        DB 00000000, 00000000

        DB 00000000, 00000000 ; 3
        DB 00011000, 00000000
        DB 00011000, 00000000
        DB 00000000, 00000000

        DB 00000000, 00000000 ; 4
        DB 00001100, 00000000
        DB 00001100, 00000000
        DB 00000000, 00000000

        DB 00000000, 00000000 ; 5
        DB 00000110, 00000000
        DB 00000110, 00000000
        DB 00000000, 00000000

        DB 00000000, 00000000 ; 6
        DB 00000011, 00000000
        DB 00000011, 00000000
        DB 00000000, 00000000

        DB 00000000, 00000000 ; 7
```

Figure 5-3   *Continued.*

```
DB 00000001, 10000000
DB 00000001, 10000000
DB 00000000, 00000000

DB 00000000, 00000000 ; 8
DB 00000000, 11000000
DB 00000000, 11000000
DB 00000000, 00000000
```

⇨ Summary

Chapter 5 presented a demonstration program which moved a sprite, missile, and bullet smoothly about the screen at the same time. This feat was accomplished by allocating small amounts of CPU time to update the position of each graphic object. The technique of allocating small amounts of CPU time to different tasks is called polling.

Chapter 6 demonstrates how to move a two-colored tank smoothly on a path by controlling the tank's motion from the keyboard.

6

Controlling a
sprite within a track

T HE demonstration program PROG6-1.EXE (source for
PROG6-1.C presented in Fig. 6-1) clearly shows how to move
a sprite within a defined track. The player initiates sprite movement
by pressing an arrow key in the desired direction. Once the sprite is
moving, the player may release the key and the sprite will continue
moving in the set direction.

If the player wishes to alter the direction of the sprite, they may do
so by pressing another arrow key. If the new key press directs the
sprite in an illegal direction based on its current position, that key
press will be remembered so that the sprite will take on the new
direction when the move would be legal. The feature of sprite control
from the keyboard allows the game player to think ahead with his or
her fingers.

⇨ Keeping the sprite in line

Figure 6-1 presents the source code listing to PROG6-1.C. Examine
the source code carefully to see how the sprite control via key press
mechanism works.

Figure 6-1   *The source code listing to PROG6-1.C*

```
///////////////////////////////////////
//
// prog6-1.c
//
// Demonstration of keyboard controlled
// two-color sprite movement
//

///////////////////////////////////////
//
//   defines
//

#include <graphics.h>>
#include <dos.h>
#include <stdlib.h>
#include <stdio.h>
#include <stdio.h>
#include <string.h>
#include <conio.h>
#include "tproto.h"
#include "sprite.h"
```

```c
#include "utank.c"
#include "dtank.c"
#include "rtank.c"
#include "ltank.c"

///////////////////////////////////
//
// include sprite created by the
// sprite editor


void init_playfield(void);
int  legal_sprite_move(int param);
void destroy_playfield(void);
void init_missile(MISSILE_IMAGE *missile1, unsigned char plane);
void move_missile_image(int col, int row, MISSILE_IMAGE *missile1);
void poll_sprite(int param);
void main(void);

#define SPRITE_TRACK          52
#define SPRITE_TRACK_OFFSET  (SPRITE_TRACK / 2)

MISSILE_IMAGE missile1;
SPRITE_IMAGE   tank_u1, tank_u2;
SPRITE_IMAGE   tank_d1, tank_d2;
SPRITE_IMAGE   tank_r1, tank_r2;
SPRITE_IMAGE   tank_l1, tank_l2;

int  row, col, cnt, key;
int  max_x, max_y;
int  midx, midy, mode;

void main()
{
int param, cnt;
int gdriver= DETECT, gmode, errorcode;
int old_row, old_col;
char location_buf[25];
int param_case, show_row_col= 0;

    initgraph(&gdriver, &gmode, "");

    errorcode= graphresult();

    if(errorcode != grOk) {
       printf("Graphics error: %s\n", grapherrormsg(errorcode));
       printf("Press any to return to DOS\n");
       getch();
       exit(1);
       }

    // get max X and Y values

    max_x= getmaxx();
```

Figure 6-1   *Continued.*

```
max_y= getmaxy();

// calculate mid points

midx= max_x / 2;
midy= max_y /2;

// outer box

rectangle(0, 0, max_x, max_y);

// upper left inner box

rectangle(52,
          52,
          midx - SPRITE_TRACK_OFFSET,
          midy - SPRITE_TRACK_OFFSET);

// upper right inner box

rectangle(midx + SPRITE_TRACK_OFFSET,
          SPRITE_TRACK,
          max_x - SPRITE_TRACK,
          midy - SPRITE_TRACK_OFFSET);

// lower left inner box

rectangle(SPRITE_TRACK,
          midy + SPRITE_TRACK_OFFSET,
          midx - SPRITE_TRACK_OFFSET,
          max_y - SPRITE_TRACK);

// lower right inner box

rectangle(midx + SPRITE_TRACK_OFFSET,
          midy + SPRITE_TRACK_OFFSET,
          max_x - SPRITE_TRACK,
          max_y - SPRITE_TRACK);




init_playfield();

col= 2;
row= 100;


expand_sprite_image(UTANK1);
expand_sprite_image(UTANK2);
```

```
expand_sprite_image(DTANK1);
expand_sprite_image(DTANK2);

expand_sprite_image(RTANK1);
expand_sprite_image(RTANK2);

expand_sprite_image(LTANK1);
expand_sprite_image(LTANK2);


init_sprite(&tank_u1, UTANK1, 1);
init_sprite(&tank_u2, UTANK2, 4);

init_sprite(&tank_d1, DTANK1, 1);
init_sprite(&tank_d2, DTANK2, 4);

init_sprite(&tank_r1, RTANK1, 1);
init_sprite(&tank_r2, RTANK2, 4);

init_sprite(&tank_l1, LTANK1, 1);
init_sprite(&tank_l2, LTANK2, 4);



move_sprite_image(col, row, &tank_d2);
move_sprite_image(col, row, &tank_d1);

setbkcolor(DARKGRAY);

for(;;) {

    if(((row != old_row) || (col != old_col)) && (show_row_col)) {
        memset(location_buf, 0, 25);
        setwritemode(COPY_PUT);
        setcolor(DARKGRAY);
        line(90, 90, 90 + (40 * 8), 10);
        for(cnt= 10; cnt < 30; cnt++) {
            line(90, 90 + cnt, 90 + (40 * 8), 90 + cnt);
            }
        sprintf(location_buf,"Row= %3d  Col= %3d", row, col);
        moveto(100, 100);
        setcolor(WHITE);
        outtext(location_buf);

        old_row= row;
        old_col= col;
        }

    key= gtKBstat();
```

Figure 6-1   *Continued.*

```
            switch(key) {
                case LEFT_ARROW:
                    param= 1;
                    break;
                case RIGHT_ARROW:
                    param= 2;
                    break;
                case UP_ARROW:
                    param= 4;
                    break;
                case DOWN_ARROW:
                    param= 3;
                    break;
                case F1:
                    show_row_col= 1;
                    break;
                case F2:
                    show_row_col= 0;
                    break;
                case ENTER:
                    param= 0;
                    break;
                case F10:
                    goto exit_loop;
                }

        delay(6);

        if(legal_sprite_move(param)) {
            poll_sprite(param);
            param_case= param;
            }
        else {
            if(legal_sprite_move(param_case)) {
                poll_sprite(param_case);
                }
            }

        }

    exit_loop:
        destroy_playfield();

        closegraph();


    }

    int key_status()
    {
    union REGS ir, or;
```

```
        ir.h.ah= 1;
        int86(0x16, &ir, &or);
        return or.x.ax;
}


void poll_sprite(int param)
{

    switch(param) {
        // left tank motion
        case 1:
                move_sprite_image(col--, row, &tank_l1);
                move_sprite_image(col, row, &tank_l2);
            break;

        // right tank motion
        case 2:
                move_sprite_image(col++, row, &tank_r1);
                move_sprite_image(col, row, &tank_r2);
            break;
        // down tank motion
        case 3:
                move_sprite_image(col, row++, &tank_d1);
                move_sprite_image(col, row, &tank_d2);
            break;
        // up tank motion
        case 4:
                move_sprite_image(col, row--, &tank_u1);
                move_sprite_image(col, row, &tank_u2);
        }


}

int legal_sprite_move(int param)
{

    switch(param) {
        // left tank motion
        case 1:
            if((col > 2) && ((row == 2) ||
                            (row == 428) ||
                            (row == midy - SPRITE_TRACK_OFFSET))) {
                return 1;
                }
            break;

        // right tank motion
        case 2:
            if((col < 590) && ((row == 2)    ||
                            (row == 428) ||
                            (row == midy - SPRITE_TRACK_OFFSET))) {
                return 1;
```

Figure 6-1   *Continued.*

```
                }
            break;
        // down tank motion
        case 3:
            if((row < 428) && ((col == 2)   ||
                               (col == 590)||
                               (col == midx - SPRITE_TRACK_OFFSET))) {
                return 1;
                }
            break;
        // up tank motion
        case 4:
            if((row > 2)   && ((col == 2)    ||
                               (col == 590) ||
                               (col == midx - SPRITE_TRACK_OFFSET))) {
                return 1;
                }
            break;
        }
    return 0;
}
```

Figure 6-2 presents the source code to UTANK.C. This source file created by the sprite editor presents the description of the up-tank sprite.

Figure 6-2   *The source code listing to UTANK.C*

```
/////////////////////////////////////////
// UTANK.c
//

unsigned char UTANK1[48*7*8]= {
    0, 0, 0, 0, 0, 0, 0,
    0, 0, 0, 0, 0, 0, 0,
    0, 0, 0, 0, 0, 0, 0,
    0, 0, 0, 0, 0, 0, 0,
    0, 0, 0, 0, 0, 0, 0,
    0, 0, 0, 0, 0, 0, 0,
    0, 0, 0, 0, 0, 0, 0,
    0, 0, 0, 0, 0, 0, 0,
    0, 0, 0, 0, 0, 0, 0,
    0, 0, 0, 0, 0, 0, 0,
    0, 0, 0, 0, 0, 0, 0,
    0, 0, 0, 0, 0, 0, 0,
    0, 0, 0, 0, 0, 0, 0,
    0, 0, 0, 0, 0, 0, 0,
    0, 0, 0, 0, 0, 0, 0,
    30, 0, 0, 0, 0, 124, 0,
    63, 0, 0, 0, 0, 254, 0,
```

```
127, 128, 0, 0, 1, 255, 0,
127, 128, 0, 0, 1, 255, 0,
127, 128, 0, 0, 1, 255, 0,
127, 128, 0, 0, 1, 255, 0,
127, 128, 0, 0, 1, 255, 0,
127, 128, 0, 0, 1, 255, 0,
127, 128, 0, 0, 1, 255, 0,
127, 128, 0, 0, 1, 255, 0,
127, 128, 0, 0, 1, 255, 0,
127, 128, 0, 0, 1, 255, 0,
127, 128, 0, 0, 1, 255, 0,
127, 128, 0, 0, 1, 255, 0,
127, 128, 0, 0, 1, 255, 0,
127, 128, 0, 0, 1, 255, 0,
127, 128, 0, 0, 1, 255, 0,
127, 128, 0, 0, 1, 255, 0,
127, 128, 0, 0, 1, 255, 0,
127, 128, 0, 0, 1, 255, 0,
127, 128, 0, 0, 1, 255, 0,
127, 128, 0, 0, 1, 255, 0,
127, 128, 0, 0, 1, 255, 0,
127, 128, 0, 0, 1, 255, 0,
127, 128, 0, 0, 1, 255, 0,
127, 128, 0, 0, 1, 255, 0,
63, 0, 0, 0, 0, 254, 0,
30, 0, 0, 0, 0, 124, 0,
0, 0, 0, 0, 0, 0, 0,
0, 0, 0, 0, 0, 0, 0,
0, 0, 0, 0, 0, 0, 0,
0, 0, 0, 0, 0, 0, 0,
0, 0, 0, 0, 0, 0, 0,
0, 0, 0, 0, 0, 0, 0,
0, 0, 0, 0, 0, 0, 0,
0, 0, 0, 0, 0, 0, 0,
0, 0, 0, 0, 0, 0, 0,
0, 0, 0, 0, 0, 0, 0,
0, 0, 0, 0, 0, 0, 0,
0, 0, 0, 0, 0, 0, 0,
0, 0, 0, 0, 0, 0, 0,
0, 0, 0, 0, 0, 0, 0,
0, 0, 0, 0, 0, 0, 0,
0, 0, 0, 0, 0, 0, 0,
0, 0, 0, 0, 0, 0, 0,
0, 0, 0, 0, 0, 0, 0,
0, 0, 0, 0, 0, 0, 0,
0, 0, 0, 0, 0, 0, 0,
0, 0, 0, 0, 0, 0, 0,
0, 0, 0, 0, 0, 0, 0,
0, 0, 0, 0, 0, 0, 0,
0, 0, 0, 0, 0, 0, 0,
```

Figure 6-2   *Continued.*

```
0, 0, 0, 0, 0, 0, 0,
0, 0, 0, 0, 0, 0, 0,
0, 0, 0, 0, 0, 0, 0,
0, 0, 0, 0, 0, 0, 0,
0, 0, 0, 0, 0, 0, 0,
0, 0, 0, 0, 0, 0, 0,
0, 0, 0, 0, 0, 0, 0,
0, 0, 0, 0, 0, 0, 0,
0, 0, 0, 0, 0, 0, 0,
0, 0, 0, 0, 0, 0, 0,
0, 0, 0, 0, 0, 0, 0,
0, 0, 0, 0, 0, 0, 0,
0, 0, 0, 0, 0, 0, 0,
0, 0, 0, 0, 0, 0, 0,
0, 0, 0, 0, 0, 0, 0,
0, 0, 0, 0, 0, 0, 0,
0, 0, 0, 0, 0, 0, 0,
0, 0, 0, 0, 0, 0, 0,
0, 0, 0, 0, 0, 0, 0,
0, 0, 0, 0, 0, 0, 0,
0, 0, 0, 0, 0, 0, 0,
0, 0, 0, 0, 0, 0, 0,
0, 0, 0, 0, 0, 0, 0,
0, 0, 0, 0, 0, 0, 0,
0, 0, 0, 0, 0, 0, 0,
0, 0, 0, 0, 0, 0, 0,
0, 0, 0, 0, 0, 0, 0,
0, 0, 0, 0, 0, 0, 0,
0, 0, 0, 0, 0, 0, 0,
0, 0, 0, 0, 0, 0, 0,
0, 0, 0, 0, 0, 0, 0,
0, 0, 0, 0, 0, 0, 0,
0, 0, 0, 0, 0, 0, 0,
0, 0, 0, 0, 0, 0, 0,
0, 0, 0, 0, 0, 0, 0,
0, 0, 0, 0, 0, 0, 0,
0, 0, 0, 0, 0, 0, 0,
0, 0, 0, 0, 0, 0, 0,
0, 0, 0, 0, 0, 0, 0,
0, 0, 0, 0, 0, 0, 0,
0, 0, 0, 0, 0, 0, 0,
0, 0, 0, 0, 0, 0, 0,
0, 0, 0, 0, 0, 0, 0,
0, 0, 0, 0, 0, 0, 0,
0, 0, 0, 0, 0, 0, 0,
0, 0, 0, 0, 0, 0, 0,
0, 0, 0, 0, 0, 0, 0,
0, 0, 0, 0, 0, 0, 0,
0, 0, 0, 0, 0, 0, 0,
0, 0, 0, 0, 0, 0, 0,
```

```
0, 0, 0, 0, 0, 0, 0,
0, 0, 0, 0, 0, 0, 0,
0, 0, 0, 0, 0, 0, 0,
0, 0, 0, 0, 0, 0, 0,
0, 0, 0, 0, 0, 0, 0,
0, 0, 0, 0, 0, 0, 0,
0, 0, 0, 0, 0, 0, 0,
0, 0, 0, 0, 0, 0, 0,
0, 0, 0, 0, 0, 0, 0,
0, 0, 0, 0, 0, 0, 0,
0, 0, 0, 0, 0, 0, 0,
0, 0, 0, 0, 0, 0, 0,
0, 0, 0, 0, 0, 0, 0,
0, 0, 0, 0, 0, 0, 0,
0, 0, 0, 0, 0, 0, 0,
0, 0, 0, 0, 0, 0, 0,
0, 0, 0, 0, 0, 0, 0,
0, 0, 0, 0, 0, 0, 0,
0, 0, 0, 0, 0, 0, 0,
0, 0, 0, 0, 0, 0, 0,
0, 0, 0, 0, 0, 0, 0,
0, 0, 0, 0, 0, 0, 0,
0, 0, 0, 0, 0, 0, 0,
0, 0, 0, 0, 0, 0, 0,
0, 0, 0, 0, 0, 0, 0,
0, 0, 0, 0, 0, 0, 0,
0, 0, 0, 0, 0, 0, 0,
0, 0, 0, 0, 0, 0, 0,
0, 0, 0, 0, 0, 0, 0,
0, 0, 0, 0, 0, 0, 0,
0, 0, 0, 0, 0, 0, 0,
0, 0, 0, 0, 0, 0, 0,
0, 0, 0, 0, 0, 0, 0,
0, 0, 0, 0, 0, 0, 0,
0, 0, 0, 0, 0, 0, 0,
0, 0, 0, 0, 0, 0, 0,
0, 0, 0, 0, 0, 0, 0,
0, 0, 0, 0, 0, 0, 0,
0, 0, 0, 0, 0, 0, 0,
0, 0, 0, 0, 0, 0, 0,
0, 0, 0, 0, 0, 0, 0,
0, 0, 0, 0, 0, 0, 0,
0, 0, 0, 0, 0, 0, 0,
0, 0, 0, 0, 0, 0, 0,
0, 0, 0, 0, 0, 0, 0,
0, 0, 0, 0, 0, 0, 0,
0, 0, 0, 0, 0, 0, 0,
0, 0, 0, 0, 0, 0, 0,
0, 0, 0, 0, 0, 0, 0,
0, 0, 0, 0, 0, 0, 0,
0, 0, 0, 0, 0, 0, 0,
```

Figure 6-2   *Continued.*

```
0,  0,  0,  0,  0,  0,  0,
0,  0,  0,  0,  0,  0,  0,
0,  0,  0,  0,  0,  0,  0,
0,  0,  0,  0,  0,  0,  0,
0,  0,  0,  0,  0,  0,  0,
0,  0,  0,  0,  0,  0,  0,
0,  0,  0,  0,  0,  0,  0,
0,  0,  0,  0,  0,  0,  0,
0,  0,  0,  0,  0,  0,  0,
0,  0,  0,  0,  0,  0,  0,
0,  0,  0,  0,  0,  0,  0,
0,  0,  0,  0,  0,  0,  0,
0,  0,  0,  0,  0,  0,  0,
0,  0,  0,  0,  0,  0,  0,
0,  0,  0,  0,  0,  0,  0,
0,  0,  0,  0,  0,  0,  0,
0,  0,  0,  0,  0,  0,  0,
0,  0,  0,  0,  0,  0,  0,
0,  0,  0,  0,  0,  0,  0,
0,  0,  0,  0,  0,  0,  0,
0,  0,  0,  0,  0,  0,  0,
0,  0,  0,  0,  0,  0,  0,
0,  0,  0,  0,  0,  0,  0,
0,  0,  0,  0,  0,  0,  0,
0,  0,  0,  0,  0,  0,  0,
0,  0,  0,  0,  0,  0,  0,
0,  0,  0,  0,  0,  0,  0,
0,  0,  0,  0,  0,  0,  0,
0,  0,  0,  0,  0,  0,  0,
0,  0,  0,  0,  0,  0,  0,
0,  0,  0,  0,  0,  0,  0,
0,  0,  0,  0,  0,  0,  0,
0,  0,  0,  0,  0,  0,  0,
0,  0,  0,  0,  0,  0,  0,
0,  0,  0,  0,  0,  0,  0,
0,  0,  0,  0,  0,  0,  0,
0,  0,  0,  0,  0,  0,  0,
0,  0,  0,  0,  0,  0,  0,
0,  0,  0,  0,  0,  0,  0,
0,  0,  0,  0,  0,  0,  0,
0,  0,  0,  0,  0,  0,  0,
0,  0,  0,  0,  0,  0,  0,
0,  0,  0,  0,  0,  0,  0,
0,  0,  0,  0,  0,  0,  0,
0,  0,  0,  0,  0,  0,  0,
0,  0,  0,  0,  0,  0,  0,
0,  0,  0,  0,  0,  0,  0,
0,  0,  0,  0,  0,  0,  0,
0,  0,  0,  0,  0,  0,  0,
0,  0,  0,  0,  0,  0,  0,
0,  0,  0,  0,  0,  0,  0,
0,  0,  0,  0,  0,  0,  0,
0,  0,  0,  0,  0,  0,  0,
```

```
0, 0, 0, 0, 0, 0, 0,
0, 0, 0, 0, 0, 0, 0,
0, 0, 0, 0, 0, 0, 0,
0, 0, 0, 0, 0, 0, 0,
0, 0, 0, 0, 0, 0, 0,
0, 0, 0, 0, 0, 0, 0,
0, 0, 0, 0, 0, 0, 0,
0, 0, 0, 0, 0, 0, 0,
0, 0, 0, 0, 0, 0, 0,
0, 0, 0, 0, 0, 0, 0,
0, 0, 0, 0, 0, 0, 0,
0, 0, 0, 0, 0, 0, 0,
0, 0, 0, 0, 0, 0, 0,
0, 0, 0, 0, 0, 0, 0,
0, 0, 0, 0, 0, 0, 0,
0, 0, 0, 0, 0, 0, 0,
0, 0, 0, 0, 0, 0, 0,
0, 0, 0, 0, 0, 0, 0,
0, 0, 0, 0, 0, 0, 0,
0, 0, 0, 0, 0, 0, 0,
0, 0, 0, 0, 0, 0, 0,
0, 0, 0, 0, 0, 0, 0,
0, 0, 0, 0, 0, 0, 0,
0, 0, 0, 0, 0, 0, 0,
0, 0, 0, 0, 0, 0, 0,
0, 0, 0, 0, 0, 0, 0,
0, 0, 0, 0, 0, 0, 0,
0, 0, 0, 0, 0, 0, 0,
0, 0, 0, 0, 0, 0, 0,
0, 0, 0, 0, 0, 0, 0,
0, 0, 0, 0, 0, 0, 0,
0, 0, 0, 0, 0, 0, 0,
0, 0, 0, 0, 0, 0, 0,
0, 0, 0, 0, 0, 0, 0,
0, 0, 0, 0, 0, 0, 0,
0, 0, 0, 0, 0, 0, 0,
0, 0, 0, 0, 0, 0, 0,
0, 0, 0, 0, 0, 0, 0,
0, 0, 0, 0, 0, 0, 0,
0, 0, 0, 0, 0, 0, 0,
0, 0, 0, 0, 0, 0, 0,
0, 0, 0, 0, 0, 0, 0,
0, 0, 0, 0, 0, 0, 0,
0, 0, 0, 0, 0, 0, 0,
0, 0, 0, 0, 0, 0, 0,
0, 0, 0, 0, 0, 0, 0,
0, 0, 0, 0, 0, 0, 0,
0, 0, 0, 0, 0, 0, 0,
0, 0, 0, 0, 0, 0, 0,
0, 0, 0, 0, 0, 0, 0,
0, 0, 0, 0, 0, 0, 0,
0, 0, 0, 0, 0, 0, 0,
0, 0, 0, 0, 0, 0, 0,
```

Figure 6-2   *Continued.*

```
0,  0,  0,  0,  0,  0,  0,
0,  0,  0,  0,  0,  0,  0,
0,  0,  0,  0,  0,  0,  0,
0,  0,  0,  0,  0,  0,  0,
0,  0,  0,  0,  0,  0,  0,
0,  0,  0,  0,  0,  0,  0,
0,  0,  0,  0,  0,  0,  0,
0,  0,  0,  0,  0,  0,  0,
0,  0,  0,  0,  0,  0,  0,
0,  0,  0,  0,  0,  0,  0,
0,  0,  0,  0,  0,  0,  0,
0,  0,  0,  0,  0,  0,  0,
0,  0,  0,  0,  0,  0,  0,
0,  0,  0,  0,  0,  0,  0,
0,  0,  0,  0,  0,  0,  0,
0,  0,  0,  0,  0,  0,  0,
0,  0,  0,  0,  0,  0,  0,
0,  0,  0,  0,  0,  0,  0,
0,  0,  0,  0,  0,  0,  0,
0,  0,  0,  0,  0,  0,  0,
0,  0,  0,  0,  0,  0,  0,
0,  0,  0,  0,  0,  0,  0,
0,  0,  0,  0,  0,  0,  0,
0,  0,  0,  0,  0,  0,  0,
0,  0,  0,  0,  0,  0,  0,
0,  0,  0,  0,  0,  0,  0,
0,  0,  0,  0,  0,  0,  0,
0,  0,  0,  0,  0,  0,  0,
0,  0,  0,  0,  0,  0,  0,
0,  0,  0,  0,  0,  0,  0,
0,  0,  0,  0,  0,  0,  0,
0,  0,  0,  0,  0,  0,  0,
0,  0,  0,  0,  0,  0,  0,
0,  0,  0,  0,  0,  0,  0,
0,  0,  0,  0,  0,  0,  0,
0,  0,  0,  0,  0,  0,  0,
0,  0,  0,  0,  0,  0,  0,
0,  0,  0,  0,  0,  0,  0,
0,  0,  0,  0,  0,  0,  0,
0,  0,  0,  0,  0,  0,  0,
0,  0,  0,  0,  0,  0,  0,
0,  0,  0,  0,  0,  0,  0,
0,  0,  0,  0,  0,  0,  0,
0,  0,  0,  0,  0,  0,  0,
0,  0,  0,  0,  0,  0,  0,
0,  0,  0,  0,  0,  0,  0,
0,  0,  0,  0,  0,  0,  0,
0,  0,  0,  0,  0,  0,  0,
0,  0,  0,  0,  0,  0,  0,
0,  0,  0,  0,  0,  0,  0,
```

```
0, 0, 0, 0, 0, 0, 0,
0, 0, 0, 0, 0, 0, 0,
0, 0, 0, 0, 0, 0, 0,
0, 0, 0, 0, 0, 0, 0,
0, 0, 0, 0, 0, 0, 0,
0, 0, 0, 0, 0, 0, 0,
0, 0, 0, 0, 0, 0, 0,
0, 0, 0, 0, 0, 0, 0,
0, 0, 0, 0, 0, 0, 0,
0, 0, 0, 0, 0, 0, 0,
0, 0, 0, 0, 0, 0, 0,
0, 0, 0, 0, 0, 0, 0,
0, 0, 0, 0, 0, 0, 0,
0, 0, 0, 0, 0, 0, 0,
0, 0, 0, 0, 0, 0, 0,
0, 0, 0, 0, 0, 0, 0,
0, 0, 0, 0, 0, 0, 0,
0, 0, 0, 0, 0, 0, 0,
0, 0, 0, 0, 0, 0, 0,
0, 0, 0, 0, 0, 0, 0,
0, 0, 0, 0, 0, 0, 0,
0, 0, 0, 0, 0, 0, 0,
0, 0, 0, 0, 0, 0, 0,
0, 0, 0, 0, 0, 0, 0,
0, 0, 0, 0, 0, 0, 0,
0, 0, 0, 0, 0, 0, 0,
0, 0, 0, 0, 0, 0, 0,
0, 0, 0, 0, 0, 0, 0,
0, 0, 0, 0, 0, 0, 0,
0, 0, 0, 0, 0, 0, 0,
0, 0, 0, 0, 0, 0, 0,
0, 0, 0, 0, 0, 0, 0,
0, 0, 0, 0, 0, 0, 0,
0, 0, 0, 0, 0, 0, 0,
0, 0, 0, 0, 0, 0, 0,
0, 0, 0, 0, 0, 0, 0,
0, 0, 0, 0, 0, 0, 0,
0, 0, 0, 0, 0, 0, 0,
0, 0, 0, 0, 0, 0, 0,
0, 0, 0, 0, 0, 0, 0,
0, 0, 0, 0, 0, 0, 0,
0, 0, 0, 0, 0, 0, 0,
0, 0, 0, 0, 0, 0, 0,
0, 0, 0, 0, 0, 0, 0,
0, 0, 0, 0, 0, 0, 0,
0, 0, 0, 0, 0, 0, 0,
0, 0, 0, 0, 0, 0, 0,
0, 0, 0, 0, 0, 0, 0,
0, 0, 0, 0, 0, 0, 0,
0, 0, 0, 0, 0, 0, 0,
0, 0, 0, 0, 0, 0, 0,
0, 0, 0, 0, 0, 0, 0,
0, 0, 0, 0, 0, 0, 0,
0, 0, 0, 0, 0, 0, 0,
0, 0, 0, 0, 0, 0, 0,
0, 0, 0, 0, 0, 0, 0,
0, 0, 0, 0, 0, 0, 0,
0, 0, 0, 0, 0, 0, 0,
```

Figure 6-2   *Continued.*

```
    0, 0, 0, 0, 0, 0, 0,
    0, 0, 0, 0, 0, 0, 0 };

unsigned char UTANK2[48*7*8]= {
    0, 0, 0, 0, 0, 0, 0,
    0, 0, 7, 224, 0, 0, 0,
    0, 0, 5, 160, 0, 0, 0,
    0, 0, 5, 160, 0, 0, 0,
    0, 0, 7, 224, 0, 0, 0,
    0, 0, 3, 192, 0, 0, 0,
    0, 0, 3, 192, 0, 0, 0,
    0, 0, 3, 192, 0, 0, 0,
    0, 0, 3, 192, 0, 0, 0,
    0, 0, 3, 192, 0, 0, 0,
    0, 0, 3, 192, 0, 0, 0,
    0, 0, 3, 192, 0, 0, 0,
    0, 0, 3, 192, 0, 0, 0,
    0, 0, 3, 192, 0, 0, 0,
    0, 0, 3, 192, 0, 0, 0,
    0, 0, 3, 192, 0, 0, 0,
    0, 0, 3, 192, 0, 0, 0,
    0, 0, 3, 192, 0, 0, 0,
    0, 0, 3, 192, 0, 0, 0,
    0, 0, 3, 192, 0, 0, 0,
    0, 15, 255, 255, 240, 0, 0,
    0, 31, 255, 255, 248, 0, 0,
    0, 127, 255, 255, 254, 0, 0,
    0, 63, 255, 255, 252, 0, 0,
    0, 127, 255, 255, 254, 0, 0,
    0, 63, 255, 255, 252, 0, 0,
    0, 127, 255, 255, 254, 0, 0,
    0, 63, 255, 255, 252, 0, 0,
    0, 127, 255, 255, 254, 0, 0,
    0, 63, 255, 255, 252, 0, 0,
    0, 127, 255, 255, 254, 0, 0,
    0, 63, 255, 255, 252, 0, 0,
    0, 127, 255, 255, 254, 0, 0,
    0, 63, 255, 255, 252, 0, 0,
    0, 127, 255, 255, 254, 0, 0,
    0, 63, 255, 255, 252, 0, 0,
    0, 127, 255, 255, 254, 0, 0,
    0, 31, 255, 255, 248, 0, 0,
    0, 15, 255, 255, 240, 0, 0,
    0, 0, 0, 0, 0, 0, 0,
    0, 0, 0, 0, 0, 0, 0,
    0, 0, 0, 0, 0, 0, 0,
    0, 0, 0, 0, 0, 0, 0,
    0, 0, 0, 0, 0, 0, 0,
    0, 0, 0, 0, 0, 0, 0,
    0, 0, 0, 0, 0, 0, 0,
    0, 0, 0, 0, 0, 0, 0,
```

```
0, 0, 0, 0, 0, 0, 0,
0, 0, 0, 0, 0, 0, 0,
0, 0, 0, 0, 0, 0, 0,
0, 0, 0, 0, 0, 0, 0,
0, 0, 0, 0, 0, 0, 0,
0, 0, 0, 0, 0, 0, 0,
0, 0, 0, 0, 0, 0, 0,
0, 0, 0, 0, 0, 0, 0,
0, 0, 0, 0, 0, 0, 0,
0, 0, 0, 0, 0, 0, 0,
0, 0, 0, 0, 0, 0, 0,
0, 0, 0, 0, 0, 0, 0,
0, 0, 0, 0, 0, 0, 0,
0, 0, 0, 0, 0, 0, 0,
0, 0, 0, 0, 0, 0, 0,
0, 0, 0, 0, 0, 0, 0,
0, 0, 0, 0, 0, 0, 0,
0, 0, 0, 0, 0, 0, 0,
0, 0, 0, 0, 0, 0, 0,
0, 0, 0, 0, 0, 0, 0,
0, 0, 0, 0, 0, 0, 0,
0, 0, 0, 0, 0, 0, 0,
0, 0, 0, 0, 0, 0, 0,
0, 0, 0, 0, 0, 0, 0,
0, 0, 0, 0, 0, 0, 0,
0, 0, 0, 0, 0, 0, 0,
0, 0, 0, 0, 0, 0, 0,
0, 0, 0, 0, 0, 0, 0,
0, 0, 0, 0, 0, 0, 0,
0, 0, 0, 0, 0, 0, 0,
0, 0, 0, 0, 0, 0, 0,
0, 0, 0, 0, 0, 0, 0,
0, 0, 0, 0, 0, 0, 0,
0, 0, 0, 0, 0, 0, 0,
0, 0, 0, 0, 0, 0, 0,
0, 0, 0, 0, 0, 0, 0,
0, 0, 0, 0, 0, 0, 0,
0, 0, 0, 0, 0, 0, 0,
0, 0, 0, 0, 0, 0, 0,
0, 0, 0, 0, 0, 0, 0,
0, 0, 0, 0, 0, 0, 0,
0, 0, 0, 0, 0, 0, 0,
0, 0, 0, 0, 0, 0, 0,
0, 0, 0, 0, 0, 0, 0,
0, 0, 0, 0, 0, 0, 0,
0, 0, 0, 0, 0, 0, 0,
0, 0, 0, 0, 0, 0, 0,
0, 0, 0, 0, 0, 0, 0,
0, 0, 0, 0, 0, 0, 0,
0, 0, 0, 0, 0, 0, 0,
0, 0, 0, 0, 0, 0, 0,
0, 0, 0, 0, 0, 0, 0,
0, 0, 0, 0, 0, 0, 0,
0, 0, 0, 0, 0, 0, 0,
0, 0, 0, 0, 0, 0, 0,
0, 0, 0, 0, 0, 0, 0,
0, 0, 0, 0, 0, 0, 0,
```

Figure 6-2   *Continued.*

```
0, 0, 0, 0, 0, 0, 0,
0, 0, 0, 0, 0, 0, 0,
0, 0, 0, 0, 0, 0, 0,
0, 0, 0, 0, 0, 0, 0,
0, 0, 0, 0, 0, 0, 0,
0, 0, 0, 0, 0, 0, 0,
0, 0, 0, 0, 0, 0, 0,
0, 0, 0, 0, 0, 0, 0,
0, 0, 0, 0, 0, 0, 0,
0, 0, 0, 0, 0, 0, 0,
0, 0, 0, 0, 0, 0, 0,
0, 0, 0, 0, 0, 0, 0,
0, 0, 0, 0, 0, 0, 0,
0, 0, 0, 0, 0, 0, 0,
0, 0, 0, 0, 0, 0, 0,
0, 0, 0, 0, 0, 0, 0,
0, 0, 0, 0, 0, 0, 0,
0, 0, 0, 0, 0, 0, 0,
0, 0, 0, 0, 0, 0, 0,
0, 0, 0, 0, 0, 0, 0,
0, 0, 0, 0, 0, 0, 0,
0, 0, 0, 0, 0, 0, 0,
0, 0, 0, 0, 0, 0, 0,
0, 0, 0, 0, 0, 0, 0,
0, 0, 0, 0, 0, 0, 0,
0, 0, 0, 0, 0, 0, 0,
0, 0, 0, 0, 0, 0, 0,
0, 0, 0, 0, 0, 0, 0,
0, 0, 0, 0, 0, 0, 0,
0, 0, 0, 0, 0, 0, 0,
0, 0, 0, 0, 0, 0, 0,
0, 0, 0, 0, 0, 0, 0,
0, 0, 0, 0, 0, 0, 0,
0, 0, 0, 0, 0, 0, 0,
0, 0, 0, 0, 0, 0, 0,
0, 0, 0, 0, 0, 0, 0,
0, 0, 0, 0, 0, 0, 0,
0, 0, 0, 0, 0, 0, 0,
0, 0, 0, 0, 0, 0, 0,
0, 0, 0, 0, 0, 0, 0,
0, 0, 0, 0, 0, 0, 0,
0, 0, 0, 0, 0, 0, 0,
0, 0, 0, 0, 0, 0, 0,
0, 0, 0, 0, 0, 0, 0,
0, 0, 0, 0, 0, 0, 0,
0, 0, 0, 0, 0, 0, 0,
0, 0, 0, 0, 0, 0, 0,
0, 0, 0, 0, 0, 0, 0,
0, 0, 0, 0, 0, 0, 0,
```

```
0, 0, 0, 0, 0, 0, 0,
0, 0, 0, 0, 0, 0, 0,
0, 0, 0, 0, 0, 0, 0,
0, 0, 0, 0, 0, 0, 0,
0, 0, 0, 0, 0, 0, 0,
0, 0, 0, 0, 0, 0, 0,
0, 0, 0, 0, 0, 0, 0,
0, 0, 0, 0, 0, 0, 0,
0, 0, 0, 0, 0, 0, 0,
0, 0, 0, 0, 0, 0, 0,
0, 0, 0, 0, 0, 0, 0,
0, 0, 0, 0, 0, 0, 0,
0, 0, 0, 0, 0, 0, 0,
0, 0, 0, 0, 0, 0, 0,
0, 0, 0, 0, 0, 0, 0,
0, 0, 0, 0, 0, 0, 0,
0, 0, 0, 0, 0, 0, 0,
0, 0, 0, 0, 0, 0, 0,
0, 0, 0, 0, 0, 0, 0,
0, 0, 0, 0, 0, 0, 0,
0, 0, 0, 0, 0, 0, 0,
0, 0, 0, 0, 0, 0, 0,
0, 0, 0, 0, 0, 0, 0,
0, 0, 0, 0, 0, 0, 0,
0, 0, 0, 0, 0, 0, 0,
0, 0, 0, 0, 0, 0, 0,
0, 0, 0, 0, 0, 0, 0,
0, 0, 0, 0, 0, 0, 0,
0, 0, 0, 0, 0, 0, 0,
0, 0, 0, 0, 0, 0, 0,
0, 0, 0, 0, 0, 0, 0,
0, 0, 0, 0, 0, 0, 0,
0, 0, 0, 0, 0, 0, 0,
0, 0, 0, 0, 0, 0, 0,
0, 0, 0, 0, 0, 0, 0,
0, 0, 0, 0, 0, 0, 0,
0, 0, 0, 0, 0, 0, 0,
0, 0, 0, 0, 0, 0, 0,
0, 0, 0, 0, 0, 0, 0,
0, 0, 0, 0, 0, 0, 0,
0, 0, 0, 0, 0, 0, 0,
0, 0, 0, 0, 0, 0, 0,
0, 0, 0, 0, 0, 0, 0,
0, 0, 0, 0, 0, 0, 0,
0, 0, 0, 0, 0, 0, 0,
0, 0, 0, 0, 0, 0, 0,
0, 0, 0, 0, 0, 0, 0,
0, 0, 0, 0, 0, 0, 0,
0, 0, 0, 0, 0, 0, 0,
0, 0, 0, 0, 0, 0, 0,
0, 0, 0, 0, 0, 0, 0,
0, 0, 0, 0, 0, 0, 0,
0, 0, 0, 0, 0, 0, 0,
```

Figure 6-2   *Continued.*

```
0, 0, 0, 0, 0, 0, 0,
0, 0, 0, 0, 0, 0, 0,
0, 0, 0, 0, 0, 0, 0,
0, 0, 0, 0, 0, 0, 0,
0, 0, 0, 0, 0, 0, 0,
0, 0, 0, 0, 0, 0, 0,
0, 0, 0, 0, 0, 0, 0,
0, 0, 0, 0, 0, 0, 0,
0, 0, 0, 0, 0, 0, 0,
0, 0, 0, 0, 0, 0, 0,
0, 0, 0, 0, 0, 0, 0,
0, 0, 0, 0, 0, 0, 0,
0, 0, 0, 0, 0, 0, 0,
0, 0, 0, 0, 0, 0, 0,
0, 0, 0, 0, 0, 0, 0,
0, 0, 0, 0, 0, 0, 0,
0, 0, 0, 0, 0, 0, 0,
0, 0, 0, 0, 0, 0, 0,
0, 0, 0, 0, 0, 0, 0,
0, 0, 0, 0, 0, 0, 0,
0, 0, 0, 0, 0, 0, 0,
0, 0, 0, 0, 0, 0, 0,
0, 0, 0, 0, 0, 0, 0,
0, 0, 0, 0, 0, 0, 0,
0, 0, 0, 0, 0, 0, 0,
0, 0, 0, 0, 0, 0, 0,
0, 0, 0, 0, 0, 0, 0,
0, 0, 0, 0, 0, 0, 0,
0, 0, 0, 0, 0, 0, 0,
0, 0, 0, 0, 0, 0, 0,
0, 0, 0, 0, 0, 0, 0,
0, 0, 0, 0, 0, 0, 0,
0, 0, 0, 0, 0, 0, 0,
0, 0, 0, 0, 0, 0, 0,
0, 0, 0, 0, 0, 0, 0,
0, 0, 0, 0, 0, 0, 0,
0, 0, 0, 0, 0, 0, 0,
0, 0, 0, 0, 0, 0, 0,
0, 0, 0, 0, 0, 0, 0,
0, 0, 0, 0, 0, 0, 0,
0, 0, 0, 0, 0, 0, 0,
0, 0, 0, 0, 0, 0, 0,
0, 0, 0, 0, 0, 0, 0,
0, 0, 0, 0, 0, 0, 0,
0, 0, 0, 0, 0, 0, 0,
0, 0, 0, 0, 0, 0, 0,
0, 0, 0, 0, 0, 0, 0,
0, 0, 0, 0, 0, 0, 0,
0, 0, 0, 0, 0, 0, 0,
0, 0, 0, 0, 0, 0, 0,
0, 0, 0, 0, 0, 0, 0,
```

```
0, 0, 0, 0, 0, 0, 0,
0, 0, 0, 0, 0, 0, 0, 0,
0, 0, 0, 0, 0, 0, 0, 0,
0, 0, 0, 0, 0, 0, 0, 0,
0, 0, 0, 0, 0, 0, 0, 0,
0, 0, 0, 0, 0, 0, 0, 0,
0, 0, 0, 0, 0, 0, 0, 0,
0, 0, 0, 0, 0, 0, 0, 0,
0, 0, 0, 0, 0, 0, 0, 0,
0, 0, 0, 0, 0, 0, 0, 0,
0, 0, 0, 0, 0, 0, 0, 0,
0, 0, 0, 0, 0, 0, 0, 0,
0, 0, 0, 0, 0, 0, 0, 0,
0, 0, 0, 0, 0, 0, 0, 0,
0, 0, 0, 0, 0, 0, 0, 0,
0, 0, 0, 0, 0, 0, 0, 0,
0, 0, 0, 0, 0, 0, 0, 0,
0, 0, 0, 0, 0, 0, 0, 0,
0, 0, 0, 0, 0, 0, 0, 0,
0, 0, 0, 0, 0, 0, 0, 0,
0, 0, 0, 0, 0, 0, 0, 0,
0, 0, 0, 0, 0, 0, 0, 0,
0, 0, 0, 0, 0, 0, 0, 0,
0, 0, 0, 0, 0, 0, 0, 0,
0, 0, 0, 0, 0, 0, 0, 0,
0, 0, 0, 0, 0, 0, 0, 0,
0, 0, 0, 0, 0, 0, 0, 0,
0, 0, 0, 0, 0, 0, 0, 0,
0, 0, 0, 0, 0, 0, 0, 0,
0, 0, 0, 0, 0, 0, 0, 0,
0, 0, 0, 0, 0, 0, 0, 0,
0, 0, 0, 0, 0, 0, 0, 0,
0, 0, 0, 0, 0, 0, 0, 0,
0, 0, 0, 0, 0, 0, 0, 0,
0, 0, 0, 0, 0, 0, 0, 0,
0, 0, 0, 0, 0, 0, 0, 0,
0, 0, 0, 0, 0, 0, 0, 0,
0, 0, 0, 0, 0, 0, 0, 0,
0, 0, 0, 0, 0, 0, 0, 0,
0, 0, 0, 0, 0, 0, 0, 0,
0, 0, 0, 0, 0, 0, 0, 0,
0, 0, 0, 0, 0, 0, 0, 0,
0, 0, 0, 0, 0, 0, 0, 0,
0, 0, 0, 0, 0, 0, 0, 0,
0, 0, 0, 0, 0, 0, 0, 0,
0, 0, 0, 0, 0, 0, 0, 0,
0, 0, 0, 0, 0, 0, 0, 0,
0, 0, 0, 0, 0, 0, 0, 0,
0, 0, 0, 0, 0, 0, 0, 0,
0, 0, 0, 0, 0, 0, 0, 0,
0, 0, 0, 0, 0, 0, 0, 0,
0, 0, 0, 0, 0, 0, 0, 0,
0, 0, 0, 0, 0, 0, 0, 0,
0, 0, 0, 0, 0, 0, 0, 0,
0, 0, 0, 0, 0, 0, 0, 0,
```

Figure 6-2   *Continued.*

```
0, 0, 0, 0, 0, 0, 0,
0, 0, 0, 0, 0, 0, 0,
0, 0, 0, 0, 0, 0, 0,
0, 0, 0, 0, 0, 0, 0,
0, 0, 0, 0, 0, 0, 0,
0, 0, 0, 0, 0, 0, 0,
0, 0, 0, 0, 0, 0, 0,
0, 0, 0, 0, 0, 0, 0,
0, 0, 0, 0, 0, 0, 0,
0, 0, 0, 0, 0, 0, 0,
0, 0, 0, 0, 0, 0, 0,
0, 0, 0, 0, 0, 0, 0,
0, 0, 0, 0, 0, 0, 0,
0, 0, 0, 0, 0, 0, 0,
0, 0, 0, 0, 0, 0, 0,
0, 0, 0, 0, 0, 0, 0,
0, 0, 0, 0, 0, 0, 0,
0, 0, 0, 0, 0, 0, 0,
0, 0, 0, 0, 0, 0, 0,
0, 0, 0, 0, 0, 0, 0,
0, 0, 0, 0, 0, 0, 0,
0, 0, 0, 0, 0, 0, 0,
0, 0, 0, 0, 0, 0, 0,
0, 0, 0, 0, 0, 0, 0,
0, 0, 0, 0, 0, 0, 0,
0, 0, 0, 0, 0, 0, 0,
0, 0, 0, 0, 0, 0, 0,
0, 0, 0, 0, 0, 0, 0,
0, 0, 0, 0, 0, 0, 0,
0, 0, 0, 0, 0, 0, 0,
0, 0, 0, 0, 0, 0, 0,
0, 0, 0, 0, 0, 0, 0,
0, 0, 0, 0, 0, 0, 0,
0, 0, 0, 0, 0, 0, 0,
0, 0, 0, 0, 0, 0, 0,
0, 0, 0, 0, 0, 0, 0,
0, 0, 0, 0, 0, 0, 0,
0, 0, 0, 0, 0, 0, 0,
0, 0, 0, 0, 0, 0, 0,
0, 0, 0, 0, 0, 0, 0,
0, 0, 0, 0, 0, 0, 0,
0, 0, 0, 0, 0, 0, 0,
0, 0, 0, 0, 0, 0, 0,
0, 0, 0, 0, 0, 0, 0,
0, 0, 0, 0, 0, 0, 0,
0, 0, 0, 0, 0, 0, 0,
0, 0, 0, 0, 0, 0, 0,
0, 0, 0, 0, 0, 0, 0,
0, 0, 0, 0, 0, 0, 0,
0, 0, 0, 0, 0, 0, 0,
0, 0, 0, 0, 0, 0, 0,
0, 0, 0, 0, 0, 0, 0,
0, 0, 0, 0, 0, 0, 0,
0, 0, 0, 0, 0, 0, 0,
0, 0, 0, 0, 0, 0, 0,
```

```
   0, 0, 0, 0, 0, 0, 0,
   0, 0, 0, 0, 0, 0, 0,
   0, 0, 0, 0, 0, 0, 0,
   0, 0, 0, 0, 0, 0, 0,
   0, 0, 0, 0, 0, 0, 0,
   0, 0, 0, 0, 0, 0, 0,
   0, 0, 0, 0, 0, 0, 0,
   0, 0, 0, 0, 0, 0, 0,
   0, 0, 0, 0, 0, 0, 0,
   0, 0, 0, 0, 0, 0, 0,
   0, 0, 0, 0, 0, 0, 0,
   0, 0, 0, 0, 0, 0, 0,
   0, 0, 0, 0, 0, 0, 0,
   0, 0, 0, 0, 0, 0, 0,
   0, 0, 0, 0, 0, 0, 0,
   0, 0, 0, 0, 0, 0, 0,
   0, 0, 0, 0, 0, 0, 0,
   0, 0, 0, 0, 0, 0, 0,
   0, 0, 0, 0, 0, 0, 0,
   0, 0, 0, 0, 0, 0, 0,
   0, 0, 0, 0, 0, 0, 0,
   0, 0, 0, 0, 0, 0, 0,
   0, 0, 0, 0, 0, 0, 0,
   0, 0, 0, 0, 0, 0, 0 };

//!
// End of sprite source
/////////////////////////////////////////
```

Figure 6-3 presents the source code listing to DTANK.C. This source
file created by the sprite editor took less than one second to create.
Here's how: I simply took the up-tank image and inverted the figure
using one of the sprite editor's rotation functions.

The sprite creation process went like this:

❶ I drew the Up-Tank sprite and saved the source to disk.

❷ I inverted the image and saved it to disk.

❸ I inverted the image once again and then rotated it clockwise by
90 degrees, then saved it to disk.

❹ I then clicked on the rotate by 90 clockwise twice and saved the
image (rotated counterclockwise by 90 degrees) to disk.

Drawing the original up-tank image took some time. Once I had
completed that task, creating the left-tank, right-tank and down-tank

took just a few moments. Use the sprite editor to create sprites. Although a tad rough at the edges, the sprite editor is a useful productivity booster.

Figure 6-3   *The source code listing to DTANK.C*

```
///////////////////////////////////////
// DTANK.c
//

unsigned char DTANK1[48*7*8]= {
    0, 0, 0, 0, 0, 0, 0,
    0, 0, 0, 0, 0, 0, 0,
    0, 0, 0, 0, 0, 0, 0,
    0, 0, 0, 0, 0, 0, 0,
    30, 0, 0, 0, 0, 124, 0,
    63, 0, 0, 0, 0, 254, 0,
    127, 128, 0, 0, 1, 255, 0,
    127, 128, 0, 0, 1, 255, 0,
    127, 128, 0, 0, 1, 255, 0,
    127, 128, 0, 0, 1, 255, 0,
    127, 128, 0, 0, 1, 255, 0,
    127, 128, 0, 0, 1, 255, 0,
    127, 128, 0, 0, 1, 255, 0,
    127, 128, 0, 0, 1, 255, 0,
    127, 128, 0, 0, 1, 255, 0,
    127, 128, 0, 0, 1, 255, 0,
    127, 128, 0, 0, 1, 255, 0,
    127, 128, 0, 0, 1, 255, 0,
    127, 128, 0, 0, 1, 255, 0,
    127, 128, 0, 0, 1, 255, 0,
    127, 128, 0, 0, 1, 255, 0,
    127, 128, 0, 0, 1, 255, 0,
    127, 128, 0, 0, 1, 255, 0,
    127, 128, 0, 0, 1, 255, 0,
    127, 128, 0, 0, 1, 255, 0,
    127, 128, 0, 0, 1, 255, 0,
    127, 128, 0, 0, 1, 255, 0,
    127, 128, 0, 0, 1, 255, 0,
    127, 128, 0, 0, 1, 255, 0,
    127, 128, 0, 0, 1, 255, 0,
    127, 128, 0, 0, 1, 255, 0,
    63, 0, 0, 0, 0, 254, 0,
    30, 0, 0, 0, 0, 124, 0,
    0, 0, 0, 0, 0, 0, 0,
    0, 0, 0, 0, 0, 0, 0,
    0, 0, 0, 0, 0, 0, 0,
    0, 0, 0, 0, 0, 0, 0,
    0, 0, 0, 0, 0, 0, 0,
    0, 0, 0, 0, 0, 0, 0,
    0, 0, 0, 0, 0, 0, 0,
    0, 0, 0, 0, 0, 0, 0,
```

```
0,  0,  0,  0,  0,  0,  0,
0,  0,  0,  0,  0,  0,  0,  0,
0,  0,  0,  0,  0,  0,  0,  0,
0,  0,  0,  0,  0,  0,  0,  0,
0,  0,  0,  0,  0,  0,  0,  0,
0,  0,  0,  0,  0,  0,  0,  0,
0,  0,  0,  0,  0,  0,  0,  0,
0,  0,  0,  0,  0,  0,  0,  0,
0,  0,  0,  0,  0,  0,  0,  0,
0,  0,  0,  0,  0,  0,  0,  0,
0,  0,  0,  0,  0,  0,  0,  0,
0,  0,  0,  0,  0,  0,  0,  0,
0,  0,  0,  0,  0,  0,  0,  0,
0,  0,  0,  0,  0,  0,  0,  0,
0,  0,  0,  0,  0,  0,  0,  0,
0,  0,  0,  0,  0,  0,  0,  0,
0,  0,  0,  0,  0,  0,  0,  0,
0,  0,  0,  0,  0,  0,  0,  0,
0,  0,  0,  0,  0,  0,  0,  0,
0,  0,  0,  0,  0,  0,  0,  0,
0,  0,  0,  0,  0,  0,  0,  0,
0,  0,  0,  0,  0,  0,  0,  0,
0,  0,  0,  0,  0,  0,  0,  0,
0,  0,  0,  0,  0,  0,  0,  0,
0,  0,  0,  0,  0,  0,  0,  0,
0,  0,  0,  0,  0,  0,  0,  0,
0,  0,  0,  0,  0,  0,  0,  0,
0,  0,  0,  0,  0,  0,  0,  0,
0,  0,  0,  0,  0,  0,  0,  0,
0,  0,  0,  0,  0,  0,  0,  0,
0,  0,  0,  0,  0,  0,  0,  0,
0,  0,  0,  0,  0,  0,  0,  0,
0,  0,  0,  0,  0,  0,  0,  0,
0,  0,  0,  0,  0,  0,  0,  0,
0,  0,  0,  0,  0,  0,  0,  0,
0,  0,  0,  0,  0,  0,  0,  0,
0,  0,  0,  0,  0,  0,  0,  0,
0,  0,  0,  0,  0,  0,  0,  0,
0,  0,  0,  0,  0,  0,  0,  0,
0,  0,  0,  0,  0,  0,  0,  0,
0,  0,  0,  0,  0,  0,  0,  0,
0,  0,  0,  0,  0,  0,  0,  0,
0,  0,  0,  0,  0,  0,  0,  0,
0,  0,  0,  0,  0,  0,  0,  0,
0,  0,  0,  0,  0,  0,  0,  0,
0,  0,  0,  0,  0,  0,  0,  0,
0,  0,  0,  0,  0,  0,  0,  0,
0,  0,  0,  0,  0,  0,  0,  0,
0,  0,  0,  0,  0,  0,  0,  0,
0,  0,  0,  0,  0,  0,  0,  0,
0,  0,  0,  0,  0,  0,  0,  0,
0,  0,  0,  0,  0,  0,  0,  0,
0,  0,  0,  0,  0,  0,  0,  0,
```

Figure 6-3   *Continued.*

```
0, 0, 0, 0, 0, 0, 0,
0, 0, 0, 0, 0, 0, 0,
0, 0, 0, 0, 0, 0, 0,
0, 0, 0, 0, 0, 0, 0,
0, 0, 0, 0, 0, 0, 0,
0, 0, 0, 0, 0, 0, 0,
0, 0, 0, 0, 0, 0, 0,
0, 0, 0, 0, 0, 0, 0,
0, 0, 0, 0, 0, 0, 0,
0, 0, 0, 0, 0, 0, 0,
0, 0, 0, 0, 0, 0, 0,
0, 0, 0, 0, 0, 0, 0,
0, 0, 0, 0, 0, 0, 0,
0, 0, 0, 0, 0, 0, 0,
0, 0, 0, 0, 0, 0, 0,
0, 0, 0, 0, 0, 0, 0,
0, 0, 0, 0, 0, 0, 0,
0, 0, 0, 0, 0, 0, 0,
0, 0, 0, 0, 0, 0, 0,
0, 0, 0, 0, 0, 0, 0,
0, 0, 0, 0, 0, 0, 0,
0, 0, 0, 0, 0, 0, 0,
0, 0, 0, 0, 0, 0, 0,
0, 0, 0, 0, 0, 0, 0,
0, 0, 0, 0, 0, 0, 0,
0, 0, 0, 0, 0, 0, 0,
0, 0, 0, 0, 0, 0, 0,
0, 0, 0, 0, 0, 0, 0,
0, 0, 0, 0, 0, 0, 0,
0, 0, 0, 0, 0, 0, 0,
0, 0, 0, 0, 0, 0, 0,
0, 0, 0, 0, 0, 0, 0,
0, 0, 0, 0, 0, 0, 0,
0, 0, 0, 0, 0, 0, 0,
0, 0, 0, 0, 0, 0, 0,
0, 0, 0, 0, 0, 0, 0,
0, 0, 0, 0, 0, 0, 0,
0, 0, 0, 0, 0, 0, 0,
0, 0, 0, 0, 0, 0, 0,
0, 0, 0, 0, 0, 0, 0,
0, 0, 0, 0, 0, 0, 0,
0, 0, 0, 0, 0, 0, 0,
0, 0, 0, 0, 0, 0, 0,
0, 0, 0, 0, 0, 0, 0,
0, 0, 0, 0, 0, 0, 0,
0, 0, 0, 0, 0, 0, 0,
0, 0, 0, 0, 0, 0, 0,
0, 0, 0, 0, 0, 0, 0,
0, 0, 0, 0, 0, 0, 0,
```

```
0, 0, 0, 0, 0, 0, 0,
0, 0, 0, 0, 0, 0, 0, 0,
0, 0, 0, 0, 0, 0, 0, 0,
0, 0, 0, 0, 0, 0, 0, 0,
0, 0, 0, 0, 0, 0, 0, 0,
0, 0, 0, 0, 0, 0, 0, 0,
0, 0, 0, 0, 0, 0, 0, 0,
0, 0, 0, 0, 0, 0, 0, 0,
0, 0, 0, 0, 0, 0, 0, 0,
0, 0, 0, 0, 0, 0, 0, 0,
0, 0, 0, 0, 0, 0, 0, 0,
0, 0, 0, 0, 0, 0, 0, 0,
0, 0, 0, 0, 0, 0, 0, 0,
0, 0, 0, 0, 0, 0, 0, 0,
0, 0, 0, 0, 0, 0, 0, 0,
0, 0, 0, 0, 0, 0, 0, 0,
0, 0, 0, 0, 0, 0, 0, 0,
0, 0, 0, 0, 0, 0, 0, 0,
0, 0, 0, 0, 0, 0, 0, 0,
0, 0, 0, 0, 0, 0, 0, 0,
0, 0, 0, 0, 0, 0, 0, 0,
0, 0, 0, 0, 0, 0, 0, 0,
0, 0, 0, 0, 0, 0, 0, 0,
0, 0, 0, 0, 0, 0, 0, 0,
0, 0, 0, 0, 0, 0, 0, 0,
0, 0, 0, 0, 0, 0, 0, 0,
0, 0, 0, 0, 0, 0, 0, 0,
0, 0, 0, 0, 0, 0, 0, 0,
0, 0, 0, 0, 0, 0, 0, 0,
0, 0, 0, 0, 0, 0, 0, 0,
0, 0, 0, 0, 0, 0, 0, 0,
0, 0, 0, 0, 0, 0, 0, 0,
0, 0, 0, 0, 0, 0, 0, 0,
0, 0, 0, 0, 0, 0, 0, 0,
0, 0, 0, 0, 0, 0, 0, 0,
0, 0, 0, 0, 0, 0, 0, 0,
0, 0, 0, 0, 0, 0, 0, 0,
0, 0, 0, 0, 0, 0, 0, 0,
0, 0, 0, 0, 0, 0, 0, 0,
0, 0, 0, 0, 0, 0, 0, 0,
0, 0, 0, 0, 0, 0, 0, 0,
0, 0, 0, 0, 0, 0, 0, 0,
0, 0, 0, 0, 0, 0, 0, 0,
0, 0, 0, 0, 0, 0, 0, 0,
0, 0, 0, 0, 0, 0, 0, 0,
0, 0, 0, 0, 0, 0, 0, 0,
0, 0, 0, 0, 0, 0, 0, 0,
0, 0, 0, 0, 0, 0, 0, 0,
0, 0, 0, 0, 0, 0, 0, 0,
0, 0, 0, 0, 0, 0, 0, 0,
```

183

Figure 6-3   *Continued.*

```
0, 0, 0, 0, 0, 0, 0,
0, 0, 0, 0, 0, 0, 0,
0, 0, 0, 0, 0, 0, 0,
0, 0, 0, 0, 0, 0, 0,
0, 0, 0, 0, 0, 0, 0,
0, 0, 0, 0, 0, 0, 0,
0, 0, 0, 0, 0, 0, 0,
0, 0, 0, 0, 0, 0, 0,
0, 0, 0, 0, 0, 0, 0,
0, 0, 0, 0, 0, 0, 0,
0, 0, 0, 0, 0, 0, 0,
0, 0, 0, 0, 0, 0, 0,
0, 0, 0, 0, 0, 0, 0,
0, 0, 0, 0, 0, 0, 0,
0, 0, 0, 0, 0, 0, 0,
0, 0, 0, 0, 0, 0, 0,
0, 0, 0, 0, 0, 0, 0,
0, 0, 0, 0, 0, 0, 0,
0, 0, 0, 0, 0, 0, 0,
0, 0, 0, 0, 0, 0, 0,
0, 0, 0, 0, 0, 0, 0,
0, 0, 0, 0, 0, 0, 0,
0, 0, 0, 0, 0, 0, 0,
0, 0, 0, 0, 0, 0, 0,
0, 0, 0, 0, 0, 0, 0,
0, 0, 0, 0, 0, 0, 0,
0, 0, 0, 0, 0, 0, 0,
0, 0, 0, 0, 0, 0, 0,
0, 0, 0, 0, 0, 0, 0,
0, 0, 0, 0, 0, 0, 0,
0, 0, 0, 0, 0, 0, 0,
0, 0, 0, 0, 0, 0, 0,
0, 0, 0, 0, 0, 0, 0,
0, 0, 0, 0, 0, 0, 0,
0, 0, 0, 0, 0, 0, 0,
0, 0, 0, 0, 0, 0, 0,
0, 0, 0, 0, 0, 0, 0,
0, 0, 0, 0, 0, 0, 0,
0, 0, 0, 0, 0, 0, 0,
0, 0, 0, 0, 0, 0, 0,
0, 0, 0, 0, 0, 0, 0,
0, 0, 0, 0, 0, 0, 0,
0, 0, 0, 0, 0, 0, 0,
0, 0, 0, 0, 0, 0, 0,
0, 0, 0, 0, 0, 0, 0,
0, 0, 0, 0, 0, 0, 0,
0, 0, 0, 0, 0, 0, 0,
0, 0, 0, 0, 0, 0, 0,
0, 0, 0, 0, 0, 0, 0,
```

```
0, 0, 0, 0, 0, 0, 0,
0, 0, 0, 0, 0, 0, 0,
0, 0, 0, 0, 0, 0, 0,
0, 0, 0, 0, 0, 0, 0,
0, 0, 0, 0, 0, 0, 0,
0, 0, 0, 0, 0, 0, 0,
0, 0, 0, 0, 0, 0, 0,
0, 0, 0, 0, 0, 0, 0,
0, 0, 0, 0, 0, 0, 0,
0, 0, 0, 0, 0, 0, 0,
0, 0, 0, 0, 0, 0, 0,
0, 0, 0, 0, 0, 0, 0,
0, 0, 0, 0, 0, 0, 0,
0, 0, 0, 0, 0, 0, 0,
0, 0, 0, 0, 0, 0, 0,
0, 0, 0, 0, 0, 0, 0,
0, 0, 0, 0, 0, 0, 0,
0, 0, 0, 0, 0, 0, 0,
0, 0, 0, 0, 0, 0, 0,
0, 0, 0, 0, 0, 0, 0,
0, 0, 0, 0, 0, 0, 0,
0, 0, 0, 0, 0, 0, 0,
0, 0, 0, 0, 0, 0, 0,
0, 0, 0, 0, 0, 0, 0,
0, 0, 0, 0, 0, 0, 0,
0, 0, 0, 0, 0, 0, 0,
0, 0, 0, 0, 0, 0, 0,
0, 0, 0, 0, 0, 0, 0,
0, 0, 0, 0, 0, 0, 0,
0, 0, 0, 0, 0, 0, 0,
0, 0, 0, 0, 0, 0, 0,
0, 0, 0, 0, 0, 0, 0,
0, 0, 0, 0, 0, 0, 0,
0, 0, 0, 0, 0, 0, 0,
0, 0, 0, 0, 0, 0, 0,
0, 0, 0, 0, 0, 0, 0,
0, 0, 0, 0, 0, 0, 0,
0, 0, 0, 0, 0, 0, 0,
0, 0, 0, 0, 0, 0, 0,
0, 0, 0, 0, 0, 0, 0,
0, 0, 0, 0, 0, 0, 0,
0, 0, 0, 0, 0, 0, 0,
0, 0, 0, 0, 0, 0, 0,
0, 0, 0, 0, 0, 0, 0,
0, 0, 0, 0, 0, 0, 0,
0, 0, 0, 0, 0, 0, 0,
0, 0, 0, 0, 0, 0, 0,
0, 0, 0, 0, 0, 0, 0,
0, 0, 0, 0, 0, 0, 0,
0, 0, 0, 0, 0, 0, 0,
0, 0, 0, 0, 0, 0, 0,
0, 0, 0, 0, 0, 0, 0,
```

185

Figure 6-3   *Continued.*

```
0,  0,  0,  0,  0,  0,  0,
0,  0,  0,  0,  0,  0,  0,
0,  0,  0,  0,  0,  0,  0,
0,  0,  0,  0,  0,  0,  0,
0,  0,  0,  0,  0,  0,  0,
0,  0,  0,  0,  0,  0,  0,
0,  0,  0,  0,  0,  0,  0,
0,  0,  0,  0,  0,  0,  0,
0,  0,  0,  0,  0,  0,  0,
0,  0,  0,  0,  0,  0,  0,
0,  0,  0,  0,  0,  0,  0,
0,  0,  0,  0,  0,  0,  0,
0,  0,  0,  0,  0,  0,  0,
0,  0,  0,  0,  0,  0,  0,
0,  0,  0,  0,  0,  0,  0,
0,  0,  0,  0,  0,  0,  0,
0,  0,  0,  0,  0,  0,  0,
0,  0,  0,  0,  0,  0,  0,
0,  0,  0,  0,  0,  0,  0,
0,  0,  0,  0,  0,  0,  0,
0,  0,  0,  0,  0,  0,  0,
0,  0,  0,  0,  0,  0,  0,
0,  0,  0,  0,  0,  0,  0,
0,  0,  0,  0,  0,  0,  0,
0,  0,  0,  0,  0,  0,  0,
0,  0,  0,  0,  0,  0,  0,
0,  0,  0,  0,  0,  0,  0,
0,  0,  0,  0,  0,  0,  0,
0,  0,  0,  0,  0,  0,  0,
0,  0,  0,  0,  0,  0,  0,
0,  0,  0,  0,  0,  0,  0,
0,  0,  0,  0,  0,  0,  0,
0,  0,  0,  0,  0,  0,  0,
0,  0,  0,  0,  0,  0,  0,
0,  0,  0,  0,  0,  0,  0,
0,  0,  0,  0,  0,  0,  0,
0,  0,  0,  0,  0,  0,  0,
0,  0,  0,  0,  0,  0,  0,
0,  0,  0,  0,  0,  0,  0,
0,  0,  0,  0,  0,  0,  0,
0,  0,  0,  0,  0,  0,  0,
0,  0,  0,  0,  0,  0,  0,
0,  0,  0,  0,  0,  0,  0,
0,  0,  0,  0,  0,  0,  0,
0,  0,  0,  0,  0,  0,  0,
0,  0,  0,  0,  0,  0,  0,
0,  0,  0,  0,  0,  0,  0,
0,  0,  0,  0,  0,  0,  0,
```

```
    0, 0, 0, 0, 0, 0, 0,
    0, 0, 0, 0, 0, 0, 0,
    0, 0, 0, 0, 0, 0, 0,
    0, 0, 0, 0, 0, 0, 0,
    0, 0, 0, 0, 0, 0, 0,
    0, 0, 0, 0, 0, 0, 0,
    0, 0, 0, 0, 0, 0, 0,
    0, 0, 0, 0, 0, 0, 0,
    0, 0, 0, 0, 0, 0, 0,
    0, 0, 0, 0, 0, 0, 0,
    0, 0, 0, 0, 0, 0, 0,
    0, 0, 0, 0, 0, 0, 0,
    0, 0, 0, 0, 0, 0, 0,
    0, 0, 0, 0, 0, 0, 0,
    0, 0, 0, 0, 0, 0, 0,
    0, 0, 0, 0, 0, 0, 0,
    0, 0, 0, 0, 0, 0, 0,
    0, 0, 0, 0, 0, 0, 0,
    0, 0, 0, 0, 0, 0, 0,
    0, 0, 0, 0, 0, 0, 0,
    0, 0, 0, 0, 0, 0, 0,
    0, 0, 0, 0, 0, 0, 0,
    0, 0, 0, 0, 0, 0, 0,
    0, 0, 0, 0, 0, 0, 0,
    0, 0, 0, 0, 0, 0, 0,
    0, 0, 0, 0, 0, 0, 0,
    0, 0, 0, 0, 0, 0, 0,
    0, 0, 0, 0, 0, 0, 0,
    0, 0, 0, 0, 0, 0, 0,
    0, 0, 0, 0, 0, 0, 0 };

unsigned char DTANK2[48*7*8]= {
    0, 0, 0, 0, 0, 0, 0,
    0, 0, 0, 0, 0, 0, 0,
    0, 0, 0, 0, 0, 0, 0,
    0, 0, 0, 0, 0, 0, 0,
    0, 0, 0, 0, 0, 0, 0,
    0, 0, 0, 0, 0, 0, 0,
    0, 0, 0, 0, 0, 0, 0,
    0, 0, 0, 0, 0, 0, 0,
    0, 0, 0, 0, 0, 0, 0,
    0, 15, 255, 255, 240, 0, 0,
    0, 31, 255, 255, 248, 0, 0,
    0, 127, 255, 255, 254, 0, 0,
    0, 63, 255, 255, 252, 0, 0,
    0, 127, 255, 255, 254, 0, 0,
    0, 63, 255, 255, 252, 0, 0,
    0, 127, 255, 255, 254, 0, 0,
    0, 63, 255, 255, 252, 0, 0,
    0, 127, 255, 255, 254, 0, 0,
    0, 63, 255, 255, 252, 0, 0,
    0, 127, 255, 255, 254, 0, 0,
```

Figure 6-3   *Continued.*

```
0, 63, 255, 255, 252, 0, 0,
0, 127, 255, 255, 254, 0, 0,
0, 63, 255, 255, 252, 0, 0,
0, 127, 255, 255, 254, 0, 0,
0, 63, 255, 255, 252, 0, 0,
0, 127, 255, 255, 254, 0, 0,
0, 31, 255, 255, 248, 0, 0,
0, 15, 255, 255, 240, 0, 0,
0, 0, 3, 192, 0, 0, 0,
0, 0, 3, 192, 0, 0, 0,
0, 0, 3, 192, 0, 0, 0,
0, 0, 3, 192, 0, 0, 0,
0, 0, 3, 192, 0, 0, 0,
0, 0, 3, 192, 0, 0, 0,
0, 0, 3, 192, 0, 0, 0,
0, 0, 3, 192, 0, 0, 0,
0, 0, 3, 192, 0, 0, 0,
0, 0, 3, 192, 0, 0, 0,
0, 0, 3, 192, 0, 0, 0,
0, 0, 3, 192, 0, 0, 0,
0, 0, 3, 192, 0, 0, 0,
0, 0, 3, 192, 0, 0, 0,
0, 0, 3, 192, 0, 0, 0,
0, 0, 7, 224, 0, 0, 0,
0, 0, 5, 160, 0, 0, 0,
0, 0, 5, 160, 0, 0, 0,
0, 0, 7, 224, 0, 0, 0,
0, 0, 0, 0, 0, 0, 0,
0, 0, 0, 0, 0, 0, 0,
0, 0, 0, 0, 0, 0, 0,
0, 0, 0, 0, 0, 0, 0,
0, 0, 0, 0, 0, 0, 0,
0, 0, 0, 0, 0, 0, 0,
0, 0, 0, 0, 0, 0, 0,
0, 0, 0, 0, 0, 0, 0,
0, 0, 0, 0, 0, 0, 0,
0, 0, 0, 0, 0, 0, 0,
0, 0, 0, 0, 0, 0, 0,
0, 0, 0, 0, 0, 0, 0,
0, 0, 0, 0, 0, 0, 0,
0, 0, 0, 0, 0, 0, 0,
0, 0, 0, 0, 0, 0, 0,
0, 0, 0, 0, 0, 0, 0,
0, 0, 0, 0, 0, 0, 0,
0, 0, 0, 0, 0, 0, 0,
0, 0, 0, 0, 0, 0, 0,
0, 0, 0, 0, 0, 0, 0,
0, 0, 0, 0, 0, 0, 0,
0, 0, 0, 0, 0, 0, 0,
0, 0, 0, 0, 0, 0, 0,
0, 0, 0, 0, 0, 0, 0,
```

```
0, 0, 0, 0, 0, 0, 0,
0, 0, 0, 0, 0, 0, 0,
0, 0, 0, 0, 0, 0, 0,
0, 0, 0, 0, 0, 0, 0,
0, 0, 0, 0, 0, 0, 0,
0, 0, 0, 0, 0, 0, 0,
0, 0, 0, 0, 0, 0, 0,
0, 0, 0, 0, 0, 0, 0,
0, 0, 0, 0, 0, 0, 0,
0, 0, 0, 0, 0, 0, 0,
0, 0, 0, 0, 0, 0, 0,
0, 0, 0, 0, 0, 0, 0,
0, 0, 0, 0, 0, 0, 0,
0, 0, 0, 0, 0, 0, 0,
0, 0, 0, 0, 0, 0, 0,
0, 0, 0, 0, 0, 0, 0,
0, 0, 0, 0, 0, 0, 0,
0, 0, 0, 0, 0, 0, 0,
0, 0, 0, 0, 0, 0, 0,
0, 0, 0, 0, 0, 0, 0,
0, 0, 0, 0, 0, 0, 0,
0, 0, 0, 0, 0, 0, 0,
0, 0, 0, 0, 0, 0, 0,
0, 0, 0, 0, 0, 0, 0,
0, 0, 0, 0, 0, 0, 0,
0, 0, 0, 0, 0, 0, 0,
0, 0, 0, 0, 0, 0, 0,
0, 0, 0, 0, 0, 0, 0,
0, 0, 0, 0, 0, 0, 0,
0, 0, 0, 0, 0, 0, 0,
0, 0, 0, 0, 0, 0, 0,
0, 0, 0, 0, 0, 0, 0,
0, 0, 0, 0, 0, 0, 0,
0, 0, 0, 0, 0, 0, 0,
0, 0, 0, 0, 0, 0, 0,
0, 0, 0, 0, 0, 0, 0,
0, 0, 0, 0, 0, 0, 0,
0, 0, 0, 0, 0, 0, 0,
0, 0, 0, 0, 0, 0, 0,
0, 0, 0, 0, 0, 0, 0,
0, 0, 0, 0, 0, 0, 0,
0, 0, 0, 0, 0, 0, 0,
0, 0, 0, 0, 0, 0, 0,
0, 0, 0, 0, 0, 0, 0,
0, 0, 0, 0, 0, 0, 0,
0, 0, 0, 0, 0, 0, 0,
0, 0, 0, 0, 0, 0, 0,
0, 0, 0, 0, 0, 0, 0,
0, 0, 0, 0, 0, 0, 0,
0, 0, 0, 0, 0, 0, 0,
0, 0, 0, 0, 0, 0, 0,
0, 0, 0, 0, 0, 0, 0,
0, 0, 0, 0, 0, 0, 0,
0, 0, 0, 0, 0, 0, 0,
0, 0, 0, 0, 0, 0, 0,
0, 0, 0, 0, 0, 0, 0,
```

Figure 6-3   *Continued.*

```
0, 0, 0, 0, 0, 0, 0,
0, 0, 0, 0, 0, 0, 0,
0, 0, 0, 0, 0, 0, 0,
0, 0, 0, 0, 0, 0, 0,
0, 0, 0, 0, 0, 0, 0,
0, 0, 0, 0, 0, 0, 0,
0, 0, 0, 0, 0, 0, 0,
0, 0, 0, 0, 0, 0, 0,
0, 0, 0, 0, 0, 0, 0,
0, 0, 0, 0, 0, 0, 0,
0, 0, 0, 0, 0, 0, 0,
0, 0, 0, 0, 0, 0, 0,
0, 0, 0, 0, 0, 0, 0,
0, 0, 0, 0, 0, 0, 0,
0, 0, 0, 0, 0, 0, 0,
0, 0, 0, 0, 0, 0, 0,
0, 0, 0, 0, 0, 0, 0,
0, 0, 0, 0, 0, 0, 0,
0, 0, 0, 0, 0, 0, 0,
0, 0, 0, 0, 0, 0, 0,
0, 0, 0, 0, 0, 0, 0,
0, 0, 0, 0, 0, 0, 0,
0, 0, 0, 0, 0, 0, 0,
0, 0, 0, 0, 0, 0, 0,
0, 0, 0, 0, 0, 0, 0,
0, 0, 0, 0, 0, 0, 0,
0, 0, 0, 0, 0, 0, 0,
0, 0, 0, 0, 0, 0, 0,
0, 0, 0, 0, 0, 0, 0,
0, 0, 0, 0, 0, 0, 0,
0, 0, 0, 0, 0, 0, 0,
0, 0, 0, 0, 0, 0, 0,
0, 0, 0, 0, 0, 0, 0,
0, 0, 0, 0, 0, 0, 0,
0, 0, 0, 0, 0, 0, 0,
0, 0, 0, 0, 0, 0, 0,
0, 0, 0, 0, 0, 0, 0,
0, 0, 0, 0, 0, 0, 0,
0, 0, 0, 0, 0, 0, 0,
0, 0, 0, 0, 0, 0, 0,
0, 0, 0, 0, 0, 0, 0,
0, 0, 0, 0, 0, 0, 0,
0, 0, 0, 0, 0, 0, 0,
0, 0, 0, 0, 0, 0, 0,
0, 0, 0, 0, 0, 0, 0,
0, 0, 0, 0, 0, 0, 0,
0, 0, 0, 0, 0, 0, 0,
0, 0, 0, 0, 0, 0, 0,
0, 0, 0, 0, 0, 0, 0,
```

```
0, 0, 0, 0, 0, 0, 0,
0, 0, 0, 0, 0, 0, 0,
0, 0, 0, 0, 0, 0, 0,
0, 0, 0, 0, 0, 0, 0,
0, 0, 0, 0, 0, 0, 0,
0, 0, 0, 0, 0, 0, 0,
0, 0, 0, 0, 0, 0, 0,
0, 0, 0, 0, 0, 0, 0,
0, 0, 0, 0, 0, 0, 0,
0, 0, 0, 0, 0, 0, 0,
0, 0, 0, 0, 0, 0, 0,
0, 0, 0, 0, 0, 0, 0,
0, 0, 0, 0, 0, 0, 0,
0, 0, 0, 0, 0, 0, 0,
0, 0, 0, 0, 0, 0, 0,
0, 0, 0, 0, 0, 0, 0,
0, 0, 0, 0, 0, 0, 0,
0, 0, 0, 0, 0, 0, 0,
0, 0, 0, 0, 0, 0, 0,
0, 0, 0, 0, 0, 0, 0,
0, 0, 0, 0, 0, 0, 0,
0, 0, 0, 0, 0, 0, 0,
0, 0, 0, 0, 0, 0, 0,
0, 0, 0, 0, 0, 0, 0,
0, 0, 0, 0, 0, 0, 0,
0, 0, 0, 0, 0, 0, 0,
0, 0, 0, 0, 0, 0, 0,
0, 0, 0, 0, 0, 0, 0,
0, 0, 0, 0, 0, 0, 0,
0, 0, 0, 0, 0, 0, 0,
0, 0, 0, 0, 0, 0, 0,
0, 0, 0, 0, 0, 0, 0,
0, 0, 0, 0, 0, 0, 0,
0, 0, 0, 0, 0, 0, 0,
0, 0, 0, 0, 0, 0, 0,
0, 0, 0, 0, 0, 0, 0,
0, 0, 0, 0, 0, 0, 0,
0, 0, 0, 0, 0, 0, 0,
0, 0, 0, 0, 0, 0, 0,
0, 0, 0, 0, 0, 0, 0,
0, 0, 0, 0, 0, 0, 0,
0, 0, 0, 0, 0, 0, 0,
0, 0, 0, 0, 0, 0, 0,
0, 0, 0, 0, 0, 0, 0,
0, 0, 0, 0, 0, 0, 0,
0, 0, 0, 0, 0, 0, 0,
0, 0, 0, 0, 0, 0, 0,
0, 0, 0, 0, 0, 0, 0,
0, 0, 0, 0, 0, 0, 0,
0, 0, 0, 0, 0, 0, 0,
0, 0, 0, 0, 0, 0, 0,
0, 0, 0, 0, 0, 0, 0,
0, 0, 0, 0, 0, 0, 0,
```

Figure 6-3   *Continued.*

```
0, 0, 0, 0, 0, 0, 0,
0, 0, 0, 0, 0, 0, 0,
0, 0, 0, 0, 0, 0, 0,
0, 0, 0, 0, 0, 0, 0,
0, 0, 0, 0, 0, 0, 0,
0, 0, 0, 0, 0, 0, 0,
0, 0, 0, 0, 0, 0, 0,
0, 0, 0, 0, 0, 0, 0,
0, 0, 0, 0, 0, 0, 0,
0, 0, 0, 0, 0, 0, 0,
0, 0, 0, 0, 0, 0, 0,
0, 0, 0, 0, 0, 0, 0,
0, 0, 0, 0, 0, 0, 0,
0, 0, 0, 0, 0, 0, 0,
0, 0, 0, 0, 0, 0, 0,
0, 0, 0, 0, 0, 0, 0,
0, 0, 0, 0, 0, 0, 0,
0, 0, 0, 0, 0, 0, 0,
0, 0, 0, 0, 0, 0, 0,
0, 0, 0, 0, 0, 0, 0,
0, 0, 0, 0, 0, 0, 0,
0, 0, 0, 0, 0, 0, 0,
0, 0, 0, 0, 0, 0, 0,
0, 0, 0, 0, 0, 0, 0,
0, 0, 0, 0, 0, 0, 0,
0, 0, 0, 0, 0, 0, 0,
0, 0, 0, 0, 0, 0, 0,
0, 0, 0, 0, 0, 0, 0,
0, 0, 0, 0, 0, 0, 0,
0, 0, 0, 0, 0, 0, 0,
0, 0, 0, 0, 0, 0, 0,
0, 0, 0, 0, 0, 0, 0,
0, 0, 0, 0, 0, 0, 0,
0, 0, 0, 0, 0, 0, 0,
0, 0, 0, 0, 0, 0, 0,
0, 0, 0, 0, 0, 0, 0,
0, 0, 0, 0, 0, 0, 0,
0, 0, 0, 0, 0, 0, 0,
0, 0, 0, 0, 0, 0, 0,
0, 0, 0, 0, 0, 0, 0,
0, 0, 0, 0, 0, 0, 0,
0, 0, 0, 0, 0, 0, 0,
0, 0, 0, 0, 0, 0, 0,
0, 0, 0, 0, 0, 0, 0,
0, 0, 0, 0, 0, 0, 0,
0, 0, 0, 0, 0, 0, 0,
0, 0, 0, 0, 0, 0, 0,
0, 0, 0, 0, 0, 0, 0,
0, 0, 0, 0, 0, 0, 0,
0, 0, 0, 0, 0, 0, 0,
0, 0, 0, 0, 0, 0, 0,
0, 0, 0, 0, 0, 0, 0,
```

```
0,  0,  0,  0,  0,  0,  0,
0,  0,  0,  0,  0,  0,  0,
0,  0,  0,  0,  0,  0,  0,
0,  0,  0,  0,  0,  0,  0,
0,  0,  0,  0,  0,  0,  0,
0,  0,  0,  0,  0,  0,  0,
0,  0,  0,  0,  0,  0,  0,
0,  0,  0,  0,  0,  0,  0,
0,  0,  0,  0,  0,  0,  0,
0,  0,  0,  0,  0,  0,  0,
0,  0,  0,  0,  0,  0,  0,
0,  0,  0,  0,  0,  0,  0,
0,  0,  0,  0,  0,  0,  0,
0,  0,  0,  0,  0,  0,  0,
0,  0,  0,  0,  0,  0,  0,
0,  0,  0,  0,  0,  0,  0,
0,  0,  0,  0,  0,  0,  0,
0,  0,  0,  0,  0,  0,  0,
0,  0,  0,  0,  0,  0,  0,
0,  0,  0,  0,  0,  0,  0,
0,  0,  0,  0,  0,  0,  0,
0,  0,  0,  0,  0,  0,  0,
0,  0,  0,  0,  0,  0,  0,
0,  0,  0,  0,  0,  0,  0,
0,  0,  0,  0,  0,  0,  0,
0,  0,  0,  0,  0,  0,  0,
0,  0,  0,  0,  0,  0,  0,
0,  0,  0,  0,  0,  0,  0,
0,  0,  0,  0,  0,  0,  0,
0,  0,  0,  0,  0,  0,  0,
0,  0,  0,  0,  0,  0,  0,
0,  0,  0,  0,  0,  0,  0,
0,  0,  0,  0,  0,  0,  0,
0,  0,  0,  0,  0,  0,  0,
0,  0,  0,  0,  0,  0,  0,
0,  0,  0,  0,  0,  0,  0,
0,  0,  0,  0,  0,  0,  0,
0,  0,  0,  0,  0,  0,  0,
0,  0,  0,  0,  0,  0,  0,
0,  0,  0,  0,  0,  0,  0,
0,  0,  0,  0,  0,  0,  0,
0,  0,  0,  0,  0,  0,  0,
0,  0,  0,  0,  0,  0,  0,
0,  0,  0,  0,  0,  0,  0,
0,  0,  0,  0,  0,  0,  0,
0,  0,  0,  0,  0,  0,  0,
0,  0,  0,  0,  0,  0,  0,
0,  0,  0,  0,  0,  0,  0,
0,  0,  0,  0,  0,  0,  0,
0,  0,  0,  0,  0,  0,  0,
0,  0,  0,  0,  0,  0,  0,
```

Figure 6-3   *Continued.*

```
0, 0, 0, 0, 0, 0, 0,
0, 0, 0, 0, 0, 0, 0,
0, 0, 0, 0, 0, 0, 0,
0, 0, 0, 0, 0, 0, 0,
0, 0, 0, 0, 0, 0, 0,
0, 0, 0, 0, 0, 0, 0,
0, 0, 0, 0, 0, 0, 0,
0, 0, 0, 0, 0, 0, 0,
0, 0, 0, 0, 0, 0, 0,
0, 0, 0, 0, 0, 0, 0,
0, 0, 0, 0, 0, 0, 0,
0, 0, 0, 0, 0, 0, 0,
0, 0, 0, 0, 0, 0, 0,
0, 0, 0, 0, 0, 0, 0,
0, 0, 0, 0, 0, 0, 0,
0, 0, 0, 0, 0, 0, 0,
0, 0, 0, 0, 0, 0, 0,
0, 0, 0, 0, 0, 0, 0,
0, 0, 0, 0, 0, 0, 0,
0, 0, 0, 0, 0, 0, 0,
0, 0, 0, 0, 0, 0, 0,
0, 0, 0, 0, 0, 0, 0,
0, 0, 0, 0, 0, 0, 0,
0, 0, 0, 0, 0, 0, 0,
0, 0, 0, 0, 0, 0, 0,
0, 0, 0, 0, 0, 0, 0,
0, 0, 0, 0, 0, 0, 0,
0, 0, 0, 0, 0, 0, 0,
0, 0, 0, 0, 0, 0, 0,
0, 0, 0, 0, 0, 0, 0,
0, 0, 0, 0, 0, 0, 0,
0, 0, 0, 0, 0, 0, 0,
0, 0, 0, 0, 0, 0, 0,
0, 0, 0, 0, 0, 0, 0,
0, 0, 0, 0, 0, 0, 0,
0, 0, 0, 0, 0, 0, 0,
0, 0, 0, 0, 0, 0, 0,
0, 0, 0, 0, 0, 0, 0,
0, 0, 0, 0, 0, 0, 0,
0, 0, 0, 0, 0, 0, 0,
0, 0, 0, 0, 0, 0, 0,
0, 0, 0, 0, 0, 0, 0,
0, 0, 0, 0, 0, 0, 0,
0, 0, 0, 0, 0, 0, 0,
0, 0, 0, 0, 0, 0, 0,
0, 0, 0, 0, 0, 0, 0,
0, 0, 0, 0, 0, 0, 0,
0, 0, 0, 0, 0, 0, 0,
0, 0, 0, 0, 0, 0, 0,
0, 0, 0, 0, 0, 0, 0,
0, 0, 0, 0, 0, 0, 0,
0, 0, 0, 0, 0, 0, 0,
0, 0, 0, 0, 0, 0, 0,
0, 0, 0, 0, 0, 0, 0,
```

```
    0, 0, 0, 0, 0, 0, 0 };

//!
// End of sprite source
/////////////////////////////////////
```

Figure 6-4 presents the source code to RTANK.C. This source file created by the sprite editor presents the description of the right-tank sprite.

The source code listing to RTANK.C   Figure 6-4

```
/////////////////////////////////////
// RTANK.c
//

unsigned char RTANK1[48*7*8]= {
    0, 0, 0, 0, 0, 0, 0,
    3, 255, 255, 254, 0, 0, 0,
    7, 255, 255, 255, 0, 0, 0,
    15, 255, 255, 255, 128, 0, 0,
    15, 255, 255, 255, 128, 0, 0,
    15, 255, 255, 255, 128, 0, 0,
    15, 255, 255, 255, 128, 0, 0,
    7, 255, 255, 255, 0, 0, 0,
    3, 255, 255, 254, 0, 0, 0,
    0, 0, 0, 0, 0, 0, 0,
    0, 0, 0, 0, 0, 0, 0,
    0, 0, 0, 0, 0, 0, 0,
    0, 0, 0, 0, 0, 0, 0,
    0, 0, 0, 0, 0, 0, 0,
    0, 0, 0, 0, 0, 0, 0,
    0, 0, 0, 0, 0, 0, 0,
    0, 0, 0, 0, 0, 0, 0,
    0, 0, 0, 0, 0, 0, 0,
    0, 0, 0, 0, 0, 0, 0,
    0, 0, 0, 0, 0, 0, 0,
    0, 0, 0, 0, 0, 0, 0,
    0, 0, 0, 0, 0, 0, 0,
    0, 0, 0, 0, 0, 0, 0,
    0, 0, 0, 0, 0, 0, 0,
    0, 0, 0, 0, 0, 0, 0,
    0, 0, 0, 0, 0, 0, 0,
    0, 0, 0, 0, 0, 0, 0,
    0, 0, 0, 0, 0, 0, 0,
    0, 0, 0, 0, 0, 0, 0,
    0, 0, 0, 0, 0, 0, 0,
    0, 0, 0, 0, 0, 0, 0,
    0, 0, 0, 0, 0, 0, 0,
    0, 0, 0, 0, 0, 0, 0,
    0, 0, 0, 0, 0, 0, 0,
```

Figure 6-4   *Continued.*

```
0, 0, 0, 0, 0, 0, 0,
0, 0, 0, 0, 0, 0, 0,
0, 0, 0, 0, 0, 0, 0,
0, 0, 0, 0, 0, 0, 0,
3, 255, 255, 254, 0, 0, 0,
7, 255, 255, 255, 0, 0, 0,
15, 255, 255, 255, 128, 0, 0,
15, 255, 255, 255, 128, 0, 0,
15, 255, 255, 255, 128, 0, 0,
15, 255, 255, 255, 128, 0, 0,
15, 255, 255, 255, 128, 0, 0,
7, 255, 255, 255, 0, 0, 0,
3, 255, 255, 254, 0, 0, 0,
0, 0, 0, 0, 0, 0, 0,
0, 0, 0, 0, 0, 0, 0,
0, 0, 0, 0, 0, 0, 0,
0, 0, 0, 0, 0, 0, 0,
0, 0, 0, 0, 0, 0, 0,
0, 0, 0, 0, 0, 0, 0,
0, 0, 0, 0, 0, 0, 0,
0, 0, 0, 0, 0, 0, 0,
0, 0, 0, 0, 0, 0, 0,
0, 0, 0, 0, 0, 0, 0,
0, 0, 0, 0, 0, 0, 0,
0, 0, 0, 0, 0, 0, 0,
0, 0, 0, 0, 0, 0, 0,
0, 0, 0, 0, 0, 0, 0,
0, 0, 0, 0, 0, 0, 0,
0, 0, 0, 0, 0, 0, 0,
0, 0, 0, 0, 0, 0, 0,
0, 0, 0, 0, 0, 0, 0,
0, 0, 0, 0, 0, 0, 0,
0, 0, 0, 0, 0, 0, 0,
0, 0, 0, 0, 0, 0, 0,
0, 0, 0, 0, 0, 0, 0,
0, 0, 0, 0, 0, 0, 0,
0, 0, 0, 0, 0, 0, 0,
0, 0, 0, 0, 0, 0, 0,
0, 0, 0, 0, 0, 0, 0,
0, 0, 0, 0, 0, 0, 0,
0, 0, 0, 0, 0, 0, 0,
0, 0, 0, 0, 0, 0, 0,
0, 0, 0, 0, 0, 0, 0,
0, 0, 0, 0, 0, 0, 0,
0, 0, 0, 0, 0, 0, 0,
```

```
0, 0, 0, 0, 0, 0, 0,
0, 0, 0, 0, 0, 0, 0,
0, 0, 0, 0, 0, 0, 0,
0, 0, 0, 0, 0, 0, 0,
0, 0, 0, 0, 0, 0, 0,
0, 0, 0, 0, 0, 0, 0,
0, 0, 0, 0, 0, 0, 0,
0, 0, 0, 0, 0, 0, 0,
0, 0, 0, 0, 0, 0, 0,
0, 0, 0, 0, 0, 0, 0,
0, 0, 0, 0, 0, 0, 0,
0, 0, 0, 0, 0, 0, 0,
0, 0, 0, 0, 0, 0, 0,
0, 0, 0, 0, 0, 0, 0,
0, 0, 0, 0, 0, 0, 0,
0, 0, 0, 0, 0, 0, 0,
0, 0, 0, 0, 0, 0, 0,
0, 0, 0, 0, 0, 0, 0,
0, 0, 0, 0, 0, 0, 0,
0, 0, 0, 0, 0, 0, 0,
0, 0, 0, 0, 0, 0, 0,
0, 0, 0, 0, 0, 0, 0,
0, 0, 0, 0, 0, 0, 0,
0, 0, 0, 0, 0, 0, 0,
0, 0, 0, 0, 0, 0, 0,
0, 0, 0, 0, 0, 0, 0,
0, 0, 0, 0, 0, 0, 0,
0, 0, 0, 0, 0, 0, 0,
0, 0, 0, 0, 0, 0, 0,
0, 0, 0, 0, 0, 0, 0,
0, 0, 0, 0, 0, 0, 0,
0, 0, 0, 0, 0, 0, 0,
0, 0, 0, 0, 0, 0, 0,
0, 0, 0, 0, 0, 0, 0,
0, 0, 0, 0, 0, 0, 0,
0, 0, 0, 0, 0, 0, 0,
0, 0, 0, 0, 0, 0, 0,
0, 0, 0, 0, 0, 0, 0,
0, 0, 0, 0, 0, 0, 0,
0, 0, 0, 0, 0, 0, 0,
0, 0, 0, 0, 0, 0, 0,
0, 0, 0, 0, 0, 0, 0,
0, 0, 0, 0, 0, 0, 0,
0, 0, 0, 0, 0, 0, 0,
0, 0, 0, 0, 0, 0, 0,
0, 0, 0, 0, 0, 0, 0,
0, 0, 0, 0, 0, 0, 0,
0, 0, 0, 0, 0, 0, 0,
0, 0, 0, 0, 0, 0, 0,
0, 0, 0, 0, 0, 0, 0,
0, 0, 0, 0, 0, 0, 0,
0, 0, 0, 0, 0, 0, 0,
```

Figure 6-4   *Continued.*

```
0,  0,  0,  0,  0,  0,  0,
0,  0,  0,  0,  0,  0,  0,
0,  0,  0,  0,  0,  0,  0,
0,  0,  0,  0,  0,  0,  0,
0,  0,  0,  0,  0,  0,  0,
0,  0,  0,  0,  0,  0,  0,
0,  0,  0,  0,  0,  0,  0,
0,  0,  0,  0,  0,  0,  0,
0,  0,  0,  0,  0,  0,  0,
0,  0,  0,  0,  0,  0,  0,
0,  0,  0,  0,  0,  0,  0,
0,  0,  0,  0,  0,  0,  0,
0,  0,  0,  0,  0,  0,  0,
0,  0,  0,  0,  0,  0,  0,
0,  0,  0,  0,  0,  0,  0,
0,  0,  0,  0,  0,  0,  0,
0,  0,  0,  0,  0,  0,  0,
0,  0,  0,  0,  0,  0,  0,
0,  0,  0,  0,  0,  0,  0,
0,  0,  0,  0,  0,  0,  0,
0,  0,  0,  0,  0,  0,  0,
0,  0,  0,  0,  0,  0,  0,
0,  0,  0,  0,  0,  0,  0,
0,  0,  0,  0,  0,  0,  0,
0,  0,  0,  0,  0,  0,  0,
0,  0,  0,  0,  0,  0,  0,
0,  0,  0,  0,  0,  0,  0,
0,  0,  0,  0,  0,  0,  0,
0,  0,  0,  0,  0,  0,  0,
0,  0,  0,  0,  0,  0,  0,
0,  0,  0,  0,  0,  0,  0,
0,  0,  0,  0,  0,  0,  0,
0,  0,  0,  0,  0,  0,  0,
0,  0,  0,  0,  0,  0,  0,
0,  0,  0,  0,  0,  0,  0,
0,  0,  0,  0,  0,  0,  0,
0,  0,  0,  0,  0,  0,  0,
0,  0,  0,  0,  0,  0,  0,
0,  0,  0,  0,  0,  0,  0,
0,  0,  0,  0,  0,  0,  0,
0,  0,  0,  0,  0,  0,  0,
0,  0,  0,  0,  0,  0,  0,
0,  0,  0,  0,  0,  0,  0,
0,  0,  0,  0,  0,  0,  0,
0,  0,  0,  0,  0,  0,  0,
0,  0,  0,  0,  0,  0,  0,
0,  0,  0,  0,  0,  0,  0,
0,  0,  0,  0,  0,  0,  0,
0,  0,  0,  0,  0,  0,  0,
0,  0,  0,  0,  0,  0,  0,
0,  0,  0,  0,  0,  0,  0,
0,  0,  0,  0,  0,  0,  0,
```

```
0, 0, 0, 0, 0, 0, 0,
0, 0, 0, 0, 0, 0, 0,
0, 0, 0, 0, 0, 0, 0,
0, 0, 0, 0, 0, 0, 0,
0, 0, 0, 0, 0, 0, 0,
0, 0, 0, 0, 0, 0, 0,
0, 0, 0, 0, 0, 0, 0,
0, 0, 0, 0, 0, 0, 0,
0, 0, 0, 0, 0, 0, 0,
0, 0, 0, 0, 0, 0, 0,
0, 0, 0, 0, 0, 0, 0,
0, 0, 0, 0, 0, 0, 0,
0, 0, 0, 0, 0, 0, 0,
0, 0, 0, 0, 0, 0, 0,
0, 0, 0, 0, 0, 0, 0,
0, 0, 0, 0, 0, 0, 0,
0, 0, 0, 0, 0, 0, 0,
0, 0, 0, 0, 0, 0, 0,
0, 0, 0, 0, 0, 0, 0,
0, 0, 0, 0, 0, 0, 0,
0, 0, 0, 0, 0, 0, 0,
0, 0, 0, 0, 0, 0, 0,
0, 0, 0, 0, 0, 0, 0,
0, 0, 0, 0, 0, 0, 0,
0, 0, 0, 0, 0, 0, 0,
0, 0, 0, 0, 0, 0, 0,
0, 0, 0, 0, 0, 0, 0,
0, 0, 0, 0, 0, 0, 0,
0, 0, 0, 0, 0, 0, 0,
0, 0, 0, 0, 0, 0, 0,
0, 0, 0, 0, 0, 0, 0,
0, 0, 0, 0, 0, 0, 0,
0, 0, 0, 0, 0, 0, 0,
0, 0, 0, 0, 0, 0, 0,
0, 0, 0, 0, 0, 0, 0,
0, 0, 0, 0, 0, 0, 0,
0, 0, 0, 0, 0, 0, 0,
0, 0, 0, 0, 0, 0, 0,
0, 0, 0, 0, 0, 0, 0,
0, 0, 0, 0, 0, 0, 0,
0, 0, 0, 0, 0, 0, 0,
0, 0, 0, 0, 0, 0, 0,
0, 0, 0, 0, 0, 0, 0,
0, 0, 0, 0, 0, 0, 0,
0, 0, 0, 0, 0, 0, 0,
0, 0, 0, 0, 0, 0, 0,
0, 0, 0, 0, 0, 0, 0,
0, 0, 0, 0, 0, 0, 0,
0, 0, 0, 0, 0, 0, 0,
0, 0, 0, 0, 0, 0, 0,
0, 0, 0, 0, 0, 0, 0,
0, 0, 0, 0, 0, 0, 0,
0, 0, 0, 0, 0, 0, 0,
0, 0, 0, 0, 0, 0, 0,
0, 0, 0, 0, 0, 0, 0,
```

Figure 6-4   *Continued.*

```
0, 0, 0, 0, 0, 0, 0,
0, 0, 0, 0, 0, 0, 0,
0, 0, 0, 0, 0, 0, 0,
0, 0, 0, 0, 0, 0, 0,
0, 0, 0, 0, 0, 0, 0,
0, 0, 0, 0, 0, 0, 0,
0, 0, 0, 0, 0, 0, 0,
0, 0, 0, 0, 0, 0, 0,
0, 0, 0, 0, 0, 0, 0,
0, 0, 0, 0, 0, 0, 0,
0, 0, 0, 0, 0, 0, 0,
0, 0, 0, 0, 0, 0, 0,
0, 0, 0, 0, 0, 0, 0,
0, 0, 0, 0, 0, 0, 0,
0, 0, 0, 0, 0, 0, 0,
0, 0, 0, 0, 0, 0, 0,
0, 0, 0, 0, 0, 0, 0,
0, 0, 0, 0, 0, 0, 0,
0, 0, 0, 0, 0, 0, 0,
0, 0, 0, 0, 0, 0, 0,
0, 0, 0, 0, 0, 0, 0,
0, 0, 0, 0, 0, 0, 0,
0, 0, 0, 0, 0, 0, 0,
0, 0, 0, 0, 0, 0, 0,
0, 0, 0, 0, 0, 0, 0,
0, 0, 0, 0, 0, 0, 0,
0, 0, 0, 0, 0, 0, 0,
0, 0, 0, 0, 0, 0, 0,
0, 0, 0, 0, 0, 0, 0,
0, 0, 0, 0, 0, 0, 0,
0, 0, 0, 0, 0, 0, 0,
0, 0, 0, 0, 0, 0, 0,
0, 0, 0, 0, 0, 0, 0,
0, 0, 0, 0, 0, 0, 0,
0, 0, 0, 0, 0, 0, 0,
0, 0, 0, 0, 0, 0, 0,
0, 0, 0, 0, 0, 0, 0,
0, 0, 0, 0, 0, 0, 0,
0, 0, 0, 0, 0, 0, 0,
0, 0, 0, 0, 0, 0, 0,
0, 0, 0, 0, 0, 0, 0,
0, 0, 0, 0, 0, 0, 0,
0, 0, 0, 0, 0, 0, 0,
0, 0, 0, 0, 0, 0, 0,
0, 0, 0, 0, 0, 0, 0,
0, 0, 0, 0, 0, 0, 0,
0, 0, 0, 0, 0, 0, 0,
0, 0, 0, 0, 0, 0, 0,
0, 0, 0, 0, 0, 0, 0,
0, 0, 0, 0, 0, 0, 0,
```

```
0, 0, 0, 0, 0, 0, 0,
0, 0, 0, 0, 0, 0, 0,
0, 0, 0, 0, 0, 0, 0,
0, 0, 0, 0, 0, 0, 0,
0, 0, 0, 0, 0, 0, 0,
0, 0, 0, 0, 0, 0, 0,
0, 0, 0, 0, 0, 0, 0,
0, 0, 0, 0, 0, 0, 0,
0, 0, 0, 0, 0, 0, 0,
0, 0, 0, 0, 0, 0, 0,
0, 0, 0, 0, 0, 0, 0,
0, 0, 0, 0, 0, 0, 0,
0, 0, 0, 0, 0, 0, 0,
0, 0, 0, 0, 0, 0, 0,
0, 0, 0, 0, 0, 0, 0,
0, 0, 0, 0, 0, 0, 0,
0, 0, 0, 0, 0, 0, 0,
0, 0, 0, 0, 0, 0, 0,
0, 0, 0, 0, 0, 0, 0,
0, 0, 0, 0, 0, 0, 0,
0, 0, 0, 0, 0, 0, 0,
0, 0, 0, 0, 0, 0, 0,
0, 0, 0, 0, 0, 0, 0,
0, 0, 0, 0, 0, 0, 0,
0, 0, 0, 0, 0, 0, 0,
0, 0, 0, 0, 0, 0, 0,
0, 0, 0, 0, 0, 0, 0,
0, 0, 0, 0, 0, 0, 0,
0, 0, 0, 0, 0, 0, 0,
0, 0, 0, 0, 0, 0, 0,
0, 0, 0, 0, 0, 0, 0,
0, 0, 0, 0, 0, 0, 0,
0, 0, 0, 0, 0, 0, 0,
0, 0, 0, 0, 0, 0, 0,
0, 0, 0, 0, 0, 0, 0,
0, 0, 0, 0, 0, 0, 0,
0, 0, 0, 0, 0, 0, 0,
0, 0, 0, 0, 0, 0, 0,
0, 0, 0, 0, 0, 0, 0,
0, 0, 0, 0, 0, 0, 0,
0, 0, 0, 0, 0, 0, 0,
0, 0, 0, 0, 0, 0, 0,
0, 0, 0, 0, 0, 0, 0,
0, 0, 0, 0, 0, 0, 0,
0, 0, 0, 0, 0, 0, 0,
0, 0, 0, 0, 0, 0, 0,
0, 0, 0, 0, 0, 0, 0,
0, 0, 0, 0, 0, 0, 0,
0, 0, 0, 0, 0, 0, 0,
0, 0, 0, 0, 0, 0, 0,
0, 0, 0, 0, 0, 0, 0,
0, 0, 0, 0, 0, 0, 0,
0, 0, 0, 0, 0, 0, 0,
0, 0, 0, 0, 0, 0, 0,
0, 0, 0, 0, 0, 0, 0,
```

Figure 6-4   *Continued.*

```
0, 0, 0, 0, 0, 0, 0,
0, 0, 0, 0, 0, 0, 0,
0, 0, 0, 0, 0, 0, 0,
0, 0, 0, 0, 0, 0, 0,
0, 0, 0, 0, 0, 0, 0,
0, 0, 0, 0, 0, 0, 0,
0, 0, 0, 0, 0, 0, 0,
0, 0, 0, 0, 0, 0, 0,
0, 0, 0, 0, 0, 0, 0,
0, 0, 0, 0, 0, 0, 0,
0, 0, 0, 0, 0, 0, 0,
0, 0, 0, 0, 0, 0, 0,
0, 0, 0, 0, 0, 0, 0,
0, 0, 0, 0, 0, 0, 0,
0, 0, 0, 0, 0, 0, 0,
0, 0, 0, 0, 0, 0, 0,
0, 0, 0, 0, 0, 0, 0,
0, 0, 0, 0, 0, 0, 0,
0, 0, 0, 0, 0, 0, 0,
0, 0, 0, 0, 0, 0, 0,
0, 0, 0, 0, 0, 0, 0,
0, 0, 0, 0, 0, 0, 0,
0, 0, 0, 0, 0, 0, 0,
0, 0, 0, 0, 0, 0, 0,
0, 0, 0, 0, 0, 0, 0,
0, 0, 0, 0, 0, 0, 0,
0, 0, 0, 0, 0, 0, 0,
0, 0, 0, 0, 0, 0, 0,
0, 0, 0, 0, 0, 0, 0,
0, 0, 0, 0, 0, 0, 0,
0, 0, 0, 0, 0, 0, 0,
0, 0, 0, 0, 0, 0, 0,
0, 0, 0, 0, 0, 0, 0,
0, 0, 0, 0, 0, 0, 0,
0, 0, 0, 0, 0, 0, 0,
0, 0, 0, 0, 0, 0, 0,
0, 0, 0, 0, 0, 0, 0 };

unsigned char RTANK2[48*7*8]= {
0, 0, 0, 0, 0, 0, 0,
0, 0, 0, 0, 0, 0, 0,
0, 0, 0, 0, 0, 0, 0,
0, 0, 0, 0, 0, 0, 0,
0, 0, 0, 0, 0, 0, 0,
0, 0, 0, 0, 0, 0, 0,
0, 0, 0, 0, 0, 0, 0,
0, 0, 0, 0, 0, 0, 0,
0, 0, 0, 0, 0, 0, 0,
0, 21, 85, 64, 0, 0, 0,
0, 31, 255, 192, 0, 0, 0,
0, 63, 255, 224, 0, 0, 0,
```

```
0, 127, 255, 240, 0, 0, 0,
0, 127, 255, 240, 0, 0, 0,
0, 127, 255, 240, 0, 0, 0,
0, 127, 255, 240, 0, 0, 0,
0, 127, 255, 240, 0, 0, 0,
0, 127, 255, 240, 0, 0, 0,
0, 127, 255, 240, 0, 0, 0,
0, 127, 255, 240, 0, 0, 0,
0, 127, 255, 240, 0, 0, 0,
0, 127, 255, 240, 0, 30, 0,
0, 127, 255, 255, 255, 242, 0,
0, 127, 255, 255, 255, 254, 0,
0, 127, 255, 255, 255, 254, 0,
0, 127, 255, 255, 255, 242, 0,
0, 127, 255, 240, 0, 30, 0,
0, 127, 255, 240, 0, 0, 0,
0, 127, 255, 240, 0, 0, 0,
0, 127, 255, 240, 0, 0, 0,
0, 127, 255, 240, 0, 0, 0,
0, 127, 255, 240, 0, 0, 0,
0, 127, 255, 240, 0, 0, 0,
0, 127, 255, 240, 0, 0, 0,
0, 127, 255, 240, 0, 0, 0,
0, 127, 255, 240, 0, 0, 0,
0, 63, 255, 224, 0, 0, 0,
0, 31, 255, 192, 0, 0, 0,
0, 21, 85, 64, 0, 0, 0,
0, 0, 0, 0, 0, 0, 0,
0, 0, 0, 0, 0, 0, 0,
0, 0, 0, 0, 0, 0, 0,
0, 0, 0, 0, 0, 0, 0,
0, 0, 0, 0, 0, 0, 0,
0, 0, 0, 0, 0, 0, 0,
0, 0, 0, 0, 0, 0, 0,
0, 0, 0, 0, 0, 0, 0,
0, 0, 0, 0, 0, 0, 0,
0, 0, 0, 0, 0, 0, 0,
0, 0, 0, 0, 0, 0, 0,
0, 0, 0, 0, 0, 0, 0,
0, 0, 0, 0, 0, 0, 0,
0, 0, 0, 0, 0, 0, 0,
0, 0, 0, 0, 0, 0, 0,
0, 0, 0, 0, 0, 0, 0,
0, 0, 0, 0, 0, 0, 0,
0, 0, 0, 0, 0, 0, 0,
0, 0, 0, 0, 0, 0, 0,
0, 0, 0, 0, 0, 0, 0,
0, 0, 0, 0, 0, 0, 0,
0, 0, 0, 0, 0, 0, 0,
```

Figure 6-4   *Continued.*

```
0,  0,  0,  0,  0,  0,  0,
0,  0,  0,  0,  0,  0,  0,
0,  0,  0,  0,  0,  0,  0,
0,  0,  0,  0,  0,  0,  0,
0,  0,  0,  0,  0,  0,  0,
0,  0,  0,  0,  0,  0,  0,
0,  0,  0,  0,  0,  0,  0,
0,  0,  0,  0,  0,  0,  0,
0,  0,  0,  0,  0,  0,  0,
0,  0,  0,  0,  0,  0,  0,
0,  0,  0,  0,  0,  0,  0,
0,  0,  0,  0,  0,  0,  0,
0,  0,  0,  0,  0,  0,  0,
0,  0,  0,  0,  0,  0,  0,
0,  0,  0,  0,  0,  0,  0,
0,  0,  0,  0,  0,  0,  0,
0,  0,  0,  0,  0,  0,  0,
0,  0,  0,  0,  0,  0,  0,
0,  0,  0,  0,  0,  0,  0,
0,  0,  0,  0,  0,  0,  0,
0,  0,  0,  0,  0,  0,  0,
0,  0,  0,  0,  0,  0,  0,
0,  0,  0,  0,  0,  0,  0,
0,  0,  0,  0,  0,  0,  0,
0,  0,  0,  0,  0,  0,  0,
0,  0,  0,  0,  0,  0,  0,
0,  0,  0,  0,  0,  0,  0,
0,  0,  0,  0,  0,  0,  0,
0,  0,  0,  0,  0,  0,  0,
0,  0,  0,  0,  0,  0,  0,
0,  0,  0,  0,  0,  0,  0,
0,  0,  0,  0,  0,  0,  0,
0,  0,  0,  0,  0,  0,  0,
0,  0,  0,  0,  0,  0,  0,
0,  0,  0,  0,  0,  0,  0,
0,  0,  0,  0,  0,  0,  0,
0,  0,  0,  0,  0,  0,  0,
0,  0,  0,  0,  0,  0,  0,
0,  0,  0,  0,  0,  0,  0,
0,  0,  0,  0,  0,  0,  0,
0,  0,  0,  0,  0,  0,  0,
0,  0,  0,  0,  0,  0,  0,
0,  0,  0,  0,  0,  0,  0,
0,  0,  0,  0,  0,  0,  0,
0,  0,  0,  0,  0,  0,  0,
0,  0,  0,  0,  0,  0,  0,
0,  0,  0,  0,  0,  0,  0,
0,  0,  0,  0,  0,  0,  0,
0,  0,  0,  0,  0,  0,  0,
0,  0,  0,  0,  0,  0,  0,
0,  0,  0,  0,  0,  0,  0,
0,  0,  0,  0,  0,  0,  0,
```

```
0, 0, 0, 0, 0, 0, 0,
0, 0, 0, 0, 0, 0, 0,
0, 0, 0, 0, 0, 0, 0,
0, 0, 0, 0, 0, 0, 0,
0, 0, 0, 0, 0, 0, 0,
0, 0, 0, 0, 0, 0, 0,
0, 0, 0, 0, 0, 0, 0,
0, 0, 0, 0, 0, 0, 0,
0, 0, 0, 0, 0, 0, 0,
0, 0, 0, 0, 0, 0, 0,
0, 0, 0, 0, 0, 0, 0,
0, 0, 0, 0, 0, 0, 0,
0, 0, 0, 0, 0, 0, 0,
0, 0, 0, 0, 0, 0, 0,
0, 0, 0, 0, 0, 0, 0,
0, 0, 0, 0, 0, 0, 0,
0, 0, 0, 0, 0, 0, 0,
0, 0, 0, 0, 0, 0, 0,
0, 0, 0, 0, 0, 0, 0,
0, 0, 0, 0, 0, 0, 0,
0, 0, 0, 0, 0, 0, 0,
0, 0, 0, 0, 0, 0, 0,
0, 0, 0, 0, 0, 0, 0,
0, 0, 0, 0, 0, 0, 0,
0, 0, 0, 0, 0, 0, 0,
0, 0, 0, 0, 0, 0, 0,
0, 0, 0, 0, 0, 0, 0,
0, 0, 0, 0, 0, 0, 0,
0, 0, 0, 0, 0, 0, 0,
0, 0, 0, 0, 0, 0, 0,
0, 0, 0, 0, 0, 0, 0,
0, 0, 0, 0, 0, 0, 0,
0, 0, 0, 0, 0, 0, 0,
0, 0, 0, 0, 0, 0, 0,
0, 0, 0, 0, 0, 0, 0,
0, 0, 0, 0, 0, 0, 0,
0, 0, 0, 0, 0, 0, 0,
0, 0, 0, 0, 0, 0, 0,
0, 0, 0, 0, 0, 0, 0,
0, 0, 0, 0, 0, 0, 0,
0, 0, 0, 0, 0, 0, 0,
0, 0, 0, 0, 0, 0, 0,
0, 0, 0, 0, 0, 0, 0,
0, 0, 0, 0, 0, 0, 0,
0, 0, 0, 0, 0, 0, 0,
0, 0, 0, 0, 0, 0, 0,
0, 0, 0, 0, 0, 0, 0,
0, 0, 0, 0, 0, 0, 0,
0, 0, 0, 0, 0, 0, 0,
0, 0, 0, 0, 0, 0, 0,
0, 0, 0, 0, 0, 0, 0,
0, 0, 0, 0, 0, 0, 0,
0, 0, 0, 0, 0, 0, 0,
0, 0, 0, 0, 0, 0, 0,
```

Figure 6-4   *Continued.*

```
0, 0, 0, 0, 0, 0, 0,
0, 0, 0, 0, 0, 0, 0,
0, 0, 0, 0, 0, 0, 0,
0, 0, 0, 0, 0, 0, 0,
0, 0, 0, 0, 0, 0, 0,
0, 0, 0, 0, 0, 0, 0,
0, 0, 0, 0, 0, 0, 0,
0, 0, 0, 0, 0, 0, 0,
0, 0, 0, 0, 0, 0, 0,
0, 0, 0, 0, 0, 0, 0,
0, 0, 0, 0, 0, 0, 0,
0, 0, 0, 0, 0, 0, 0,
0, 0, 0, 0, 0, 0, 0,
0, 0, 0, 0, 0, 0, 0,
0, 0, 0, 0, 0, 0, 0,
0, 0, 0, 0, 0, 0, 0,
0, 0, 0, 0, 0, 0, 0,
0, 0, 0, 0, 0, 0, 0,
0, 0, 0, 0, 0, 0, 0,
0, 0, 0, 0, 0, 0, 0,
0, 0, 0, 0, 0, 0, 0,
0, 0, 0, 0, 0, 0, 0,
0, 0, 0, 0, 0, 0, 0,
0, 0, 0, 0, 0, 0, 0,
0, 0, 0, 0, 0, 0, 0,
0, 0, 0, 0, 0, 0, 0,
0, 0, 0, 0, 0, 0, 0,
0, 0, 0, 0, 0, 0, 0,
0, 0, 0, 0, 0, 0, 0,
0, 0, 0, 0, 0, 0, 0,
0, 0, 0, 0, 0, 0, 0,
0, 0, 0, 0, 0, 0, 0,
0, 0, 0, 0, 0, 0, 0,
0, 0, 0, 0, 0, 0, 0,
0, 0, 0, 0, 0, 0, 0,
0, 0, 0, 0, 0, 0, 0,
0, 0, 0, 0, 0, 0, 0,
0, 0, 0, 0, 0, 0, 0,
0, 0, 0, 0, 0, 0, 0,
0, 0, 0, 0, 0, 0, 0,
0, 0, 0, 0, 0, 0, 0,
0, 0, 0, 0, 0, 0, 0,
0, 0, 0, 0, 0, 0, 0,
0, 0, 0, 0, 0, 0, 0,
0, 0, 0, 0, 0, 0, 0,
0, 0, 0, 0, 0, 0, 0,
0, 0, 0, 0, 0, 0, 0,
0, 0, 0, 0, 0, 0, 0,
```

```
0, 0, 0, 0, 0, 0, 0,
0, 0, 0, 0, 0, 0, 0,
0, 0, 0, 0, 0, 0, 0,
0, 0, 0, 0, 0, 0, 0,
0, 0, 0, 0, 0, 0, 0,
0, 0, 0, 0, 0, 0, 0,
0, 0, 0, 0, 0, 0, 0,
0, 0, 0, 0, 0, 0, 0,
0, 0, 0, 0, 0, 0, 0,
0, 0, 0, 0, 0, 0, 0,
0, 0, 0, 0, 0, 0, 0,
0, 0, 0, 0, 0, 0, 0,
0, 0, 0, 0, 0, 0, 0,
0, 0, 0, 0, 0, 0, 0,
0, 0, 0, 0, 0, 0, 0,
0, 0, 0, 0, 0, 0, 0,
0, 0, 0, 0, 0, 0, 0,
0, 0, 0, 0, 0, 0, 0,
0, 0, 0, 0, 0, 0, 0,
0, 0, 0, 0, 0, 0, 0,
0, 0, 0, 0, 0, 0, 0,
0, 0, 0, 0, 0, 0, 0,
0, 0, 0, 0, 0, 0, 0,
0, 0, 0, 0, 0, 0, 0,
0, 0, 0, 0, 0, 0, 0,
0, 0, 0, 0, 0, 0, 0,
0, 0, 0, 0, 0, 0, 0,
0, 0, 0, 0, 0, 0, 0,
0, 0, 0, 0, 0, 0, 0,
0, 0, 0, 0, 0, 0, 0,
0, 0, 0, 0, 0, 0, 0,
0, 0, 0, 0, 0, 0, 0,
0, 0, 0, 0, 0, 0, 0,
0, 0, 0, 0, 0, 0, 0,
0, 0, 0, 0, 0, 0, 0,
0, 0, 0, 0, 0, 0, 0,
0, 0, 0, 0, 0, 0, 0,
0, 0, 0, 0, 0, 0, 0,
0, 0, 0, 0, 0, 0, 0,
0, 0, 0, 0, 0, 0, 0,
0, 0, 0, 0, 0, 0, 0,
0, 0, 0, 0, 0, 0, 0,
0, 0, 0, 0, 0, 0, 0,
0, 0, 0, 0, 0, 0, 0,
0, 0, 0, 0, 0, 0, 0,
0, 0, 0, 0, 0, 0, 0,
0, 0, 0, 0, 0, 0, 0,
0, 0, 0, 0, 0, 0, 0,
0, 0, 0, 0, 0, 0, 0,
0, 0, 0, 0, 0, 0, 0,
```

Figure 6-4   *Continued.*

```
0, 0, 0, 0, 0, 0, 0,
0, 0, 0, 0, 0, 0, 0,
0, 0, 0, 0, 0, 0, 0,
0, 0, 0, 0, 0, 0, 0,
0, 0, 0, 0, 0, 0, 0,
0, 0, 0, 0, 0, 0, 0,
0, 0, 0, 0, 0, 0, 0,
0, 0, 0, 0, 0, 0, 0,
0, 0, 0, 0, 0, 0, 0,
0, 0, 0, 0, 0, 0, 0,
0, 0, 0, 0, 0, 0, 0,
0, 0, 0, 0, 0, 0, 0,
0, 0, 0, 0, 0, 0, 0,
0, 0, 0, 0, 0, 0, 0,
0, 0, 0, 0, 0, 0, 0,
0, 0, 0, 0, 0, 0, 0,
0, 0, 0, 0, 0, 0, 0,
0, 0, 0, 0, 0, 0, 0,
0, 0, 0, 0, 0, 0, 0,
0, 0, 0, 0, 0, 0, 0,
0, 0, 0, 0, 0, 0, 0,
0, 0, 0, 0, 0, 0, 0,
0, 0, 0, 0, 0, 0, 0,
0, 0, 0, 0, 0, 0, 0,
0, 0, 0, 0, 0, 0, 0,
0, 0, 0, 0, 0, 0, 0,
0, 0, 0, 0, 0, 0, 0,
0, 0, 0, 0, 0, 0, 0,
0, 0, 0, 0, 0, 0, 0,
0, 0, 0, 0, 0, 0, 0,
0, 0, 0, 0, 0, 0, 0,
0, 0, 0, 0, 0, 0, 0,
0, 0, 0, 0, 0, 0, 0,
0, 0, 0, 0, 0, 0, 0,
0, 0, 0, 0, 0, 0, 0,
0, 0, 0, 0, 0, 0, 0,
0, 0, 0, 0, 0, 0, 0,
0, 0, 0, 0, 0, 0, 0,
0, 0, 0, 0, 0, 0, 0,
0, 0, 0, 0, 0, 0, 0,
0, 0, 0, 0, 0, 0, 0,
0, 0, 0, 0, 0, 0, 0,
0, 0, 0, 0, 0, 0, 0,
0, 0, 0, 0, 0, 0, 0,
0, 0, 0, 0, 0, 0, 0,
0, 0, 0, 0, 0, 0, 0,
0, 0, 0, 0, 0, 0, 0,
0, 0, 0, 0, 0, 0, 0,
0, 0, 0, 0, 0, 0, 0,
```

```
0, 0, 0, 0, 0, 0, 0,
0, 0, 0, 0, 0, 0, 0,
0, 0, 0, 0, 0, 0, 0,
0, 0, 0, 0, 0, 0, 0,
0, 0, 0, 0, 0, 0, 0,
0, 0, 0, 0, 0, 0, 0,
0, 0, 0, 0, 0, 0, 0,
0, 0, 0, 0, 0, 0, 0,
0, 0, 0, 0, 0, 0, 0,
0, 0, 0, 0, 0, 0, 0,
0, 0, 0, 0, 0, 0, 0,
0, 0, 0, 0, 0, 0, 0,
0, 0, 0, 0, 0, 0, 0,
0, 0, 0, 0, 0, 0, 0,
0, 0, 0, 0, 0, 0, 0,
0, 0, 0, 0, 0, 0, 0,
0, 0, 0, 0, 0, 0, 0,
0, 0, 0, 0, 0, 0, 0,
0, 0, 0, 0, 0, 0, 0,
0, 0, 0, 0, 0, 0, 0,
0, 0, 0, 0, 0, 0, 0,
0, 0, 0, 0, 0, 0, 0,
0, 0, 0, 0, 0, 0, 0,
0, 0, 0, 0, 0, 0, 0,
0, 0, 0, 0, 0, 0, 0,
0, 0, 0, 0, 0, 0, 0,
0, 0, 0, 0, 0, 0, 0,
0, 0, 0, 0, 0, 0, 0,
0, 0, 0, 0, 0, 0, 0,
0, 0, 0, 0, 0, 0, 0,
0, 0, 0, 0, 0, 0, 0,
0, 0, 0, 0, 0, 0, 0,
0, 0, 0, 0, 0, 0, 0,
0, 0, 0, 0, 0, 0, 0,
0, 0, 0, 0, 0, 0, 0,
0, 0, 0, 0, 0, 0, 0,
0, 0, 0, 0, 0, 0, 0,
0, 0, 0, 0, 0, 0, 0,
0, 0, 0, 0, 0, 0, 0,
0, 0, 0, 0, 0, 0, 0,
0, 0, 0, 0, 0, 0, 0,
0, 0, 0, 0, 0, 0, 0,
0, 0, 0, 0, 0, 0, 0,
0, 0, 0, 0, 0, 0, 0,
0, 0, 0, 0, 0, 0, 0,
0, 0, 0, 0, 0, 0, 0,
0, 0, 0, 0, 0, 0, 0,
0, 0, 0, 0, 0, 0, 0,
0, 0, 0, 0, 0, 0, 0,
0, 0, 0, 0, 0, 0, 0,
0, 0, 0, 0, 0, 0, 0,
0, 0, 0, 0, 0, 0, 0,
0, 0, 0, 0, 0, 0, 0,
0, 0, 0, 0, 0, 0, 0,
0, 0, 0, 0, 0, 0, 0,
0, 0, 0, 0, 0, 0, 0,
```

Figure 6-4   *Continued.*

```
0, 0, 0, 0, 0, 0, 0,
0, 0, 0, 0, 0, 0, 0,
0, 0, 0, 0, 0, 0, 0,
0, 0, 0, 0, 0, 0, 0,
0, 0, 0, 0, 0, 0, 0,
0, 0, 0, 0, 0, 0, 0,
0, 0, 0, 0, 0, 0, 0 };

//!
// End of sprite source
//////////////////////////////////////
```

Figure 6-5 presents the source code to LTANK.C. This source file created by the sprite editor presents the description of the left-tank sprite.

Figure 6-5   *The source code listing to LTANK.C*

```
//////////////////////////////////////
// LTANK.c
//

unsigned char LTANK1[48*7*8]= {
    0, 0, 0, 0, 0, 0, 0,
    0, 0, 127, 255, 255, 192, 0,
    0, 0, 255, 255, 255, 224, 0,
    0, 1, 255, 255, 255, 240, 0,
    0, 1, 255, 255, 255, 240, 0,
    0, 1, 255, 255, 255, 240, 0,
    0, 1, 255, 255, 255, 240, 0,
    0, 0, 255, 255, 255, 224, 0,
    0, 0, 127, 255, 255, 192, 0,
    0, 0, 0, 0, 0, 0, 0,
    0, 0, 0, 0, 0, 0, 0,
    0, 0, 0, 0, 0, 0, 0,
    0, 0, 0, 0, 0, 0, 0,
    0, 0, 0, 0, 0, 0, 0,
    0, 0, 0, 0, 0, 0, 0,
    0, 0, 0, 0, 0, 0, 0,
    0, 0, 0, 0, 0, 0, 0,
    0, 0, 0, 0, 0, 0, 0,
    0, 0, 0, 0, 0, 0, 0,
    0, 0, 0, 0, 0, 0, 0,
    0, 0, 0, 0, 0, 0, 0,
    0, 0, 0, 0, 0, 0, 0,
    0, 0, 0, 0, 0, 0, 0,
    0, 0, 0, 0, 0, 0, 0,
    0, 0, 0, 0, 0, 0, 0,
    0, 0, 0, 0, 0, 0, 0,
```

```
0, 0, 0, 0, 0, 0, 0,
0, 0, 0, 0, 0, 0, 0,
0, 0, 0, 0, 0, 0, 0,
0, 0, 0, 0, 0, 0, 0,
0, 0, 0, 0, 0, 0, 0,
0, 0, 0, 0, 0, 0, 0,
0, 0, 0, 0, 0, 0, 0,
0, 0, 0, 0, 0, 0, 0,
0, 0, 0, 0, 0, 0, 0,
0, 0, 0, 0, 0, 0, 0,
0, 0, 0, 0, 0, 0, 0,
0, 0, 0, 0, 0, 0, 0,
0, 0, 0, 0, 0, 0, 0,
0, 0, 127, 255, 255, 192, 0,
0, 0, 255, 255, 255, 224, 0,
0, 1, 255, 255, 255, 240, 0,
0, 1, 255, 255, 255, 240, 0,
0, 1, 255, 255, 255, 240, 0,
0, 1, 255, 255, 255, 240, 0,
0, 1, 255, 255, 255, 240, 0,
0, 0, 255, 255, 255, 224, 0,
0, 0, 127, 255, 255, 192, 0,
0, 0, 0, 0, 0, 0, 0,
0, 0, 0, 0, 0, 0, 0,
0, 0, 0, 0, 0, 0, 0,
0, 0, 0, 0, 0, 0, 0,
0, 0, 0, 0, 0, 0, 0,
0, 0, 0, 0, 0, 0, 0,
0, 0, 0, 0, 0, 0, 0,
0, 0, 0, 0, 0, 0, 0,
0, 0, 0, 0, 0, 0, 0,
0, 0, 0, 0, 0, 0, 0,
0, 0, 0, 0, 0, 0, 0,
0, 0, 0, 0, 0, 0, 0,
0, 0, 0, 0, 0, 0, 0,
0, 0, 0, 0, 0, 0, 0,
0, 0, 0, 0, 0, 0, 0,
0, 0, 0, 0, 0, 0, 0,
0, 0, 0, 0, 0, 0, 0,
0, 0, 0, 0, 0, 0, 0,
0, 0, 0, 0, 0, 0, 0,
0, 0, 0, 0, 0, 0, 0,
0, 0, 0, 0, 0, 0, 0,
0, 0, 0, 0, 0, 0, 0,
0, 0, 0, 0, 0, 0, 0,
0, 0, 0, 0, 0, 0, 0,
0, 0, 0, 0, 0, 0, 0,
0, 0, 0, 0, 0, 0, 0,
0, 0, 0, 0, 0, 0, 0,
```

Figure 6-5   *Continued.*

```
0, 0, 0, 0, 0, 0, 0,
0, 0, 0, 0, 0, 0, 0,
0, 0, 0, 0, 0, 0, 0,
0, 0, 0, 0, 0, 0, 0,
0, 0, 0, 0, 0, 0, 0,
0, 0, 0, 0, 0, 0, 0,
0, 0, 0, 0, 0, 0, 0,
0, 0, 0, 0, 0, 0, 0,
0, 0, 0, 0, 0, 0, 0,
0, 0, 0, 0, 0, 0, 0,
0, 0, 0, 0, 0, 0, 0,
0, 0, 0, 0, 0, 0, 0,
0, 0, 0, 0, 0, 0, 0,
0, 0, 0, 0, 0, 0, 0,
0, 0, 0, 0, 0, 0, 0,
0, 0, 0, 0, 0, 0, 0,
0, 0, 0, 0, 0, 0, 0,
0, 0, 0, 0, 0, 0, 0,
0, 0, 0, 0, 0, 0, 0,
0, 0, 0, 0, 0, 0, 0,
0, 0, 0, 0, 0, 0, 0,
0, 0, 0, 0, 0, 0, 0,
0, 0, 0, 0, 0, 0, 0,
0, 0, 0, 0, 0, 0, 0,
0, 0, 0, 0, 0, 0, 0,
0, 0, 0, 0, 0, 0, 0,
0, 0, 0, 0, 0, 0, 0,
0, 0, 0, 0, 0, 0, 0,
0, 0, 0, 0, 0, 0, 0,
0, 0, 0, 0, 0, 0, 0,
0, 0, 0, 0, 0, 0, 0,
0, 0, 0, 0, 0, 0, 0,
0, 0, 0, 0, 0, 0, 0,
0, 0, 0, 0, 0, 0, 0,
0, 0, 0, 0, 0, 0, 0,
0, 0, 0, 0, 0, 0, 0,
0, 0, 0, 0, 0, 0, 0,
0, 0, 0, 0, 0, 0, 0,
0, 0, 0, 0, 0, 0, 0,
0, 0, 0, 0, 0, 0, 0,
0, 0, 0, 0, 0, 0, 0,
0, 0, 0, 0, 0, 0, 0,
0, 0, 0, 0, 0, 0, 0,
0, 0, 0, 0, 0, 0, 0,
0, 0, 0, 0, 0, 0, 0,
0, 0, 0, 0, 0, 0, 0,
0, 0, 0, 0, 0, 0, 0,
0, 0, 0, 0, 0, 0, 0,
```

```
0, 0, 0, 0, 0, 0, 0,
0, 0, 0, 0, 0, 0, 0,
0, 0, 0, 0, 0, 0, 0,
0, 0, 0, 0, 0, 0, 0,
0, 0, 0, 0, 0, 0, 0,
0, 0, 0, 0, 0, 0, 0,
0, 0, 0, 0, 0, 0, 0,
0, 0, 0, 0, 0, 0, 0,
0, 0, 0, 0, 0, 0, 0,
0, 0, 0, 0, 0, 0, 0,
0, 0, 0, 0, 0, 0, 0,
0, 0, 0, 0, 0, 0, 0,
0, 0, 0, 0, 0, 0, 0,
0, 0, 0, 0, 0, 0, 0,
0, 0, 0, 0, 0, 0, 0,
0, 0, 0, 0, 0, 0, 0,
0, 0, 0, 0, 0, 0, 0,
0, 0, 0, 0, 0, 0, 0,
0, 0, 0, 0, 0, 0, 0,
0, 0, 0, 0, 0, 0, 0,
0, 0, 0, 0, 0, 0, 0,
0, 0, 0, 0, 0, 0, 0,
0, 0, 0, 0, 0, 0, 0,
0, 0, 0, 0, 0, 0, 0,
0, 0, 0, 0, 0, 0, 0,
0, 0, 0, 0, 0, 0, 0,
0, 0, 0, 0, 0, 0, 0,
0, 0, 0, 0, 0, 0, 0,
0, 0, 0, 0, 0, 0, 0,
0, 0, 0, 0, 0, 0, 0,
0, 0, 0, 0, 0, 0, 0,
0, 0, 0, 0, 0, 0, 0,
0, 0, 0, 0, 0, 0, 0,
0, 0, 0, 0, 0, 0, 0,
0, 0, 0, 0, 0, 0, 0,
0, 0, 0, 0, 0, 0, 0,
0, 0, 0, 0, 0, 0, 0,
0, 0, 0, 0, 0, 0, 0,
0, 0, 0, 0, 0, 0, 0,
0, 0, 0, 0, 0, 0, 0,
0, 0, 0, 0, 0, 0, 0,
0, 0, 0, 0, 0, 0, 0,
0, 0, 0, 0, 0, 0, 0,
0, 0, 0, 0, 0, 0, 0,
0, 0, 0, 0, 0, 0, 0,
0, 0, 0, 0, 0, 0, 0,
0, 0, 0, 0, 0, 0, 0,
0, 0, 0, 0, 0, 0, 0,
0, 0, 0, 0, 0, 0, 0,
0, 0, 0, 0, 0, 0, 0,
0, 0, 0, 0, 0, 0, 0,
0, 0, 0, 0, 0, 0, 0,
0, 0, 0, 0, 0, 0, 0,
0, 0, 0, 0, 0, 0, 0,
0, 0, 0, 0, 0, 0, 0,
0, 0, 0, 0, 0, 0, 0,
```

Figure 6-5   *Continued.*

```
0, 0, 0, 0, 0, 0, 0,
0, 0, 0, 0, 0, 0, 0,
0, 0, 0, 0, 0, 0, 0,
0, 0, 0, 0, 0, 0, 0,
0, 0, 0, 0, 0, 0, 0,
0, 0, 0, 0, 0, 0, 0,
0, 0, 0, 0, 0, 0, 0,
0, 0, 0, 0, 0, 0, 0,
0, 0, 0, 0, 0, 0, 0,
0, 0, 0, 0, 0, 0, 0,
0, 0, 0, 0, 0, 0, 0,
0, 0, 0, 0, 0, 0, 0,
0, 0, 0, 0, 0, 0, 0,
0, 0, 0, 0, 0, 0, 0,
0, 0, 0, 0, 0, 0, 0,
0, 0, 0, 0, 0, 0, 0,
0, 0, 0, 0, 0, 0, 0,
0, 0, 0, 0, 0, 0, 0,
0, 0, 0, 0, 0, 0, 0,
0, 0, 0, 0, 0, 0, 0,
0, 0, 0, 0, 0, 0, 0,
0, 0, 0, 0, 0, 0, 0,
0, 0, 0, 0, 0, 0, 0,
0, 0, 0, 0, 0, 0, 0,
0, 0, 0, 0, 0, 0, 0,
0, 0, 0, 0, 0, 0, 0,
0, 0, 0, 0, 0, 0, 0,
0, 0, 0, 0, 0, 0, 0,
0, 0, 0, 0, 0, 0, 0,
0, 0, 0, 0, 0, 0, 0,
0, 0, 0, 0, 0, 0, 0,
0, 0, 0, 0, 0, 0, 0,
0, 0, 0, 0, 0, 0, 0,
0, 0, 0, 0, 0, 0, 0,
0, 0, 0, 0, 0, 0, 0,
0, 0, 0, 0, 0, 0, 0,
0, 0, 0, 0, 0, 0, 0,
0, 0, 0, 0, 0, 0, 0,
0, 0, 0, 0, 0, 0, 0,
0, 0, 0, 0, 0, 0, 0,
0, 0, 0, 0, 0, 0, 0,
0, 0, 0, 0, 0, 0, 0,
0, 0, 0, 0, 0, 0, 0,
0, 0, 0, 0, 0, 0, 0,
0, 0, 0, 0, 0, 0, 0,
0, 0, 0, 0, 0, 0, 0,
0, 0, 0, 0, 0, 0, 0,
0, 0, 0, 0, 0, 0, 0,
0, 0, 0, 0, 0, 0, 0,
0, 0, 0, 0, 0, 0, 0,
0, 0, 0, 0, 0, 0, 0,
0, 0, 0, 0, 0, 0, 0,
0, 0, 0, 0, 0, 0, 0,
```

```
0, 0, 0, 0, 0, 0, 0,
0, 0, 0, 0, 0, 0, 0,
0, 0, 0, 0, 0, 0, 0,
0, 0, 0, 0, 0, 0, 0,
0, 0, 0, 0, 0, 0, 0,
0, 0, 0, 0, 0, 0, 0,
0, 0, 0, 0, 0, 0, 0,
0, 0, 0, 0, 0, 0, 0,
0, 0, 0, 0, 0, 0, 0,
0, 0, 0, 0, 0, 0, 0,
0, 0, 0, 0, 0, 0, 0,
0, 0, 0, 0, 0, 0, 0,
0, 0, 0, 0, 0, 0, 0,
0, 0, 0, 0, 0, 0, 0,
0, 0, 0, 0, 0, 0, 0,
0, 0, 0, 0, 0, 0, 0,
0, 0, 0, 0, 0, 0, 0,
0, 0, 0, 0, 0, 0, 0,
0, 0, 0, 0, 0, 0, 0,
0, 0, 0, 0, 0, 0, 0,
0, 0, 0, 0, 0, 0, 0,
0, 0, 0, 0, 0, 0, 0,
0, 0, 0, 0, 0, 0, 0,
0, 0, 0, 0, 0, 0, 0,
0, 0, 0, 0, 0, 0, 0,
0, 0, 0, 0, 0, 0, 0,
0, 0, 0, 0, 0, 0, 0,
0, 0, 0, 0, 0, 0, 0,
0, 0, 0, 0, 0, 0, 0,
0, 0, 0, 0, 0, 0, 0,
0, 0, 0, 0, 0, 0, 0,
0, 0, 0, 0, 0, 0, 0,
0, 0, 0, 0, 0, 0, 0,
0, 0, 0, 0, 0, 0, 0,
0, 0, 0, 0, 0, 0, 0,
0, 0, 0, 0, 0, 0, 0,
0, 0, 0, 0, 0, 0, 0,
0, 0, 0, 0, 0, 0, 0,
0, 0, 0, 0, 0, 0, 0,
0, 0, 0, 0, 0, 0, 0,
0, 0, 0, 0, 0, 0, 0,
0, 0, 0, 0, 0, 0, 0,
0, 0, 0, 0, 0, 0, 0,
0, 0, 0, 0, 0, 0, 0,
0, 0, 0, 0, 0, 0, 0,
0, 0, 0, 0, 0, 0, 0,
0, 0, 0, 0, 0, 0, 0,
0, 0, 0, 0, 0, 0, 0,
0, 0, 0, 0, 0, 0, 0,
0, 0, 0, 0, 0, 0, 0,
0, 0, 0, 0, 0, 0, 0,
0, 0, 0, 0, 0, 0, 0,
0, 0, 0, 0, 0, 0, 0,
0, 0, 0, 0, 0, 0, 0,
0, 0, 0, 0, 0, 0, 0,
0, 0, 0, 0, 0, 0, 0,
```

215

Figure 6-5   *Continued.*

```
0, 0, 0, 0, 0, 0, 0,
0, 0, 0, 0, 0, 0, 0,
0, 0, 0, 0, 0, 0, 0,
0, 0, 0, 0, 0, 0, 0,
0, 0, 0, 0, 0, 0, 0,
0, 0, 0, 0, 0, 0, 0,
0, 0, 0, 0, 0, 0, 0,
0, 0, 0, 0, 0, 0, 0,
0, 0, 0, 0, 0, 0, 0,
0, 0, 0, 0, 0, 0, 0,
0, 0, 0, 0, 0, 0, 0,
0, 0, 0, 0, 0, 0, 0,
0, 0, 0, 0, 0, 0, 0,
0, 0, 0, 0, 0, 0, 0,
0, 0, 0, 0, 0, 0, 0,
0, 0, 0, 0, 0, 0, 0,
0, 0, 0, 0, 0, 0, 0,
0, 0, 0, 0, 0, 0, 0,
0, 0, 0, 0, 0, 0, 0,
0, 0, 0, 0, 0, 0, 0,
0, 0, 0, 0, 0, 0, 0,
0, 0, 0, 0, 0, 0, 0,
0, 0, 0, 0, 0, 0, 0,
0, 0, 0, 0, 0, 0, 0,
0, 0, 0, 0, 0, 0, 0,
0, 0, 0, 0, 0, 0, 0,
0, 0, 0, 0, 0, 0, 0,
0, 0, 0, 0, 0, 0, 0,
0, 0, 0, 0, 0, 0, 0,
0, 0, 0, 0, 0, 0, 0,
0, 0, 0, 0, 0, 0, 0,
0, 0, 0, 0, 0, 0, 0,
0, 0, 0, 0, 0, 0, 0,
0, 0, 0, 0, 0, 0, 0,
0, 0, 0, 0, 0, 0, 0,
0, 0, 0, 0, 0, 0, 0,
0, 0, 0, 0, 0, 0, 0,
0, 0, 0, 0, 0, 0, 0,
0, 0, 0, 0, 0, 0, 0,
0, 0, 0, 0, 0, 0, 0,
0, 0, 0, 0, 0, 0, 0,
0, 0, 0, 0, 0, 0, 0,
0, 0, 0, 0, 0, 0, 0,
0, 0, 0, 0, 0, 0, 0,
0, 0, 0, 0, 0, 0, 0,
0, 0, 0, 0, 0, 0, 0,
0, 0, 0, 0, 0, 0, 0,
0, 0, 0, 0, 0, 0, 0,
0, 0, 0, 0, 0, 0, 0,
0, 0, 0, 0, 0, 0, 0,
0, 0, 0, 0, 0, 0, 0,
0, 0, 0, 0, 0, 0, 0,
```

```
       0, 0, 0, 0, 0, 0, 0,
       0, 0, 0, 0, 0, 0, 0,
       0, 0, 0, 0, 0, 0, 0,
       0, 0, 0, 0, 0, 0, 0,
       0, 0, 0, 0, 0, 0, 0,
       0, 0, 0, 0, 0, 0, 0,
       0, 0, 0, 0, 0, 0, 0,
       0, 0, 0, 0, 0, 0, 0,
       0, 0, 0, 0, 0, 0, 0,
       0, 0, 0, 0, 0, 0, 0,
       0, 0, 0, 0, 0, 0, 0,
       0, 0, 0, 0, 0, 0, 0,
       0, 0, 0, 0, 0, 0, 0,
       0, 0, 0, 0, 0, 0, 0,
       0, 0, 0, 0, 0, 0, 0,
       0, 0, 0, 0, 0, 0, 0,
       0, 0, 0, 0, 0, 0, 0,
       0, 0, 0, 0, 0, 0, 0,
       0, 0, 0, 0, 0, 0, 0,
       0, 0, 0, 0, 0, 0, 0,
       0, 0, 0, 0, 0, 0, 0,
       0, 0, 0, 0, 0, 0, 0,
       0, 0, 0, 0, 0, 0, 0,
       0, 0, 0, 0, 0, 0, 0,
       0, 0, 0, 0, 0, 0, 0,
       0, 0, 0, 0, 0, 0, 0,
       0, 0, 0, 0, 0, 0, 0,
       0, 0, 0, 0, 0, 0, 0,
       0, 0, 0, 0, 0, 0, 0,
       0, 0, 0, 0, 0, 0, 0,
       0, 0, 0, 0, 0, 0, 0,
       0, 0, 0, 0, 0, 0, 0,
       0, 0, 0, 0, 0, 0, 0,
       0, 0, 0, 0, 0, 0, 0,
       0, 0, 0, 0, 0, 0, 0,
       0, 0, 0, 0, 0, 0, 0,
       0, 0, 0, 0, 0, 0, 0,
       0, 0, 0, 0, 0, 0, 0,
       0, 0, 0, 0, 0, 0, 0,
       0, 0, 0, 0, 0, 0, 0,
       0, 0, 0, 0, 0, 0, 0,
       0, 0, 0, 0, 0, 0, 0,
       0, 0, 0, 0, 0, 0, 0 };

unsigned char LTANK2[48*7*8]= {
       0, 0, 0, 0, 0, 0, 0,
       0, 0, 0, 0, 0, 0, 0,
       0, 0, 0, 0, 0, 0, 0,
       0, 0, 0, 0, 0, 0, 0,
       0, 0, 0, 0, 0, 0, 0,
```

Figure 6-5   *Continued.*

```
0, 0, 0, 0, 0, 0, 0,
0, 0, 0, 0, 0, 0, 0,
0, 0, 0, 0, 0, 0, 0,
0, 0, 0, 0, 0, 0, 0,
0, 0, 2, 170, 168, 0, 0,
0, 0, 3, 255, 248, 0, 0,
0, 0, 7, 255, 252, 0, 0,
0, 0, 15, 255, 254, 0, 0,
0, 0, 15, 255, 254, 0, 0,
0, 0, 15, 255, 254, 0, 0,
0, 0, 15, 255, 254, 0, 0,
0, 0, 15, 255, 254, 0, 0,
0, 0, 15, 255, 254, 0, 0,
0, 0, 15, 255, 254, 0, 0,
0, 0, 15, 255, 254, 0, 0,
0, 0, 15, 255, 254, 0, 0,
120, 0, 15, 255, 254, 0, 0,
79, 255, 255, 255, 254, 0, 0,
127, 255, 255, 255, 254, 0, 0,
127, 255, 255, 255, 254, 0, 0,
79, 255, 255, 255, 254, 0, 0,
120, 0, 15, 255, 254, 0, 0,
0, 0, 15, 255, 254, 0, 0,
0, 0, 15, 255, 254, 0, 0,
0, 0, 15, 255, 254, 0, 0,
0, 0, 15, 255, 254, 0, 0,
0, 0, 15, 255, 254, 0, 0,
0, 0, 15, 255, 254, 0, 0,
0, 0, 15, 255, 254, 0, 0,
0, 0, 15, 255, 254, 0, 0,
0, 0, 15, 255, 254, 0, 0,
0, 0, 7, 255, 252, 0, 0,
0, 0, 3, 255, 248, 0, 0,
0, 0, 2, 170, 168, 0, 0,
0, 0, 0, 0, 0, 0, 0,
0, 0, 0, 0, 0, 0, 0,
0, 0, 0, 0, 0, 0, 0,
0, 0, 0, 0, 0, 0, 0,
0, 0, 0, 0, 0, 0, 0,
0, 0, 0, 0, 0, 0, 0,
0, 0, 0, 0, 0, 0, 0,
0, 0, 0, 0, 0, 0, 0,
0, 0, 0, 0, 0, 0, 0,
0, 0, 0, 0, 0, 0, 0,
0, 0, 0, 0, 0, 0, 0,
0, 0, 0, 0, 0, 0, 0,
0, 0, 0, 0, 0, 0, 0,
0, 0, 0, 0, 0, 0, 0,
0, 0, 0, 0, 0, 0, 0,
0, 0, 0, 0, 0, 0, 0,
0, 0, 0, 0, 0, 0, 0,
0, 0, 0, 0, 0, 0, 0,
```

```
0, 0, 0, 0, 0, 0, 0,
0, 0, 0, 0, 0, 0, 0,
0, 0, 0, 0, 0, 0, 0,
0, 0, 0, 0, 0, 0, 0,
0, 0, 0, 0, 0, 0, 0,
0, 0, 0, 0, 0, 0, 0,
0, 0, 0, 0, 0, 0, 0,
0, 0, 0, 0, 0, 0, 0,
0, 0, 0, 0, 0, 0, 0,
0, 0, 0, 0, 0, 0, 0,
0, 0, 0, 0, 0, 0, 0,
0, 0, 0, 0, 0, 0, 0,
0, 0, 0, 0, 0, 0, 0,
0, 0, 0, 0, 0, 0, 0,
0, 0, 0, 0, 0, 0, 0,
0, 0, 0, 0, 0, 0, 0,
0, 0, 0, 0, 0, 0, 0,
0, 0, 0, 0, 0, 0, 0,
0, 0, 0, 0, 0, 0, 0,
0, 0, 0, 0, 0, 0, 0,
0, 0, 0, 0, 0, 0, 0,
0, 0, 0, 0, 0, 0, 0,
0, 0, 0, 0, 0, 0, 0,
0, 0, 0, 0, 0, 0, 0,
0, 0, 0, 0, 0, 0, 0,
0, 0, 0, 0, 0, 0, 0,
0, 0, 0, 0, 0, 0, 0,
0, 0, 0, 0, 0, 0, 0,
0, 0, 0, 0, 0, 0, 0,
0, 0, 0, 0, 0, 0, 0,
0, 0, 0, 0, 0, 0, 0,
0, 0, 0, 0, 0, 0, 0,
0, 0, 0, 0, 0, 0, 0,
0, 0, 0, 0, 0, 0, 0,
0, 0, 0, 0, 0, 0, 0,
0, 0, 0, 0, 0, 0, 0,
0, 0, 0, 0, 0, 0, 0,
0, 0, 0, 0, 0, 0, 0,
0, 0, 0, 0, 0, 0, 0,
0, 0, 0, 0, 0, 0, 0,
0, 0, 0, 0, 0, 0, 0,
0, 0, 0, 0, 0, 0, 0,
0, 0, 0, 0, 0, 0, 0,
0, 0, 0, 0, 0, 0, 0,
0, 0, 0, 0, 0, 0, 0,
0, 0, 0, 0, 0, 0, 0,
0, 0, 0, 0, 0, 0, 0,
0, 0, 0, 0, 0, 0, 0,
0, 0, 0, 0, 0, 0, 0,
0, 0, 0, 0, 0, 0, 0,
0, 0, 0, 0, 0, 0, 0,
0, 0, 0, 0, 0, 0, 0,
0, 0, 0, 0, 0, 0, 0,
0, 0, 0, 0, 0, 0, 0,
```

Figure 6-5   *Continued.*

```
0, 0, 0, 0, 0, 0, 0,
0, 0, 0, 0, 0, 0, 0,
0, 0, 0, 0, 0, 0, 0,
0, 0, 0, 0, 0, 0, 0,
0, 0, 0, 0, 0, 0, 0,
0, 0, 0, 0, 0, 0, 0,
0, 0, 0, 0, 0, 0, 0,
0, 0, 0, 0, 0, 0, 0,
0, 0, 0, 0, 0, 0, 0,
0, 0, 0, 0, 0, 0, 0,
0, 0, 0, 0, 0, 0, 0,
0, 0, 0, 0, 0, 0, 0,
0, 0, 0, 0, 0, 0, 0,
0, 0, 0, 0, 0, 0, 0,
0, 0, 0, 0, 0, 0, 0,
0, 0, 0, 0, 0, 0, 0,
0, 0, 0, 0, 0, 0, 0,
0, 0, 0, 0, 0, 0, 0,
0, 0, 0, 0, 0, 0, 0,
0, 0, 0, 0, 0, 0, 0,
0, 0, 0, 0, 0, 0, 0,
0, 0, 0, 0, 0, 0, 0,
0, 0, 0, 0, 0, 0, 0,
0, 0, 0, 0, 0, 0, 0,
0, 0, 0, 0, 0, 0, 0,
0, 0, 0, 0, 0, 0, 0,
0, 0, 0, 0, 0, 0, 0,
0, 0, 0, 0, 0, 0, 0,
0, 0, 0, 0, 0, 0, 0,
0, 0, 0, 0, 0, 0, 0,
0, 0, 0, 0, 0, 0, 0,
0, 0, 0, 0, 0, 0, 0,
0, 0, 0, 0, 0, 0, 0,
0, 0, 0, 0, 0, 0, 0,
0, 0, 0, 0, 0, 0, 0,
0, 0, 0, 0, 0, 0, 0,
0, 0, 0, 0, 0, 0, 0,
0, 0, 0, 0, 0, 0, 0,
0, 0, 0, 0, 0, 0, 0,
0, 0, 0, 0, 0, 0, 0,
0, 0, 0, 0, 0, 0, 0,
0, 0, 0, 0, 0, 0, 0,
0, 0, 0, 0, 0, 0, 0,
0, 0, 0, 0, 0, 0, 0,
0, 0, 0, 0, 0, 0, 0,
0, 0, 0, 0, 0, 0, 0,
0, 0, 0, 0, 0, 0, 0,
0, 0, 0, 0, 0, 0, 0,
0, 0, 0, 0, 0, 0, 0,
```

```
0, 0, 0, 0, 0, 0, 0,
0, 0, 0, 0, 0, 0, 0,
0, 0, 0, 0, 0, 0, 0,
0, 0, 0, 0, 0, 0, 0,
0, 0, 0, 0, 0, 0, 0,
0, 0, 0, 0, 0, 0, 0,
0, 0, 0, 0, 0, 0, 0,
0, 0, 0, 0, 0, 0, 0,
0, 0, 0, 0, 0, 0, 0,
0, 0, 0, 0, 0, 0, 0,
0, 0, 0, 0, 0, 0, 0,
0, 0, 0, 0, 0, 0, 0,
0, 0, 0, 0, 0, 0, 0,
0, 0, 0, 0, 0, 0, 0,
0, 0, 0, 0, 0, 0, 0,
0, 0, 0, 0, 0, 0, 0,
0, 0, 0, 0, 0, 0, 0,
0, 0, 0, 0, 0, 0, 0,
0, 0, 0, 0, 0, 0, 0,
0, 0, 0, 0, 0, 0, 0,
0, 0, 0, 0, 0, 0, 0,
0, 0, 0, 0, 0, 0, 0,
0, 0, 0, 0, 0, 0, 0,
0, 0, 0, 0, 0, 0, 0,
0, 0, 0, 0, 0, 0, 0,
0, 0, 0, 0, 0, 0, 0,
0, 0, 0, 0, 0, 0, 0,
0, 0, 0, 0, 0, 0, 0,
0, 0, 0, 0, 0, 0, 0,
0, 0, 0, 0, 0, 0, 0,
0, 0, 0, 0, 0, 0, 0,
0, 0, 0, 0, 0, 0, 0,
0, 0, 0, 0, 0, 0, 0,
0, 0, 0, 0, 0, 0, 0,
0, 0, 0, 0, 0, 0, 0,
0, 0, 0, 0, 0, 0, 0,
0, 0, 0, 0, 0, 0, 0,
0, 0, 0, 0, 0, 0, 0,
0, 0, 0, 0, 0, 0, 0,
0, 0, 0, 0, 0, 0, 0,
0, 0, 0, 0, 0, 0, 0,
0, 0, 0, 0, 0, 0, 0,
0, 0, 0, 0, 0, 0, 0,
0, 0, 0, 0, 0, 0, 0,
0, 0, 0, 0, 0, 0, 0,
0, 0, 0, 0, 0, 0, 0,
0, 0, 0, 0, 0, 0, 0,
0, 0, 0, 0, 0, 0, 0,
0, 0, 0, 0, 0, 0, 0,
0, 0, 0, 0, 0, 0, 0,
0, 0, 0, 0, 0, 0, 0,
0, 0, 0, 0, 0, 0, 0,
0, 0, 0, 0, 0, 0, 0,
```

Figure 6-5   *Continued.*

```
0, 0, 0, 0, 0, 0, 0,
0, 0, 0, 0, 0, 0, 0,
0, 0, 0, 0, 0, 0, 0,
0, 0, 0, 0, 0, 0, 0,
0, 0, 0, 0, 0, 0, 0,
0, 0, 0, 0, 0, 0, 0,
0, 0, 0, 0, 0, 0, 0,
0, 0, 0, 0, 0, 0, 0,
0, 0, 0, 0, 0, 0, 0,
0, 0, 0, 0, 0, 0, 0,
0, 0, 0, 0, 0, 0, 0,
0, 0, 0, 0, 0, 0, 0,
0, 0, 0, 0, 0, 0, 0,
0, 0, 0, 0, 0, 0, 0,
0, 0, 0, 0, 0, 0, 0,
0, 0, 0, 0, 0, 0, 0,
0, 0, 0, 0, 0, 0, 0,
0, 0, 0, 0, 0, 0, 0,
0, 0, 0, 0, 0, 0, 0,
0, 0, 0, 0, 0, 0, 0,
0, 0, 0, 0, 0, 0, 0,
0, 0, 0, 0, 0, 0, 0,
0, 0, 0, 0, 0, 0, 0,
0, 0, 0, 0, 0, 0, 0,
0, 0, 0, 0, 0, 0, 0,
0, 0, 0, 0, 0, 0, 0,
0, 0, 0, 0, 0, 0, 0,
0, 0, 0, 0, 0, 0, 0,
0, 0, 0, 0, 0, 0, 0,
0, 0, 0, 0, 0, 0, 0,
0, 0, 0, 0, 0, 0, 0,
0, 0, 0, 0, 0, 0, 0,
0, 0, 0, 0, 0, 0, 0,
0, 0, 0, 0, 0, 0, 0,
0, 0, 0, 0, 0, 0, 0,
0, 0, 0, 0, 0, 0, 0,
0, 0, 0, 0, 0, 0, 0,
0, 0, 0, 0, 0, 0, 0,
0, 0, 0, 0, 0, 0, 0,
0, 0, 0, 0, 0, 0, 0,
0, 0, 0, 0, 0, 0, 0,
0, 0, 0, 0, 0, 0, 0,
0, 0, 0, 0, 0, 0, 0,
0, 0, 0, 0, 0, 0, 0,
0, 0, 0, 0, 0, 0, 0,
0, 0, 0, 0, 0, 0, 0,
0, 0, 0, 0, 0, 0, 0,
0, 0, 0, 0, 0, 0, 0,
0, 0, 0, 0, 0, 0, 0,
0, 0, 0, 0, 0, 0, 0,
0, 0, 0, 0, 0, 0, 0,
```

```
0, 0, 0, 0, 0, 0, 0,
0, 0, 0, 0, 0, 0, 0,
0, 0, 0, 0, 0, 0, 0,
0, 0, 0, 0, 0, 0, 0,
0, 0, 0, 0, 0, 0, 0,
0, 0, 0, 0, 0, 0, 0,
0, 0, 0, 0, 0, 0, 0,
0, 0, 0, 0, 0, 0, 0,
0, 0, 0, 0, 0, 0, 0,
0, 0, 0, 0, 0, 0, 0,
0, 0, 0, 0, 0, 0, 0,
0, 0, 0, 0, 0, 0, 0,
0, 0, 0, 0, 0, 0, 0,
0, 0, 0, 0, 0, 0, 0,
0, 0, 0, 0, 0, 0, 0,
0, 0, 0, 0, 0, 0, 0,
0, 0, 0, 0, 0, 0, 0,
0, 0, 0, 0, 0, 0, 0,
0, 0, 0, 0, 0, 0, 0,
0, 0, 0, 0, 0, 0, 0,
0, 0, 0, 0, 0, 0, 0,
0, 0, 0, 0, 0, 0, 0,
0, 0, 0, 0, 0, 0, 0,
0, 0, 0, 0, 0, 0, 0,
0, 0, 0, 0, 0, 0, 0,
0, 0, 0, 0, 0, 0, 0,
0, 0, 0, 0, 0, 0, 0,
0, 0, 0, 0, 0, 0, 0,
0, 0, 0, 0, 0, 0, 0,
0, 0, 0, 0, 0, 0, 0,
0, 0, 0, 0, 0, 0, 0,
0, 0, 0, 0, 0, 0, 0,
0, 0, 0, 0, 0, 0, 0,
0, 0, 0, 0, 0, 0, 0,
0, 0, 0, 0, 0, 0, 0,
0, 0, 0, 0, 0, 0, 0,
0, 0, 0, 0, 0, 0, 0,
0, 0, 0, 0, 0, 0, 0,
0, 0, 0, 0, 0, 0, 0,
0, 0, 0, 0, 0, 0, 0,
0, 0, 0, 0, 0, 0, 0,
0, 0, 0, 0, 0, 0, 0,
0, 0, 0, 0, 0, 0, 0,
0, 0, 0, 0, 0, 0, 0,
0, 0, 0, 0, 0, 0, 0,
0, 0, 0, 0, 0, 0, 0,
0, 0, 0, 0, 0, 0, 0,
0, 0, 0, 0, 0, 0, 0,
0, 0, 0, 0, 0, 0, 0,
0, 0, 0, 0, 0, 0, 0,
0, 0, 0, 0, 0, 0, 0,
0, 0, 0, 0, 0, 0, 0,
0, 0, 0, 0, 0, 0, 0,
0, 0, 0, 0, 0, 0, 0,
0, 0, 0, 0, 0, 0, 0,
0, 0, 0, 0, 0, 0, 0,
```

Figure 6-5   *Continued.*

```
0, 0, 0, 0, 0, 0, 0,
0, 0, 0, 0, 0, 0, 0,
0, 0, 0, 0, 0, 0, 0,
0, 0, 0, 0, 0, 0, 0,
0, 0, 0, 0, 0, 0, 0,
0, 0, 0, 0, 0, 0, 0,
0, 0, 0, 0, 0, 0, 0,
0, 0, 0, 0, 0, 0, 0,
0, 0, 0, 0, 0, 0, 0,
0, 0, 0, 0, 0, 0, 0,
0, 0, 0, 0, 0, 0, 0,
0, 0, 0, 0, 0, 0, 0,
0, 0, 0, 0, 0, 0, 0,
0, 0, 0, 0, 0, 0, 0,
0, 0, 0, 0, 0, 0, 0,
0, 0, 0, 0, 0, 0, 0,
0, 0, 0, 0, 0, 0, 0,
0, 0, 0, 0, 0, 0, 0,
0, 0, 0, 0, 0, 0, 0,
0, 0, 0, 0, 0, 0, 0,
0, 0, 0, 0, 0, 0, 0,
0, 0, 0, 0, 0, 0, 0,
0, 0, 0, 0, 0, 0, 0,
0, 0, 0, 0, 0, 0, 0,
0, 0, 0, 0, 0, 0, 0,
0, 0, 0, 0, 0, 0, 0,
0, 0, 0, 0, 0, 0, 0,
0, 0, 0, 0, 0, 0, 0,
0, 0, 0, 0, 0, 0, 0,
0, 0, 0, 0, 0, 0, 0,
0, 0, 0, 0, 0, 0, 0,
0, 0, 0, 0, 0, 0, 0,
0, 0, 0, 0, 0, 0, 0,
0, 0, 0, 0, 0, 0, 0,
0, 0, 0, 0, 0, 0, 0,
0, 0, 0, 0, 0, 0, 0,
0, 0, 0, 0, 0, 0, 0,
0, 0, 0, 0, 0, 0, 0,
0, 0, 0, 0, 0, 0, 0,
0, 0, 0, 0, 0, 0, 0,
0, 0, 0, 0, 0, 0, 0,
0, 0, 0, 0, 0, 0, 0,
0, 0, 0, 0, 0, 0, 0,
0, 0, 0, 0, 0, 0, 0,
0, 0, 0, 0, 0, 0, 0,
0, 0, 0, 0, 0, 0, 0,
0, 0, 0, 0, 0, 0, 0,
0, 0, 0, 0, 0, 0, 0,
0, 0, 0, 0, 0, 0, 0,
0, 0, 0, 0, 0, 0, 0,
0, 0, 0, 0, 0, 0, 0,
```

```
            0, 0, 0, 0, 0, 0, 0,
            0, 0, 0, 0, 0, 0, 0,
            0, 0, 0, 0, 0, 0, 0,
            0, 0, 0, 0, 0, 0, 0,
            0, 0, 0, 0, 0, 0, 0,
            0, 0, 0, 0, 0, 0, 0,
            0, 0, 0, 0, 0, 0, 0,
            0, 0, 0, 0, 0, 0, 0,
            0, 0, 0, 0, 0, 0, 0,
            0, 0, 0, 0, 0, 0, 0,
            0, 0, 0, 0, 0, 0, 0,
            0, 0, 0, 0, 0, 0, 0,
            0, 0, 0, 0, 0, 0, 0,
            0, 0, 0, 0, 0, 0, 0,
            0, 0, 0, 0, 0, 0, 0,
            0, 0, 0, 0, 0, 0, 0 };

//!
// End of sprite source
//////////////////////////////////////
```

⇨ Summary

The demonstration program PROG6-1.C shows you how to run a
sprite in a maze while controlling its direction from the keyboard.
The sprite editor was used to create a basic tank image comprised of
two sprites.

Chapter 7 shows you how to shoot a missile from the cannon of the
tank via a keyboard press.

Launching a missile
from a moving sprite

LAUNCHING a missile is different from just moving a missile. Here's why. When you launch a missile, the start location of the launch is relative to the launcher's (sprite's) position. Second, the speed and the missile that has been launched is influenced by the speed and direction of the sprite.

⇨ Launching a missile

The PROG7-1.EXE (PROG7-1.C is presented in Fig. 7-1) demonstration program uses a space bar to launch a missile from the tank's cannon. The direction of the missile is determined by the tank's direction. The speed of the missile is far greater than the tank.

In PROG7-1.EXE, once the missile is launched it travels unfettered until a boundary is reached. Once the boundary is reached, a crack is heard and then the missile is removed. Examine the source (Fig. 7-1) to see where that happens.

Also examine the source to see where the missile launch occurs and why you can't launch another missile until the first missile is removed from the playfield. If you don't like the fact that only one missile may be travelling at a time on the playfield, then change the code in PROG7-1.C (Fig. 7-1) to accommodate more than one missile being able to move on the playfield at one time.

Figure 7-1 presents the source code listing to PROG7-1.C. This program demonstrates how to launch a missile from a moving sprite-based tank by pressing the keyboard's space bar.

Figure 7-1   *The source code listing to PROG7-1.C*

```
/////////////////////////////////////
//
// prog7-1.c
//
// Demonstration of keyboard controlled
// two-color sprite movement with missile
// launch from keyboard

/////////////////////////////////////
//
//   defines
//
```

```c
#include <graphics.h>
#include <dos.h>
#include <stdlib.h>
#include <stdio.h>
#include <stdio.h>
#include <string.h>
#include <conio.h>
#include "tproto.h"
#include "sprite.h"

#include "utank.c"
#include "dtank.c"
#include "rtank.c"
#include "ltank.c"

/////////////////////////////////////
//
// include sprite created by the
// sprite editor


void crash(void);
void crash1(void);
void erase_missile_image(MISSILE_IMAGE *mi);
void set_missile_position(int param);
void launch_missile(int param, MISSILE_IMAGE *mi);
void init_playfield(void);
int  legal_sprite_move(int param);
void destroy_playfield(void);
void init_missile(MISSILE_IMAGE *missile1, unsigned char plane);
void move_missile_image(int col, int row, MISSILE_IMAGE *missile1);
void poll_sprite(int param);
void main(void);

#define SPRITE_TRACK          52
#define SPRITE_TRACK_OFFSET  (SPRITE_TRACK / 2)

MISSILE_IMAGE missile1;
SPRITE_IMAGE  tank_u1, tank_u2;
SPRITE_IMAGE  tank_d1, tank_d2;
SPRITE_IMAGE  tank_r1, tank_r2;
SPRITE_IMAGE  tank_l1, tank_l2;

int missile_direction;
int missile_launched= 0;
int missile_row, missile_col;
int  row, col, cnt, key;
int max_x, max_y;
int midx, midy, mode;

void main()
{
int param, cnt;
```

Figure 7-1   *Continued.*

```
int gdriver= DETECT, gmode, errorcode;
int old_row, old_col;
char location_buf[25];
int param_case, show_row_col= 0;

    initgraph(&gdriver, &gmode, "");

    errorcode= graphresult();

    if(errorcode != grOk) {
       printf("Graphics error: %s\n", grapherrormsg(errorcode));
       printf("Press any to return to DOS\n");
       getch();
       exit(1);
       }

    setbkcolor(DARKGRAY);

    // get max X and Y values

    max_x= getmaxx();
    max_y= getmaxy();

    // calculate mid points

    midx= max_x / 2;
    midy= max_y /2;

    // outer box

    rectangle(0, 0, max_x, max_y);

    // upper left inner box

    rectangle(52,
              52,
              midx - SPRITE_TRACK_OFFSET,
              midy - SPRITE_TRACK_OFFSET);

    // upper right inner box

    rectangle(midx + SPRITE_TRACK_OFFSET,
              SPRITE_TRACK,
              max_x - SPRITE_TRACK,
              midy - SPRITE_TRACK_OFFSET);

    // lower left inner box

    rectangle(SPRITE_TRACK,
              midy + SPRITE_TRACK_OFFSET,
              midx - SPRITE_TRACK_OFFSET,
              max_y - SPRITE_TRACK);
```

230

```
        // lower right inner box

        rectangle(midx + SPRITE_TRACK_OFFSET,
                  midy + SPRITE_TRACK_OFFSET,
                  max_x - SPRITE_TRACK,
                  max_y - SPRITE_TRACK);


        init_playfield();

        col= 2;
        row= 100;



//      move_missile_image(col, row, &missile1);

        expand_sprite_image(UTANK1);
        expand_sprite_image(UTANK2);

        expand_sprite_image(DTANK1);
        expand_sprite_image(DTANK2);

        expand_sprite_image(RTANK1);
        expand_sprite_image(RTANK2);

        expand_sprite_image(LTANK1);
        expand_sprite_image(LTANK2);



        init_sprite(&tank_u1, UTANK1, 1);
        init_sprite(&tank_u2, UTANK2, 4);

        init_sprite(&tank_d1, DTANK1, 1);
        init_sprite(&tank_d2, DTANK2, 4);

        init_sprite(&tank_r1, RTANK1, 1);
        init_sprite(&tank_r2, RTANK2, 4);

        init_sprite(&tank_l1, LTANK1, 1);
        init_sprite(&tank_l2, LTANK2, 4);

        move_sprite_image(col, row, &tank_d2);
        move_sprite_image(col, row, &tank_d1);

        init_missile(&missile1, 3);


        for(;;) {

          if(((row != old_row) || (col != old_col)) && (show_row_col)) {
            memset(location_buf, 0, 25);
```

Figure 7-1   *Continued.*

```
setwritemode(COPY_PUT);
setcolor(DARKGRAY);
line(90, 90, 90 + (40 * 8), 10);
for(cnt= 10; cnt < 30; cnt++) {
   line(90, 90 + cnt, 90 + (40 * 8), 90 + cnt);
   }
sprintf(location_buf,"Row= %3d  Col= %3d", row, col);
moveto(100, 100);
setcolor(WHITE);
outtext(location_buf);

old_row= row;
old_col= col;
}

key= gtKBstat();
switch(key) {
   case SPACE:
      if(!missile_launched) {
         set_missile_position(param_case);
         missile_launched= 1;
         }
      break;
   case LEFT_ARROW:
      param= 1;
      break;
   case RIGHT_ARROW:
      param= 2;
      break;
   case UP_ARROW:
      param= 4;
      break;
   case DOWN_ARROW:
      param= 3;
      break;
   case F1:
      show_row_col= 1;
      break;
   case F2:
      show_row_col= 0;
      break;
   case ENTER:
      param= 0;
      break;
   case F10:
      goto exit_loop;
   }

delay(6);

if(missile_launched) {
```

```
            launch_missile(missile_direction, &missile1);
            launch_missile(missile_direction, &missile1);
            }

        if(legal_sprite_move(param)) {
            poll_sprite(param);
            param_case= param;
            }
        else {
            if(legal_sprite_move(param_case)) {
                poll_sprite(param_case);
                }
            }

        if(missile_launched) {
            launch_missile(missile_direction, &missile1);
            launch_missile(missile_direction, &missile1);
            }

        }

exit_loop:
    destroy_playfield();

    closegraph();


}

int key_status()
{
union REGS ir, or;
    ir.h.ah= 1;
    int86(0x16, &ir, &or);
    return or.x.ax;
}


void set_missile_position(param)
{
    crash1();
    switch(param) {
        // left
        case  1:
            missile_col= col - 7;
            missile_row= row + SPRITE_TRACK_OFFSET - 4;
            move_missile_image(missile_col, missile_row, &missile1);
            missile_direction= param;
            missile_launched= 1;
            break;
        // right
        case  2:
            missile_col= col + SPRITE_TRACK  - 4;
```

Figure 7-1   *Continued.*

```
                missile_row= row + SPRITE_TRACK_OFFSET - 4;
                move_missile_image(missile_col, missile_row, &missile1);
                missile_direction= param;
                missile_launched= 1;
                break;
            // down
            case  3:
                missile_col= col + SPRITE_TRACK_OFFSET - 6;
                missile_row= row + SPRITE_TRACK - 4;
                move_missile_image(missile_col, missile_row, &missile1);
                missile_direction= param;
                missile_launched= 1;
                break;
            // up
            case  4:
                missile_col= col + SPRITE_TRACK_OFFSET - 6;
                missile_row= row - 6;
                move_missile_image(missile_col, missile_row, &missile1);
                missile_direction= param;
                missile_launched= 1;
                break;
            }

    }

    void launch_missile(int param, MISSILE_IMAGE *mi)
    {

        switch(param) {
            // left missile motion
            case 1:
                if(missile_col < 16) {
                    missile_launched= 0;
                    erase_missile_image(mi);
                    crash();
                    return;
                    }
                move_missile_image(missile_col--, missile_row, &missile1);
                break;
            // right missile motion
            case 2:
                if(missile_col > max_x - 16) {
                    missile_launched= 0;
                    erase_missile_image(mi);
                    crash();
                    return;
                    }
                move_missile_image(missile_col++, missile_row, &missile1);
                break;
            // down missile motion
            case 3:
```

```
          if(missile_row > max_y - 16) {
            missile_launched= 0;
            erase_missile_image(mi);
            crash();
            return;
            }
          move_missile_image(missile_col, missile_row++, &missile1);
          break;
      // up missile motion
      case 4:
          if(missile_row < 16) {
            missile_launched= 0;
            erase_missile_image(mi);
            crash();
            return;
            }
          move_missile_image(missile_col, missile_row--, &missile1);
          break;
      }

}

void poll_sprite(int param)
{

    switch(param) {
        // left tank motion
        case 1:
            move_sprite_image(col--, row, &tank_l1);
            move_sprite_image(col, row, &tank_l2);
            break;

        // right tank motion
        case 2:
            move_sprite_image(col++, row, &tank_r1);
            move_sprite_image(col, row, &tank_r2);
            break;
        // down tank motion
        case 3:
            move_sprite_image(col, row++, &tank_d1);
            move_sprite_image(col, row, &tank_d2);
            break;
        // up tank motion
        case 4:
            move_sprite_image(col, row--, &tank_u1);
            move_sprite_image(col, row, &tank_u2);
            break;
        }

}

int legal_sprite_move(int param)
{
```

Figure 7-1   *Continued.*

```
switch(param) {
    // left tank motion
    case 1:
        if((col > 2) && ((row == 2) ||
                         (row == 428) ||
                         (row == midy - SPRITE_TRACK_OFFSET))) {
            return 1;
            }
        break;

    // right tank motion
    case 2:
        if((col < 590) && ((row == 2)   ||
                           (row == 428) ||
                           (row == midy - SPRITE_TRACK_OFFSET))) {
            return 1;
            }
        break;
    // down tank motion
    case 3:
        if((row < 428) && ((col == 2)   ||
                           (col == 590)||
                           (col == midx - SPRITE_TRACK_OFFSET + 2))) {
            return 1;
            }
        break;
    // up tank motion
    case 4:
        if((row > 2)  && ((col == 2)   ||
                          (col == 590) ||
                          (col == midx - SPRITE_TRACK_OFFSET + 2))) {
            return 1;
            }
        break;
    }
    return 0;
}


void crash()
{
    onSound(300);
    delay(2);
    offSound();
}

void crash1()
{
    onSound(1300);
    delay(4);
    offSound();
}
```

⇨ Summary

This chapter modified the tank program presented in chapter 6 so that a missile can be launched from the tank via a space bar press. Note that the missile travels faster than the tank and travels in the same direction that the tank is travelling in. Chapter 8 presents the workings to a simple shoot-the-chasing-ghosts-in-a-maze game. Polling is expanded to account for the motion of five chasing ghosts along with a tank armed with a missile launcher.

A simple game

THE game presented in PROG8-1.C (Fig. 8-1) is intended to provide all the necessary code to facilitate the development of your own video game. The demonstration game (PROG8-1.EXE) has been tested on computers ranging between the 16 MHz 386SX ISA VGA to a 33 MHz 486 ISA VGA.

My sense is that the most satisfying play takes place on 25 and 33 MHz machines. If the game plays slower than you'd prefer I'd suggest reducing the delays placed in the polling loop. That should do it.

⇨ The tank game

The demonstration tank game has many elements of a shoot-em-up genre game. There is a tank with a missile launcher. There are five ghosts which chase the tank. The player launches missiles from the tank and tries to obliterate the ghosts. Once obliterated, the ghosts are reincarnated with more intelligence and speed.

Here are the game's instructions:

➤ The object of the game is to score as many points as you can.

➤ You score points by launching a missile so it collides with a ghost.

➤ The game ends when a ghost collides with the tank.

The game begins when you press an arrow key and the tank begins moving. The two-color tank's movement is directed by pressing the keyboard's arrow keys. If you try to move the tank off the track, say, by pressing the down arrow key while the tank is not over a downward track, the tank will keep moving right until the down track is reached. As the program remembers the last tank direction command, the tank will immediately turn downward when the down track is reached.

You launch a missile at a ghost by pointing the tank in the direction of a ghost and then pressing the space bar. The missile travels much faster than the tank does. When the missile collides with the ghost, the ghost is immediately obliterated and reincarnated.

There are five ghosts which chase the tank. Shooting a ghost increases your score. The higher the level you reach, the more points you acquire in your score. As you progress through the nine levels of play, you'll note that the ghosts become a bit more vicious in their chasing speed and slyness. The game ends when a ghost collides with your tank. Your final score is displayed. Remember, begin the game by starting the tank's motion.

Figure 8-1 presents the heavily documented source code listing to PROG8-1.C. Exploring this source will expose all the animation techniques presented in this book.

The source code listing to PROG8-1.C   Figure 8-1

```
//////////////////////////////////////
//
// prog8-1.c
//
// Demonstration of keyboard controlled
// two-color sprite movement with missile
// launch from keyboard and chasing ghosts
//

//////////////////////////////////////
//
//   defines
//

#include <graphics.h>
#include <dos.h>
#include <stdlib.h>
#include <stdio.h>
#include <stdio.h>
#include <string.h>
#include <conio.h>
#include "tproto.h"
#include "sprite.h"

#include "utank.c"
#include "dtank.c"
#include "rtank.c"
#include "ltank.c"
#include "ughost.c"

//////////////////////////////////////
//
// include sprite created by the
// sprite editor

void remove_sprites(void);
```

Figure 8-1   *Continued.*

```
void explosion(void);
void peep(void);
void print_missiles_used(void);
void erase_message_window(void);
void set_level(void);
int  game_over(void);
void init_game(void);
void print_level(void);
void print_score(int hit);
void crash(void);
void crash1(void);
void set_active_tank(int param);
void erase_missile_image(MISSILE_IMAGE *mi);
void set_missile_position(int param);
void launch_missile(int param, MISSILE_IMAGE *mi);
void init_playfield(void);
void launch_ghost1(int row, int col);
void launch_ghost2(int row, int col);
void launch_ghost3(int row, int col);
void launch_ghost4(int row, int col);
void launch_ghost5(int row, int col);
void ghost1_move(void);
void ghost2_move(void);
void ghost3_move(void);
void ghost4_move(void);
void ghost5_move(void);
int  legal_sprite_move(int param);
void destroy_playfield(void);
void init_missile(MISSILE_IMAGE *missile1, unsigned char plane);
void move_missile_image(int col, int row, MISSILE_IMAGE *missile1);
void poll_sprite(int param);
void main(void);

#define SPRITE_TRACK          64      // track width
#define SPRITE_TRACK_OFFSET   (SPRITE_TRACK / 2)
#define D_T                   1       // down tank
#define U_T                   2       // up tank
#define R_T                   3       // right tank
#define L_T                   4       // left tank
#define LEVEL_1               1
#define LEVEL_2               2
#define LEVEL_3               3
#define LEVEL_4               4
#define LEVEL_5               5
#define LEVEL_6               6
#define LEVEL_7               7
#define LEVEL_8               8
#define LEVEL_9               9

#define DELAY8_MS             8
#define DELAY7_MS             7
```

```
#define DELAY6_MS              6
#define DELAY5_MS              5
#define DELAY4_MS              4
#define DELAY3_MS              3
#define DELAY2_MS              2

MISSILE_IMAGE missile1;
SPRITE_IMAGE  tank_u1, tank_u2;
SPRITE_IMAGE  tank_d1, tank_d2;
SPRITE_IMAGE  tank_r1, tank_r2;
SPRITE_IMAGE  tank_l1, tank_l2;
SPRITE_IMAGE  ughost_1, ughost_2;
SPRITE_IMAGE  ughost2_1, ughost2_2;
SPRITE_IMAGE  ughost3_1, ughost3_2;
SPRITE_IMAGE  ughost4_1, ughost4_2;
SPRITE_IMAGE  ughost5_1, ughost5_2;

int peep_flag= 0;
int missiles_used= 0;
int delay_value= DELAY8_MS;
int active_tank;
int difficulty_level= LEVEL_1;
long total_score= 0;
long adjusted_score= 0;
int score= 0;
int center_sprite_x, center_sprite_y;
int ghost1_direction= 1;
int ghost2_direction= 1;
int ghost3_direction= 1;
int ghost4_direction= 1;
int ghost5_direction= 1;
int ghost1_launched= 0;
int ghost2_launched= 0;
int ghost3_launched= 0;
int ghost4_launched= 0;
int ghost5_launched= 0;
int missile_direction;
int missile_launched= 0;
int missile_row, missile_col;
int  row, col, g1_row, g1_col, cnt, key;
int row2, col2, g2_row, g2_col;
int row3, col3, g3_row, g3_col;
int row4, col4, g4_row, g4_col;
int row5, col5, g5_row, g5_col;
int max_x, max_y;
int midx, midy, mode;

void main()
{
int param, cnt, val;
int gdriver= DETECT, gmode, errorcode;
int old_row, old_col;
char location_buf[25];
```

Figure 8-1   *Continued.*

```
int param_case;

    initgraph(&gdriver, &gmode, "");

    errorcode= graphresult();

    if(errorcode != grOk) {
        printf("Graphics error: %s\n", grapherrormsg(errorcode));
        printf("Press any to return to DOS\n");
        getch();
        exit(1);
        }

    setbkcolor(DARKGRAY);

    // get max X and Y values

    max_x= getmaxx();
    max_y= getmaxy();

    // calculate mid points

    midx= max_x / 2;
    midy= max_y /2;

    // outer box

    rectangle(0, 0, max_x, max_y);

    // upper left inner box

    rectangle(SPRITE_TRACK,
              SPRITE_TRACK,
              midx - SPRITE_TRACK_OFFSET,
              midy - SPRITE_TRACK_OFFSET - 1);

    // upper right inner box

    rectangle(midx + SPRITE_TRACK_OFFSET,
              SPRITE_TRACK,
              max_x - SPRITE_TRACK,
              midy - SPRITE_TRACK_OFFSET - 1);

    // lower left inner box

    rectangle(SPRITE_TRACK,
              midy + SPRITE_TRACK_OFFSET,
              midx - SPRITE_TRACK_OFFSET,
              max_y - SPRITE_TRACK);

    // lower right inner box
```

```
rectangle(midx + SPRITE_TRACK_OFFSET,
          midy + SPRITE_TRACK_OFFSET,
          max_x - SPRITE_TRACK,
          max_y - SPRITE_TRACK);



init_playfield();

center_sprite_x= midx - SPRITE_TRACK_OFFSET + 8;
center_sprite_y= midy - SPRITE_TRACK_OFFSET + 4;


expand_sprite_image(UTANK1);
expand_sprite_image(UTANK2);

expand_sprite_image(DTANK1);
expand_sprite_image(DTANK2);

expand_sprite_image(RTANK1);
expand_sprite_image(RTANK2);

expand_sprite_image(LTANK1);
expand_sprite_image(LTANK2);


expand_sprite_image(UGHOST1);
expand_sprite_image(UGHOST2);


init_sprite(&tank_u1, UTANK1, 1);
init_sprite(&tank_u2, UTANK2, 4);

init_sprite(&tank_d1, DTANK1, 1);
init_sprite(&tank_d2, DTANK2, 4);

init_sprite(&tank_r1, RTANK1, 1);
init_sprite(&tank_r2, RTANK2, 4);

init_sprite(&tank_l1, LTANK1, 1);
init_sprite(&tank_l2, LTANK2, 4);

init_sprite(&ughost_1, UGHOST1, 2);
init_sprite(&ughost_2, UGHOST2, 4);
init_sprite(&ughost2_1, UGHOST1, 2);
init_sprite(&ughost2_2, UGHOST2, 4);
init_sprite(&ughost3_1, UGHOST1, 2);
init_sprite(&ughost3_2, UGHOST2, 4);
init_sprite(&ughost4_1, UGHOST1, 2);
init_sprite(&ughost4_2, UGHOST2, 4);
init_sprite(&ughost5_1, UGHOST1, 2);
init_sprite(&ughost5_2, UGHOST2, 4);
```

Figure 8-1   *Continued.*

```
init_missile(&missile1, 3);

erase_message_window();

init_game();

for(;;) {

    if(peep_flag) {
        onSound(500);
        }

    key= gtKBstat();
    switch(key) {
        case SPACE:
            if(!missile_launched) {
                missiles_used+= 1;
                print_missiles_used();
                set_missile_position(param_case);
                missile_launched= 1;
                }
            break;
        case LEFT_ARROW:
            param= 1;
            break;
        case RIGHT_ARROW:
            param= 2;
            break;
        case DOWN_ARROW:
            param= 3;
            break;
        case UP_ARROW:
            param= 4;
            break;
        case ENTER:
            param= 0;
            break;
        case F10:
            goto exit_loop;
        }

    // update the position of the ghost

    ghost1_move();
    ghost2_move();
    ghost3_move();
    ghost4_move();
    ghost5_move();
    delay(delay_value);

    if(peep_flag) {
        peep_flag= 0;
```

```
        offSound();
        }

// check to see if the tank sprite collides with
// the ghost

switch(active_tank) {
    case U_T:
        if(sprite_sprite_collision(&ughost_1, &tank_u1)) {
            explosion();
            if(!game_over()) {
                init_game();
                }
            else {
                goto exit_loop;
                }
            }
        if(sprite_sprite_collision(&ughost2_1, &tank_u1)) {
            explosion();
            if(!game_over()) {
                init_game();
                }
            else {
                goto exit_loop;
                }
          }
        if(sprite_sprite_collision(&ughost3_1, &tank_u1)) {
            explosion();
            if(!game_over()) {
                init_game();
                }
            else {
                goto exit_loop;
                }
            }
        if(sprite_sprite_collision(&ughost4_1, &tank_u1)) {
            explosion();
            if(!game_over()) {
                init_game();
                }
            else {
                goto exit_loop;
                }
            }
        if(sprite_sprite_collision(&ughost5_1, &tank_u1)) {
            explosion();
            if(!game_over()) {
                init_game();
                }
            else {
                goto exit_loop;
                }
            }
```

Figure 8-1   *Continued.*

```
            break;
        case D_T:
            if(sprite_sprite_collision(&ughost_1, &tank_d1)) {
                explosion();
                if(!game_over()) {
                    init_game();
                    }
                else {
                    goto exit_loop;
                    }
                }
            if(sprite_sprite_collision(&ughost2_1, &tank_d1)) {
                explosion();
                if(!game_over()) {
                    init_game();
                    }
                else {
                    goto exit_loop;
                    }
                }
            if(sprite_sprite_collision(&ughost3_1, &tank_d1)) {
                explosion();
                if(!game_over()) {
                    init_game();
                    }
                else {
                    goto exit_loop;
                    }
                }
            if(sprite_sprite_collision(&ughost4_1, &tank_d1)) {
                explosion();
                if(!game_over()) {
                    init_game();
                    }
                else {
                    goto exit_loop;
                    }
                }
            if(sprite_sprite_collision(&ughost5_1, &tank_d1)) {
                explosion();
                if(!game_over()) {
                    init_game();
                    }
                else {
                    goto exit_loop;
                    }
                }
            break;
        case L_T:
            if(sprite_sprite_collision(&ughost_1, &tank_l1)) {
                explosion();
```

```
         if(!game_over()) {
            init_game();
            }
         else {
            goto exit_loop;
            }
         }
      if(sprite_sprite_collision(&ughost2_1, &tank_l1)) {
         explosion();
         if(!game_over()) {
            init_game();
            }
         else {
            goto exit_loop;
            }
         }
      if(sprite_sprite_collision(&ughost3_1, &tank_l1)) {
         explosion();
         if(!game_over()) {
            init_game();
            }
         else {
            goto exit_loop;
            }
         }
      if(sprite_sprite_collision(&ughost4_1, &tank_l1)) {
         explosion();
         if(!game_over()) {
            init_game();
            }
         else {
            goto exit_loop;
            }
         }
      if(sprite_sprite_collision(&ughost5_1, &tank_l1)) {
         explosion();
         if(!game_over()) {
            init_game();
            }
         else {
            goto exit_loop;
            }
         }
      break;
   case R_T:
      if(sprite_sprite_collision(&ughost_1, &tank_r1)) {
         explosion();
         if(!game_over()) {
            init_game();
            }
         else {
            goto exit_loop;
            }
```

Figure 8-1   *Continued.*

```
                }
            if(sprite_sprite_collision(&ughost2_1, &tank_r1)) {
                explosion();
                if(!game_over()) {
                    init_game();
                    }
                else {
                    goto exit_loop;
                    }
                }
            if(sprite_sprite_collision(&ughost3_1, &tank_r1)) {
                explosion();
                if(!game_over()) {
                    init_game();
                    }
                else {
                    goto exit_loop;
                    }
                }
            if(sprite_sprite_collision(&ughost4_1, &tank_r1)) {
                explosion();
                if(!game_over()) {
                    init_game();
                    }
                else {
                    goto exit_loop;
                    }
                }
            if(sprite_sprite_collision(&ughost5_1, &tank_r1)) {
                explosion();
                if(!game_over()) {
                    init_game();
                    }
                else {
                    goto exit_loop;
                    }
                }
            break;
        }

    // The missile travels at twice the speed of the
    // tank and ghost
    //
    // if the missile has been launched then update its
    // position

    if(missile_launched) {
        launch_missile(missile_direction, &missile1);
        launch_missile(missile_direction, &missile1);
        if(sprite_missile_collision(&ughost_1, &missile1)) {
            crash1();
```

```
      erase_missile_image(&missile1);
      erase_sprite_image(&ughost_1);
      erase_sprite_image(&ughost_2);
      launch_ghost1(12, 6);
      score+= 1;
      set_level();
      print_score(1);
      missile_launched= 0;
      }
   if(sprite_missile_collision(&ughost2_1, &missile1)) {
      crash1();
      erase_missile_image(&missile1);
      erase_sprite_image(&ughost2_1);
      erase_sprite_image(&ughost2_2);
      g2_col= 12;
      g2_row= 6;
      ghost2_direction= 2;
      launch_ghost2(g2_row, g2_col);
      score+= 1;
      set_level();
      print_score(1);
      missile_launched= 0;
      }
   if(sprite_missile_collision(&ughost3_1, &missile1)) {
      crash1();
      erase_missile_image(&missile1);
      erase_sprite_image(&ughost3_1);
      erase_sprite_image(&ughost3_2);
      g3_col= 582;
      g3_row= 424;
      ghost3_direction= 3;
      launch_ghost3(g3_row, g3_col);
      score+= 1;
      set_level();
      print_score(1);
      missile_launched= 0;
      }
   if(sprite_missile_collision(&ughost4_1, &missile1)) {
      crash1();
      erase_missile_image(&missile1);
      erase_sprite_image(&ughost4_1);
      erase_sprite_image(&ughost4_2);
      g4_col= 582;
      g4_row= 424;
      ghost4_direction= 3;
      launch_ghost4(g4_row, g4_col);
      score+= 1;
      set_level();
      print_score(1);
      missile_launched= 0;
      }
   if(sprite_missile_collision(&ughost5_1, &missile1)) {
      crash1();
```

Figure 8-1   *Continued.*

```
        erase_missile_image(&missile1);
        erase_sprite_image(&ughost5_1);
        erase_sprite_image(&ughost5_2);
        g5_col= 582;
        g5_row= 424;
        ghost5_direction= 3;
        launch_ghost5(g5_row, g5_col);
        score+= 1;
        set_level();
        print_score(1);
        missile_launched= 0;
        }
    }


// evaluate key press to determine if there has been
// a legal tank move

if(legal_sprite_move(param)) {
    poll_sprite(param);
    param_case= param;
    set_active_tank(param);
    }

// otherwise continue moving sprite until boundary
// is reached

else {
    if(legal_sprite_move(param_case)) {
        poll_sprite(param_case);
        }
    }

// if the missile has been launched then update its
// position

if(missile_launched) {
    launch_missile(missile_direction, &missile1);
    launch_missile(missile_direction, &missile1);
    if(sprite_missile_collision(&ughost_1, &missile1)) {
        crash1();
        erase_missile_image(&missile1);
        erase_sprite_image(&ughost_1);
        erase_sprite_image(&ughost_2);
        launch_ghost1(12, 6);
        score+= 1;
        print_score(1);
        set_level();
        missile_launched= 0;
        }
    if(sprite_missile_collision(&ughost2_1, &missile1)) {
```

```
        crash1();
        erase_missile_image(&missile1);
        erase_sprite_image(&ughost2_1);
        erase_sprite_image(&ughost2_2);
        g2_col= 12;
        g2_row= 6;
        ghost2_direction= 2;
        launch_ghost2(g2_row, g2_col);
        score+= 1;
        print_score(1);
        set_level();
        missile_launched= 0;
        }
    if(sprite_missile_collision(&ughost3_1, &missile1)) {
        crash1();
        erase_missile_image(&missile1);
        erase_sprite_image(&ughost3_1);
        erase_sprite_image(&ughost3_2);
        g3_col= 582;
        g3_row= 424;
        ghost3_direction= 3;
        launch_ghost3(g3_row, g3_col);
        score+= 1;
        print_score(1);
        set_level();
        missile_launched= 0;
        }
    if(sprite_missile_collision(&ughost4_1, &missile1)) {
        crash1();
        erase_missile_image(&missile1);
        erase_sprite_image(&ughost4_1);
        erase_sprite_image(&ughost4_2);
        g4_col= 582;
        g4_row= 424;
        ghost4_direction= 3;
        launch_ghost4(g4_row, g4_col);
        score+= 1;
        print_score(1);
        set_level();
        missile_launched= 0;
        }
    if(sprite_missile_collision(&ughost5_1, &missile1)) {
        crash1();
        erase_missile_image(&missile1);
        erase_sprite_image(&ughost5_1);
        erase_sprite_image(&ughost5_2);
        g5_col= 582;
        g5_row= 424;
        ghost5_direction= 3;
        launch_ghost5(g5_row, g5_col);
        score+= 1;
        print_score(1);
        set_level();
```

Figure 8-1   *Continued.*

```
                missile_launched= 0;
                }
            }

        }

exit_loop:
   destroy_playfield();

   closegraph();


}

int key_status()
{
union REGS ir, or;
   ir.h.ah= 1;
   int86(0x16, &ir, &or);
   return or.x.ax;
}


void set_missile_position(param)
{
   crash1();
   switch(param) {
      // left
      case  1:
         missile_col= col - 7;
         missile_row= row + SPRITE_TRACK_OFFSET - 4;
         move_missile_image(missile_col, missile_row, &missile1);
         missile_direction= param;
         missile_launched= 1;
         break;
      // right
      case  2:
         missile_col= col + SPRITE_TRACK   - 4;
         missile_row= row + SPRITE_TRACK_OFFSET - 4;
         move_missile_image(missile_col, missile_row, &missile1);
         missile_direction= param;
         missile_launched= 1;
         break;
      // down
      case  3:
         missile_col= col + SPRITE_TRACK_OFFSET - 6;
         missile_row= row + SPRITE_TRACK - 4;
         move_missile_image(missile_col, missile_row, &missile1);
         missile_direction= param;
         missile_launched= 1;
         break;
```

```
        // up
        case  4:
            missile_col= col + SPRITE_TRACK_OFFSET - 6;
            missile_row= row - 6;
            move_missile_image(missile_col, missile_row, &missile1);
            missile_direction= param;
            missile_launched= 1;
            break;
        }
    onSound(100);
}

void launch_missile(int param, MISSILE_IMAGE *mi)
{

    switch(param) {
        // left missile motion
        case 1:
            if(missile_col < 16) {
                missile_launched= 0;
                erase_missile_image(mi);
                peep();
                print_score(1);
                return;
                }
            move_missile_image(missile_col--, missile_row, &missile1);
            move_missile_image(missile_col--, missile_row, &missile1);
            move_missile_image(missile_col--, missile_row, &missile1);
            move_missile_image(missile_col--, missile_row, &missile1);
            move_missile_image(missile_col--, missile_row, &missile1);
            move_missile_image(missile_col--, missile_row, &missile1);
            move_missile_image(missile_col--, missile_row, &missile1);
            move_missile_image(missile_col--, missile_row, &missile1);
            onSound(missile_col);
            break;
        // right missile motion
        case 2:
            if(missile_col > max_x - 16) {
                missile_launched= 0;
                erase_missile_image(mi);
                peep();
                print_score(1);
                return;
                }
            move_missile_image(missile_col++, missile_row, &missile1);
            move_missile_image(missile_col++, missile_row, &missile1);
            move_missile_image(missile_col++, missile_row, &missile1);
            move_missile_image(missile_col++, missile_row, &missile1);
            move_missile_image(missile_col++, missile_row, &missile1);
            move_missile_image(missile_col++, missile_row, &missile1);
            move_missile_image(missile_col++, missile_row, &missile1);
            move_missile_image(missile_col++, missile_row, &missile1);
            onSound(missile_col);
```

Figure 8-1   *Continued.*

```
            break;
        // down missile motion
        case 3:
            if(missile_row > max_y - 16) {
                missile_launched= 0;
                erase_missile_image(mi);
                peep();
                print_score(1);
                return;
                }
            move_missile_image(missile_col, missile_row++, &missile1);
            move_missile_image(missile_col, missile_row++, &missile1);
            move_missile_image(missile_col, missile_row++, &missile1);
            move_missile_image(missile_col, missile_row++, &missile1);
            move_missile_image(missile_col, missile_row++, &missile1);
            move_missile_image(missile_col, missile_row++, &missile1);
            move_missile_image(missile_col, missile_row++, &missile1);
            move_missile_image(missile_col, missile_row++, &missile1);
            onSound(missile_row);
            break;
        // up missile motion
        case 4:
            if(missile_row < 16) {
                missile_launched= 0;
                erase_missile_image(mi);
                peep();
                print_score(1);
                return;
                }
            move_missile_image(missile_col, missile_row--, &missile1);
            move_missile_image(missile_col, missile_row--, &missile1);
            move_missile_image(missile_col, missile_row--, &missile1);
            move_missile_image(missile_col, missile_row--, &missile1);
            move_missile_image(missile_col, missile_row--, &missile1);
            move_missile_image(missile_col, missile_row--, &missile1);
            move_missile_image(missile_col, missile_row--, &missile1);
            move_missile_image(missile_col, missile_row--, &missile1);
            onSound(missile_row);
            break;
        }

}

void poll_sprite(int param)
{

    switch(param) {
        // left tank motion
        case 1:
            move_sprite_image(col--, row, &tank_l1);
            move_sprite_image(col, row, &tank_l2);
```

```
            break;

        // right tank motion
        case 2:
            move_sprite_image(col++, row, &tank_r1);
            move_sprite_image(col, row, &tank_r2);
            break;
        // down tank motion
        case 3:
            move_sprite_image(col, row++, &tank_d1);
            move_sprite_image(col, row, &tank_d2);
            break;
        // up tank motion
        case 4:
            move_sprite_image(col, row--, &tank_u1);
            move_sprite_image(col, row, &tank_u2);
            break;
        }

}

int legal_sprite_move(int param)
{

    switch(param) {
        // left tank motion
        case 1:
            if((col > 12) && ((row == 6) ||
                              (row == 424) ||
                              (row == midy - SPRITE_TRACK_OFFSET + 4))) {
                return 1;
                }
            break;

        // right tank motion
        case 2:
            if((col < 582) && ((row == 6)    ||
                               (row == 424) ||
                               (row == midy - SPRITE_TRACK_OFFSET + 4))) {
                return 1;
                }
            break;
        // down tank motion
        case 3:
            if((row < 424) && ((col == 12)   ||
                               (col == 582)||
                               (col == midx - SPRITE_TRACK_OFFSET + 8))) {
                return 1;
                }
            break;
        // up tank motion
        case 4:
```

Figure 8-1   *Continued.*

```
            if((row > 6)  && ((col == 12)    ||
                              (col == 582) ||
                              (col == midx - SPRITE_TRACK_OFFSET + 8))) {
            return 1;
            }
        break;
     }
   return 0;
}


void launch_ghost1(int r, int c)
{
   g1_col= c;
   g1_row= r;
   move_sprite_image(c, r, &ughost_1);
   move_sprite_image(c, r, &ughost_2);
}


void ghost1_move()
{

   // track ghost 1 to move right in center row

   if(difficulty_level > LEVEL_1) {
      if((g1_row == 6)    ||
         (g1_row == 424) ||
         (g1_row == midy - SPRITE_TRACK_OFFSET + 4)) {
         if(g1_row == row) {
            if(g1_col > col) {
               ghost1_direction= 3;
               goto ghost1_direction_intercept;
               }
            if(g1_col < col) {
               ghost1_direction= 1;
               goto ghost1_direction_intercept;
               }
            }
         }
      }

   if(difficulty_level > LEVEL_2) {

      // move ghost down from row 1 if tank is on center row
      // or bottom row

      if(g1_row < row) {
         if((g1_col == 12)    ||
            (g1_col == 582) ||
            (g1_col == midx - SPRITE_TRACK_OFFSET + 8)) {
```

```
              if(row >= midy - SPRITE_TRACK_OFFSET + 4) {
                 ghost1_direction= 2;
                 goto ghost1_direction_intercept;
                 }
              }
           }
        }

if(difficulty_level > LEVEL_3) {

   // move ghost up from row 424 if tank is on or above
   // center

   if(g1_row > row) {
      if((g1_col == 12)    ||
         (g1_col == 582)   ||
         (g1_col == midx - SPRITE_TRACK_OFFSET + 8)) {
         if(row <= midy - SPRITE_TRACK_OFFSET + 4) {
            ghost1_direction= 4;
            goto ghost1_direction_intercept;
            }
         }
      }
   }



   // bypass other conditions to avoid unnecessary
   // conditional checks

ghost1_direction_intercept:

   // make ghost1 move

   switch(ghost1_direction) {
      // right motion
      case 1:
         if(g1_col < 582) {
            move_sprite_image(g1_col++, g1_row, &ughost_1);
            move_sprite_image(g1_col, g1_row, &ughost_2);
            }
         else {
            ghost1_direction= 2;
            }
         break;

      // down motion

      case 2:
         if(g1_row < 424) {
            if(difficulty_level >= LEVEL_3) {
               move_sprite_image(g1_col, g1_row++, &ughost_1);
               move_sprite_image(g1_col, g1_row, &ughost_2);
```

Figure 8-1   *Continued.*

```
                    }
                move_sprite_image(g1_col, g1_row++, &ughost_1);
                move_sprite_image(g1_col, g1_row, &ughost_2);
                }
            else {
                ghost1_direction= 3;
                }
            break;

        // left motion
        case 3:
            if(g1_col > 12) {
                move_sprite_image(g1_col--, g1_row, &ughost_1);
                move_sprite_image(g1_col, g1_row, &ughost_2);
                }
            else {
                ghost1_direction= 4;
                }
            break;

        // up motion
        case 4:
            if(g1_row > 6) {
                move_sprite_image(g1_col, g1_row--, &ughost_1);
                move_sprite_image(g1_col, g1_row, &ughost_2);
                }
            else {
                ghost1_direction= 1;
                }
            break;
        }
}


void launch_ghost2(int r, int c)
{
    g2_col= c;
    g2_row= r;
    move_sprite_image(c, r, &ughost2_1);
    move_sprite_image(c, r, &ughost2_2);
}


void ghost2_move()
{

    // track ghost 2 to move right in center row

    if(difficulty_level > LEVEL_5) {
        if((g2_row == 6)    ||
```

```
          (g2_row == 424) ||
          (g2_row == midy - SPRITE_TRACK_OFFSET + 4)) {
         if(g2_row == row) {
            if(g2_col > col) {
               ghost2_direction= 4;
               goto ghost2_direction_intercept;
               }
            if(g2_col < col) {
               ghost2_direction= 2;
               goto ghost2_direction_intercept;
               }
            }
         }
      }

if(difficulty_level > LEVEL_6) {

   // move ghost down from row 1 if tank is on center row
   // or bottom row

   if(g2_row < row) {
      if((g2_col == 12)    ||
         (g2_col == 582)   ||
         (g2_col == midx - SPRITE_TRACK_OFFSET + 8)) {
         if(row >= midy - SPRITE_TRACK_OFFSET + 4) {
            ghost2_direction= 1;
            goto ghost2_direction_intercept;
            }
         }
      }
   }

if(difficulty_level > LEVEL_7) {

   // move ghost up from row 424 if tank is on or above
   // center

   if(g2_row > row) {
      if((g2_col == 12)    ||
         (g2_col == 582)   ||
         (g2_col == midx - SPRITE_TRACK_OFFSET + 8)) {
         if(row <= midy - SPRITE_TRACK_OFFSET + 4) {
            ghost2_direction= 3;
            goto ghost2_direction_intercept;
            }
         }
      }
   }



// bypass other conditions to avoid unnecessary
// conditional checks
```

Figure 8-1   *Continued.*

```
        ghost2_direction_intercept:


    switch(ghost2_direction) {
       // right motion
       case 2:
          if(g2_col < 582) {
             move_sprite_image(g2_col++, g2_row, &ughost2_1);
             move_sprite_image(g2_col, g2_row, &ughost2_2);
             }
          else {
             ghost2_direction= 3;
             }
          break;

       // down motion

       case 1:
          if(g2_row < 424) {
             move_sprite_image(g2_col, g2_row++, &ughost2_1);
             move_sprite_image(g2_col, g2_row, &ughost2_2);
             }
          else {
             ghost2_direction= 2;
             }
          break;

       // left motion
       case 4:
          if(g2_col > 12) {
             move_sprite_image(g2_col--, g2_row, &ughost2_1);
             move_sprite_image(g2_col, g2_row, &ughost2_2);
             }
          else {
             ghost2_direction= 1;
             }
          break;

       // up motion
       case 3:
          if(g2_row > 6) {
             move_sprite_image(g2_col, g2_row--, &ughost2_1);
             move_sprite_image(g2_col, g2_row, &ughost2_2);
             }
          else {
             ghost2_direction= 4;
             }
          break;
       }
    }
```

```
void launch_ghost3(int r, int c)
{
   g3_col= c;
   g3_row= r;
   move_sprite_image(c, r, &ughost3_1);
   move_sprite_image(c, r, &ughost3_2);
}


void ghost3_move()
{

   // track ghost 3 to move right in center row

   if(difficulty_level > LEVEL_5) {
      if((g3_row == 6)    ||
         (g3_row == 424)  ||
         (g3_row == midy - SPRITE_TRACK_OFFSET + 4)) {
         if(g3_row == row) {
            if(g3_col > col) {
               ghost3_direction= 4;
               goto ghost3_direction_intercept;
               }
            if(g3_col < col) {
               ghost3_direction= 2;
               goto ghost3_direction_intercept;
               }
            }
         }
      }

   if(difficulty_level > LEVEL_3) {

      // move ghost down from row 1 if tank is on center row
      // or bottom row

      if(g3_row < row) {
         if((g3_col == 12)   ||
            (g3_col == 582)  ||
            (g3_col == midx - SPRITE_TRACK_OFFSET + 8)) {
            if(row >= midy - SPRITE_TRACK_OFFSET + 4) {
               ghost3_direction= 1;
               goto ghost3_direction_intercept;
               }
            }
         }
      }

   if(difficulty_level > LEVEL_1) {

      // move ghost up from row 424 if tank is on or above
      // center
```

Figure 8-1   *Continued.*

```
    if(g3_row > row) {
        if((g3_col == 12)    ||
           (g3_col == 582)   ||
           (g3_col == midx - SPRITE_TRACK_OFFSET + 8)) {
           if(row <= midy - SPRITE_TRACK_OFFSET + 4) {
               ghost3_direction= 3;
               goto ghost3_direction_intercept;
               }
           }
        }
    }


// bypass other conditions to avoid unnecessary
// conditional checks

ghost3_direction_intercept:


switch(ghost3_direction) {
    // right motion
    case 2:
        if(g3_col < 582) {
           move_sprite_image(g3_col++, g3_row, &ughost3_1);
           move_sprite_image(g3_col, g3_row, &ughost3_2);
           }
        else {
           ghost3_direction= 4;
           }
        break;

    // down motion

    case 1:
        if(g3_row < center_sprite_y) {
           move_sprite_image(g3_col, g3_row++, &ughost3_1);
           move_sprite_image(g3_col, g3_row, &ughost3_2);
           }
        else {
           ghost3_direction= 2;
           }
        break;

    // left motion
    case 4:
        if(g3_col > 12) {
           if(difficulty_level >= LEVEL_3) {
               move_sprite_image(g3_col--, g3_row, &ughost3_1);
               move_sprite_image(g3_col, g3_row, &ughost3_2);
               }
```

```
                move_sprite_image(g3_col--, g3_row, &ughost3_1);
                move_sprite_image(g3_col, g3_row, &ughost3_2);
                }
            else {
                ghost3_direction= 1;
                }
            break;

        // up motion
        case 3:
            if(g3_row > 6) {
                move_sprite_image(g3_col, g3_row--, &ughost3_1);
                move_sprite_image(g3_col, g3_row, &ughost3_2);
                }
            else {
                ghost3_direction= 4;
                }
            break;
        }
}


void launch_ghost4(int r, int c)
{
    g4_col= c;
    g4_row= r;
    move_sprite_image(c, r, &ughost4_1);
    move_sprite_image(c, r, &ughost4_2);
}


void ghost4_move()
{
    // track ghost 4 to move right in center row

    if(difficulty_level >= LEVEL_1) {
        if((g4_row == 6)     ||
           (g4_row == 424) ||
           (g4_row == midy - SPRITE_TRACK_OFFSET + 4)) {
            if(g4_row == row) {
                if(g4_col > col) {
                    ghost4_direction= 4;
                    goto ghost4_direction_intercept;
                    }
                if(g4_col < col) {
                    ghost4_direction= 3;
                    goto ghost4_direction_intercept;
                    }
                }
            }
        }

    if(difficulty_level > LEVEL_2) {
```

Figure 8-1   *Continued.*

```
// move ghost down from row 1 if tank is on center row
// or bottom row

if(g4_row < row) {
   if((g4_col == 12)   ||
      (g4_col == 582)  ||
      (g4_col == midx - SPRITE_TRACK_OFFSET + 8)) {
      if(row >= midy - SPRITE_TRACK_OFFSET + 4) {
         ghost4_direction= 1;
         goto ghost4_direction_intercept;
         }
      }
   }
}

if(difficulty_level > LEVEL_3) {

// move ghost up from row 424 if tank is on or above
// center

if(g4_row > row) {
   if((g4_col == 12)   ||
      (g4_col == 582)  ||
      (g4_col == midx - SPRITE_TRACK_OFFSET + 8)) {
      if(row <= midy - SPRITE_TRACK_OFFSET + 4) {
         ghost4_direction= 3;
         goto ghost4_direction_intercept;
         }
      }
   }
}



// bypass other conditions to avoid unnecessary
// conditional checks

ghost4_direction_intercept:

switch(ghost4_direction) {
   // right motion
   case 2:
      if(g4_col < 582) {
         move_sprite_image(g4_col++, g4_row, &ughost4_1);
         move_sprite_image(g4_col, g4_row, &ughost4_2);
         }
      else {
         ghost4_direction= 3;
         }
      break;

   // down motion
```

```
        case 1:
           if(g4_row < 424) {
              move_sprite_image(g4_col, g4_row++, &ughost4_1);
              move_sprite_image(g4_col, g4_row, &ughost4_2);
              }
           else {
              ghost4_direction= 2;
              }
           break;

        // left motion
        case 4:
           if(g4_col > 12) {
              move_sprite_image(g4_col--, g4_row, &ughost4_1);
              move_sprite_image(g4_col, g4_row, &ughost4_2);
              }
           else {
              ghost4_direction= 1;
              }
           break;

        // up motion
        case 3:
           if(g4_row > 6) {
              move_sprite_image(g4_col, g4_row--, &ughost4_1);
              move_sprite_image(g4_col, g4_row, &ughost4_2);
              }
           else {
              ghost4_direction= 4;
              }
           break;
        }

}


void launch_ghost5(int r, int c)
{
   g5_col= c;
   g5_row= r;
   move_sprite_image(c, r, &ughost5_1);
   move_sprite_image(c, r, &ughost5_2);
}


void ghost5_move()
{

   switch(ghost5_direction) {
       // right motion
       case 1:
          if(g5_col < 582) {
```

Figure 8-1   *Continued.*

```
                    move_sprite_image(g5_col++, g5_row, &ughost5_1);
                    move_sprite_image(g5_col, g5_row, &ughost5_2);
                    }
                else {
                    ghost5_direction= 2;
                    }
                break;

            // down motion

            case 2:
                if(g5_row < 424) {
                    move_sprite_image(g5_col, g5_row++, &ughost5_1);
                    move_sprite_image(g5_col, g5_row, &ughost5_2);
                    }
                else {
                    ghost5_direction= 3;
                    }
                break;

            // left motion
            case 3:
                if(g5_col > 12) {
                    move_sprite_image(g5_col--, g5_row, &ughost5_1);
                    move_sprite_image(g5_col, g5_row, &ughost5_2);
                    }
                else {
                    ghost5_direction= 4;
                    }
                break;

            // up motion
            case 4:
                if(g5_row > 6) {
                    move_sprite_image(g5_col, g5_row--, &ughost5_1);
                    move_sprite_image(g5_col, g5_row, &ughost5_2);
                    }
                else {
                    ghost5_direction= 1;
                    }
                break;
        }
}


void set_active_tank(int param)
{

    switch(param) {
        case 1:
```

```
            active_tank= L_T;
            break;
        case 2:
            active_tank= R_T;
            break;
        case 3:
            active_tank= D_T;
            break;
        case 4:
            active_tank= U_T;
            break;
        }
}




void crash()
{
    onSound(300);
    delay(2);
    offSound();
}




void peep()
{
    peep_flag= 1;
}




void crash1()
{
    onSound(1300);
    delay(4);
    offSound();
}

void print_missiles_used()
{
char score_buf[25];
int   cnt;

    memset(score_buf, 0, 25);
    setwritemode(COPY_PUT);
    setcolor(DARKGRAY);
    line(100 + (12 * 8),  116, 100 + (16 * 8), 116);
    for(cnt= 0; cnt < 10; cnt++) {
        line(100 + (12 * 8),  116 + cnt, 100 + (16 * 8), 116 + cnt);
        }
    moveto(100 + (12 * 8), 116);
```

Figure 8-1   *Continued.*

```
    setcolor(WHITE);
    memset(score_buf, 0, 25);
    sprintf(score_buf,"%03d", missiles_used);
    outtext(score_buf);
}

void print_score(int hit)
{
char score_buf[25];
int  cnt;

    memset(score_buf, 0, 25);
    setwritemode(COPY_PUT);
    setcolor(DARKGRAY);
    line(100 + (12 * 8),  100, 100 + (16 * 8), 100);
    for(cnt= 0; cnt < 10; cnt++) {
        line(100 + (12 * 8),  100 + cnt, 100 + (16 * 8), 100 + cnt);
        }
    moveto(100 + (12 * 8), 100);
    setcolor(WHITE);
    memset(score_buf, 0, 25);
    sprintf(score_buf,"%04d", score);
    outtext(score_buf);

    if(hit) {
        total_score+= (100 * difficulty_level);
        adjusted_score= total_score - (50 * (missiles_used - score));
        }
    else {
        adjusted_score= 0;
        }

    memset(score_buf, 0, 25);
    setwritemode(COPY_PUT);
    setcolor(DARKGRAY);
    line(100 + (12 * 8),  148, 100 + (16 * 8), 148);
    for(cnt= 0; cnt < 10; cnt++) {
        line(100 + (12 * 8),  148 + cnt, 100 + (19 * 8), 148 + cnt);
        }
    moveto(100 + (12 * 8), 148);
    setcolor(WHITE);
    memset(score_buf, 0, 25);
    sprintf(score_buf,"%07ld", adjusted_score);
    outtext(score_buf);

}

void print_level()
{

int   cnt;
```

```
      setwritemode(COPY_PUT);
      setcolor(BLUE);
      line(100 + (12 * 8),  132, 100 + (15 * 8), 132);
      for(cnt= 0; cnt < 10; cnt++) {
         line(100 + (11 * 8),  132 + cnt, 100 + (15 * 8), 132 + cnt);
         }
      moveto(100 + (12 * 8), 132);
      setcolor(WHITE);
      switch(difficulty_level) {
         case LEVEL_1:
            outtext("1");
            break;
         case LEVEL_2:
            delay_value= DELAY7_MS;
            outtext("2");
            break;
         case LEVEL_3:
            delay_value= DELAY6_MS;
            outtext("3");
            break;
         case LEVEL_4:
            delay_value= DELAY5_MS;
            outtext("4");
            break;
         case LEVEL_5:
            delay_value= DELAY4_MS;
            outtext("5");
            break;
         case LEVEL_6:
            delay_value= DELAY3_MS;
            outtext("6");
            break;
         case LEVEL_7:
            delay_value= DELAY2_MS;
            outtext("7");
            break;
         case LEVEL_8:
            outtext("8");
            break;
         case LEVEL_9:
            outtext("9");
            break;
         }

}

void init_game()
{
   erase_message_window();
   score= 0;
   total_score= 0;
   adjusted_score= 0;
   missiles_used= 0;
```

271

Figure 8-1 *Continued.*

```
delay_value= DELAY8_MS;
difficulty_level= LEVEL_1;
ghost1_direction= 1;
ghost2_direction= 1;
ghost3_direction= 1;
ghost4_direction= 1;
ghost5_direction= 1;
ghost1_launched= 0;
ghost2_launched= 0;
ghost3_launched= 0;
ghost4_launched= 0;
ghost5_launched= 0;

missile_launched= 0;
g1_col= 12;
g1_row= 6;
ghost1_direction= 1;

g2_col= 12;
g2_row= 6;
ghost2_direction= 2;

g3_col= 582;
g3_row= 424;
ghost3_direction= 3;

g4_col= 582;
g4_row= 424;
ghost4_direction= 3;

g5_col= 582;
g5_row= 424;
ghost5_direction= 3;


col= center_sprite_x;
row= center_sprite_y;

col2= 12;
row2= 100;

moveto(100, 100);
setcolor(WHITE);
outtext("Ghosts Hit: ");

moveto(100, 116);
setcolor(WHITE);
outtext("Missiles: ");


moveto(100, 132);
```

```
        setcolor(WHITE);
        outtext("Difficulty: ");

        moveto(100, 148);
        setcolor(WHITE);
        outtext("Your Score: ");

        print_score(0);

        print_missiles_used();

        print_level();

        move_sprite_image(col, row, &tank_d2);
        move_sprite_image(col, row, &tank_d1);
        active_tank= D_T;


        launch_ghost1(12, 6);
        launch_ghost2(12, 6);
        launch_ghost3(g3_row, g3_col);
        launch_ghost4(g4_row, g4_col);
        }


int game_over()
{
char key;
        remove_sprites();

        moveto(100, 156);
        setcolor(RED);
        outtext("Game Over");
        moveto(100, 164);
        outtext("Play Again? (Y) (N)");

        moveto(100, 156);
        setcolor(RED);
        outtext("Game Over: ");

        key= (char)gtKey();

        if((key == 'Y') || (key == 'y')) {
            return 0;
            }
        else  {
            return 1;
            }

        }

void set_level()
{
```

Figure 8-1   *Continued.*

```
        switch(score) {
           case 6:
              difficulty_level= LEVEL_2;
              break;
           case 12:
              difficulty_level= LEVEL_3;
              break;
           case 18:
              difficulty_level= LEVEL_4;
              break;
           case 24:
              difficulty_level= LEVEL_5;
              break;
           case 30:
              difficulty_level= LEVEL_6;
              break;
           case 36:
              difficulty_level= LEVEL_7;
              break;
           case 42:
              difficulty_level= LEVEL_8;
              break;
           case 48:
              difficulty_level= LEVEL_9;
              break;
           }
        print_level();
}

void erase_message_window()
{
int   cnt;

   setwritemode(COPY_PUT);
   setcolor(BLUE);
   line(100 - (1 * 8),   100 - (1 * 8), 100 + (20 * 8), 100 - (1 * 8));
   for(cnt= 0; cnt < (10 * 8); cnt++) {
      line(100 - (1 * 8),   100 - (1 * 8) + cnt, 100 + (20 * 8), 100 -
(1 * 8) + cnt);
      }
   setcolor(WHITE);

}

void explosion()
{
int cnt;
   remove_sprites();
   for(cnt= 0; cnt < 25; cnt++) {
      crash();
      delay(1);
```

```
            crash1();
            delay(1);
            crash();
            delay(1);
            crash1();
            delay(1);
            crash();
            delay(1);
            crash1();
            delay(1);
            crash();
            delay(1);
            crash1();
            delay(1);
            crash();
            }
}

void remove_sprites()
{
    erase_missile_image(&missile1);
    erase_sprite_image(&tank_u1);
    erase_sprite_image(&tank_u2);
    erase_sprite_image(&tank_d1);
    erase_sprite_image(&tank_d2);
    erase_sprite_image(&tank_l1);
    erase_sprite_image(&tank_l2);
    erase_sprite_image(&tank_r1);
    erase_sprite_image(&tank_r2);
    erase_sprite_image(&ughost_1);
    erase_sprite_image(&ughost_2);
    erase_sprite_image(&ughost2_1);
    erase_sprite_image(&ughost2_2);
    erase_sprite_image(&ughost3_1);
    erase_sprite_image(&ughost3_2);
    erase_sprite_image(&ughost4_1);
    erase_sprite_image(&ughost4_2);
    erase_sprite_image(&ughost5_1);
    erase_sprite_image(&ughost5_2);
}
```

⇨ Detecting tank-ghost collisions

The tank game ends when the ghost crashes into the tank. The tank's and ghost's current locations are always held in the tank's and ghost's structures. The sprite_sprite_collision(...) function reports when the tank and ghost collide. Here's the function definition:

```
int sprite_sprite_collision(SPRITE_IMAGE *s1, SPRITE_IMAGE *s2);
```

Here's the appropriate usage:

```
result= sprite_sprite_collision(&tank1, &ghost1a);
```

where &tank1 is the address of a SPRITE_IMAGE structure and &ghost1a is the address of a SPRITE_IMAGE structure. The result is an integer. If result = 0 then no collision; if result = 1 then sprite-sprite collision. Collision detection is as easy as that.

 # Detecting ghost-missile collisions

The human's score increases when the tank launches a missile and the missile then collides with a ghost. The sprite_missile_collision(...) function reports when the tank's missile and a ghost collide. Here's the function definition:

```
int sprite_missile_collision(SPRITE_IMAGE *s1, MISSILE_IMAGE *s2);
```

Here's the appropriate usage:

```
result= sprite_missile_collision(&ghost1a, &missile1);
```

where &ghost1a is the address of a SPRITE_IMAGE structure and &missile1 is the address of a MISSILE_IMAGE structure. The result is an integer; if result = 0 then no collision, and if result = 1 then sprite-missile collision.

 # Summary

Chapter 8 presents a fully functioning shoot-'em-up computer game. A tank tries to obliterate ghosts by launching a missile at them. Every time the ghost is obliterated, it is reincarnated smarter and stronger.

Collision detection is handled through the use of the sprite_sprite_collision(...) and the sprite_missile_collision(...) functions.

Chapter 8 ends part I of this book. Part II presents the source code for the sprite management library.

Part II

Source code for the bit-plane animation library

Part II is composed of two chapters of source code. As this book is not a programmer's reference but rather a tutorial on bit-plane sprite animation techniques, I decided to prototype the sprite management function in part I. Placing the function prototypes in the chapters with the sample demonstration programs seemed best. If you wish to see how the functions presented in chapters 9 and 10 are used, I refer you back to the demonstration programs presented in chapters 2 through 8.

Chapter 9 contains the assembly bindings for the sprite management library. There are eight assembly source files presented. Chapter 10 is composed of the C language source files which contain basic functions used in the bit-plane sprite animation library.

Assembly source code
for the sprite library

F our categories of assembly language functions are presented in chapter 9. There are:

➢ Keyboard management functions

➢ Mouse management functions

➢ Sound management functions

➢ Sprite management functions

For the most part, the assembly functions presented in this chapter are basic BIOS and Out-to-hardware calls. Although they are not directly germane to bit-plane sprite animation, they nonetheless have a place in this chapter because they prove necessary in all the demonstration code.

Note that the guts of the bit-plane animation code is presented in the C source files presented in chapter 10. I didn't present the assembly versions of the bit-plane animation code because I couldn't detect any differences between the C generated functions and the assembly generated functions. As C (in my opinion) is an easier language to read and maintain than assembly I chose to present the gut functions in C.

Keyboard management functions

Figure 9-1 presents the source code listing to GTKBSTAT.ASM. Function gtKBstat() does not stop program execution and wait for a key press to continue. Rather it checks to see if a key has been pressed, and if it has the 16-bit scan and character code is returned. If no key has been pressed, then a 0 is returned.

Figure 9-1   *The source code listing to GTKBSTAT.ASM*

```
;///////////////////////////////////////
;//
;// gtkbstat.asm
;//
;// Checks the status of keyboard and
;// returns the 16 bit char and scan code
;// on key press and a 0 on no key waiting/
;//
;// key= gtKBstat();
```

```
;//
;/////////////////////////////////////

        dosseg
IF    mdl eq 1
        .model small,c
ELSEIF  mdl eq 2
        .model medium,c
ELSE
        .model large,c
ENDIF
        .code

        public  gtKBstat
gtKBstat proc
        mov      AH,1         ; kb stat function
        int      16H          ; keybd int
        jnz      yeskey       ; jmp on no key waiting
        mov      AX,0         ; no key wait return 0
        jmp      keyexit
yeskey:                       ; otherwise return scan & char
        mov      AH,0
        int      16H
keyexit:
        ret
gtKBstat endp
        end

;/////////////////////////////////////
```

Figure 9-2 presents the source code listing to GTKEY.ASM. Function gtKey() stops program execution and returns the 16 bit scan and character code when a key is pressed.

The source code listing to GTKEY.ASM

Figure 9-2

```
;/////////////////////////////////////
;//
;// gtkey.asm
;//
;// Waits for a key press and returns
;// the key code on key press.
;//
;// key= gtKey();
;//
;/////////////////////////////////////

        dosseg
IF    mdl eq 1
        .model small,c
ELSEIF  mdl eq 2
        .model medium,c
```

Figure 9-2   *Continued.*

```
ELSE
        .model large,c
ENDIF
        .code


        .code

        public  gtKey

gtKey   proc
  mov   AH,0
  int   16H
  ret

gtKey   endp

        end

;///////////////////////////////////
```

⇨ # Mouse management functions

Figure 9-3 presents the source code listing to MSINIT.ASM. Function msinit() initializes the mouse. If the mouse is present, the number of mouse buttons is returned. If the mouse is not present, then a −1 (0ffffh) is returned.

Figure 9-3   *The source code listing to MSINIT.ASM*

```
;///////////////////////////////////
;//
;// msinit.asm
;//
;// Initializes the mouse
;//
;// buttons= msinit();
;//
;// if buttons == ffffh then mouse not installed
;// else buttons == number of buttons on mouse
;//
;///////////////////////////////////


        dosseg
IF    mdl eq 1
        .model small,c
ELSEIF  mdl eq 2
```

```
        .model medium,c
ELSE
        .model large,c
ENDIF
        .code
        public  msinit

msinit  proc
        xor     ax,ax
        int     33h
        cmp     ax,0
        je      nomouse
        mov     ax,bx
        ret
nomouse:
        mov     AX,0ffffh
        ret

msinit  endp
        end

;///////////////////////////////
```

Figure 9-4 presents the source code listing to MSON.ASM. Function mson() turns on the mouse cursor if the mouse has previously been installed.

The source code listing to MSON.ASM

Figure 9-4

```
;//////////////////////////////////////
;//
;// mson.asm
;//
;// Displays the mouse on the screen
;//
;// mson();
;//
;//////////////////////////////////////

        dosseg
IF    mdl eq 1
        .model small,c
ELSEIF  mdl eq 2
        .model medium,c
ELSE
        .model large,c
ENDIF
        .code
        public  mson

mson proc
        mov     ax,1
```

Figure 9-4   *Continued.*

```
        int     33h
        ret
mson    endp
        end
```

;///////////////////////////////////

Figure 9-5 presents the source code listing to MSOFF.ASM. Function msoff() removes the mouse cursor from the screen.

Figure 9-5   *The source code listing to MSOFF.ASM*

```
;///////////////////////////////////
;//
;// msoff.asm
;//
;// Removes the mouse from the screen
;//
;// msoff();
;//
;///////////////////////////////////

        dosseg
IF    mdl eq 1
        .model small,c
ELSEIF  mdl eq 2
        .model medium,c
ELSE
        .model large,c
ENDIF
        .code
        public  msoff

msoff   proc
        mov     ax,2
        int     33h
        ret
msoff   endp
        end
```

;///////////////////////////////////

⇨ Sound management functions

Figure 9-6 presents the source code listing to OFFSOUND.ASM. Function offSound() silences the PC's internal speaker.

The source code listing to OFFSOUND.ASM

Figure 9-6

```
;/////////////////////////////////////
;//
;// offsound.asm
;//
;// Silences the PC speaker
;//
;// offSound();
;//
;/////////////////////////////////////

        dosseg
IF    mdl eq 1
        .model small,c
ELSEIF  mdl eq 2
        .model medium,c
ELSE
        .model large,c
ENDIF
        .code

        public  offSound
offSound proc
        in      al,61h          ; disable speaker output via timer
        and     al,0fch
        out     61h,al
        ret
offSound endp
        end

;/////////////////////////////////////
```

Figure 9-7 presents the source code listing to ONSOUND.ASM.
Function onSound(...) starts the PC's internal speaker vibrating at a
specified rate.

The source code listing to ONSOUND.ASM

Figure 9-7

```
;/////////////////////////////////////
;//
;// onsound.asm
;//
;// Starts a tone from the PC speaker
;//
;// onSound();
;//
;/////////////////////////////////////

        dosseg
IF    mdl eq 1
        .model small,c
```

Figure 9-7 *Continued.*

```
ELSEIF  mdl eq 2
        .model medium,c
ELSE
        .model large,c
ENDIF
        .code

        public  onSound
onSound proc
        arg     tone:word
        mov     al,0b6h        ; tell timer prep for new sound
        out     43h,al
        mov     AX,tone        ; new tone to timer, LSB
        out     42h,al
        mov     al,Ah          ; MSB -> LSB
        out     42h,al         ; LSB -> timer
        in      al,61h         ; enable speaker output via timer
        or      al,3
        out     61h,al
        ret
onSound endp
        end

;////////////////////////////////////
```

⇨ **Assembly sprite management functions**

Figure 9-8 presents the source code listing to SPRITE_A.ASM. This file contains shape buffers and a quick routine to expand sprite shapes.

Figure 9-8 *The source code listing to SPRITE_A.ASM*

```
;////////////////////////////////////
;//
;// sprite_a.asm
;//
;//
;////////////////////////////////////


    DOSSEG

IF mdl eq 1

    SCREEN_WIDTH EQU 80
    pal_table EQU [BP+4]
```

```
        plane_select EQU [BP+4]
        x       EQU [BP+4]
        y       EQU [BP+6]
        i_ptr EQU [BP+8]


        .MODEL    SMALL

        .DATA

        PUBLIC _buff48x7,_current_plane

_buff6x2        DB (6*2) DUP (?)
_buff48x7       DB (48*7) DUP (?)
_current_plane DB 0,0
holdax          DW ?


ENDIF

IF mdl eq 3


        .model    large

        .data

        public _buff6x2
        public _buff48x7
        public _current_plane
        public _missile_data
        public _bullet_data

        db 128 DUP(?)

_missile_data label byte

                .radix 2
                DB 00000000, 00000000 ; 1
                DB 00111000, 00000000
                DB 01111100, 00000000
                DB 01111100, 00000000
                DB 00111000, 00000000
                DB 00000000, 00000000

                DB 00000000, 00000000 ; 2
                DB 00011100, 00000000
                DB 00111110, 00000000
                DB 00111110, 00000000
                DB 00011100, 00000000
                DB 00000000, 00000000

                DB 00000000, 00000000 ; 3
                DB 00001110, 00000000
```

Figure 9-8   *Continued.*

```
                DB 00011111, 00000000
                DB 00011111, 00000000
                DB 00001110, 00000000
                DB 00000000, 00000000

                DB 00000000, 00000000 ; 4
                DB 00000111, 00000000
                DB 00001111, 10000000
                DB 00001111, 10000000
                DB 00000111, 00000000
                DB 00000000, 00000000

                DB 00000000, 00000000 ; 5
                DB 00000011, 10000000
                DB 00000111, 11000000
                DB 00000111, 11000000
                DB 00000011, 10000000
                DB 00000000, 00000000

                DB 00000000, 00000000 ; 6
                DB 00000001, 11000000
                DB 00000011, 11100000
                DB 00000011, 11100000
                DB 00000001, 11000000
                DB 00000000, 00000000

                DB 00000000, 00000000 ; 7
                DB 00000000, 11100000
                DB 00000001, 11110000
                DB 00000001, 11110000
                DB 00000000, 11100000
                DB 00000000, 00000000

                DB 00000000, 00000000 ; 8
                DB 00000000, 01110000
                DB 00000000, 11111000
                DB 00000000, 11111000
                DB 00000000, 01110000
                DB 00000000, 00000000

_bullet_data label byte

                .radix 2
                DB 00000000, 00000000 ; 1
                DB 01100000, 00000000
                DB 01100000, 00000000
                DB 00000000, 00000000

                DB 00000000, 00000000 ; 2
                DB 00110000, 00000000
                DB 00110000, 00000000
```

288

```
            DB 00000000, 00000000

            DB 00000000, 00000000 ; 3
            DB 00011000, 00000000
            DB 00011000, 00000000
            DB 00000000, 00000000

            DB 00000000, 00000000 ; 4
            DB 00001100, 00000000
            DB 00001100, 00000000
            DB 00000000, 00000000

            DB 00000000, 00000000 ; 5
            DB 00000110, 00000000
            DB 00000110, 00000000
            DB 00000000, 00000000

            DB 00000000, 00000000 ; 6
            DB 00000011, 00000000
            DB 00000011, 00000000
            DB 00000000, 00000000

            DB 00000000, 00000000 ; 7
            DB 00000001, 10000000
            DB 00000001, 10000000
            DB 00000000, 00000000

            DB 00000000, 00000000 ; 2
            DB 00000000, 11000000
            DB 00000000, 11000000
            DB 00000000, 00000000


    .radix 10
    db 128 DUP(?)

_buff6x2       db (6*2) DUP (?)
_buff48x7      db (48*7) DUP (?)

_current_plane db 0,0
holdax         dw ?


ENDIF

    .CODE

    public _shift_sprite

;// shift the sprite image for smooth animation

_shift_sprite proc
    push   bp
```

Figure 9-8   *Continued.*

```
        mov    bp,sp
        push   si
        mov    si,offset _buff48x7  ; point to offset
        clc                         ; clear carry for
                                    ; right shifts
        cld                         ; increment forward
        mov    CX,(48*7)            ; loop 48*7 times
loc1:
        mov    al,[si]              ; get byte from buff48x7
        rcr    al,1                 ; shift 1 time
        mov    [si],al              ; stuff back to buffer
        inc    si                   ; get next byte
        loop   loc1                 ; loop until done

        pop    si
        mov    sp,bp
        pop    bp
        ret
_shift_sprite endp
        end
```

⇨ Summary

This chapter presented eight assembly source files which contained functions in four general categories. Those categories were keyboard, mouse, sound and bit-plane sprite expansion support.

Chapter 10 presents the C source modules which are the guts of the bit-plane sprite animation functions.

10

C source code for
the sprite library

T HIS chapter presents the two C source files which contain the gut bit-plane sprite animation functions. As this book has been designed for applications programs, you don't need to understand the underground theory and logic of these functions. All you need to know is how to use the functions.

The prototypes for the functions contained in SPRITE_C.C (Fig. 10-1) and SPRITE_D.C (Fig. 10-2) are presented along with the bit-plane sprite animation demonstration programs in chapters 2–8.

⇨ C sprite management functions

Figure 10-1 presents the source code listing to SPRITE_C.C. This source module contains the source for the following 25 functions:

```
select_sprite_image(...)
select_bullet_image(...)
select_missile_image(...)
expand_sprite_image(...)
sprite_sprite_bang(...)
move_sprite_image(...)
move_missile_image(...)
move_bullet_image(...)
erase_sprite_image(...)
erase_missile_image(...)
sprite_sprite_collision(...)
sprite_missile_collision(...)
init_sprite(...)
init_missile(...)
init_bullet(...)
set_video_mode(...)
save_video_mode(...)
restore_video_mode(...)
mvsprite(...)
mvmissile(...)
mvbullet(...)
save_screen_sprite_image(...)
restore_screen_sprite_image(...)
clear_screen(...)
erasprite(...)
```

Figure 10-1   *The source code listing to SPRITE_C.C*

```
///////////////////////////////////////
//
// sprite_c.c
//
```

```c
// Sprite management routines
//
///////////////////////////////////////

#include <dos.h>
#include <stdio.h>
#include <string.h>
#ifdef MSC7
#include <memory.h>
#else
#include <mem.h>
#endif
#include "tproto.h"
#include "sprite.h"

extern unsigned char buff6x2[];
extern unsigned char buff48x7[];
extern unsigned char bullet_data[];
extern unsigned char sprite_data[];
extern unsigned char missile_data[];
extern unsigned char current_plane;
extern unsigned char *plane1;
extern unsigned char *plane2;
extern unsigned char *plane3;
extern unsigned char *plane4;


unsigned char MISSILE[6 * 2 * 8];
unsigned char missile_image[12];

// select bullet image data

#define b_off0 0
#define b_off1 4*2*1
#define b_off2 4*2*2
#define b_off3 4*2*3
#define b_off4 4*2*4
#define b_off5 4*2*5
#define b_off6 4*2*6
#define b_off7 4*2*7

// select missile image data

#define m_off0 0
#define m_off1 6*2*1
#define m_off2 6*2*2
#define m_off3 6*2*3
#define m_off4 6*2*4
#define m_off5 6*2*5
#define m_off6 6*2*6
#define m_off7 6*2*7


#define s_off0 0
```

Figure 10-1 *Continued.*

```c
#define s_off1 48*7*1
#define s_off2 48*7*2
#define s_off3 48*7*3
#define s_off4 48*7*4
#define s_off5 48*7*5
#define s_off6 48*7*6
#define s_off7 48*7*7


// select the sprite image

void select_sprite_image(int col, SPRITE_IMAGE *s_1)
{
int offset;
unsigned char *srce;

   offset= col & 7;
   switch(offset) {
      case 0:
         offset=s_off0;
         break;
      case 1:
         offset=s_off1;
         break;
      case 2:
         offset=s_off2;
         break;
      case 3:
         offset=s_off3;
         break;
      case 4:
         offset=s_off4;
         break;
      case 5:
         offset=s_off5;
         break;
      case 6:
         offset=s_off6;
         break;
      case 7:
         offset=s_off7;
         break;
      }

   srce= s_1->data_table + offset;
   memcpy(s_1->sprite_data, srce, (48 * 7));
}

// select the bullet image

void select_bullet_image(int col, BULLET_IMAGE *bi)
```

```
{
int offset;
unsigned char *srce;

    offset= col & 7;

    switch(offset) {
        case 0:
            offset=b_off0;
            break;
        case 1:
            offset=b_off1;
            break;
        case 2:
            offset=b_off2;
            break;
        case 3:
            offset=b_off3;
            break;
        case 4:
            offset=b_off4;
            break;
        case 5:
            offset=b_off5;
            break;
        case 6:
            offset=b_off6;
            break;
        case 7:
            offset=b_off7;
            break;
        }

    srce= bullet_data + offset;
    memcpy(bi->bullet_data, srce, (4 * 2));
}

// select the missile image

void select_missile_image(int col, MISSILE_IMAGE *mi)
{
int offset;
unsigned char *srce;

    offset = col & 7;

    switch(offset)
        {
        case 0:
            offset=m_off0;
            break;
        case 1:
            offset=m_off1;
```

Figure 10-1   *Continued.*

```
                break;
            case 2:
                offset=m_off2;
                break;
            case 3:
                offset=m_off3;
                break;
            case 4:
                offset=m_off4;
                break;
            case 5:
                offset=m_off5;
                break;
            case 6:
                offset=m_off6;
                break;
            case 7:
                offset=m_off7;
                break;
            }

        srce= missile_data + offset;
        memcpy(mi->missile_data, srce, (6 * 2));
    }


    // expand the sprite image

    void expand_sprite_image(unsigned char *image_name)
    {
    int cnt;
        memcpy(buff48x7, image_name, 48*7);
        for(cnt= 1; cnt < 8; ++cnt) {
            shift_sprite();
            memcpy(image_name + (48 * 7 * cnt), buff48x7, 48 * 7);
            }
    }


    unsigned char OLD_PLANE;

    // save the ega plane

    void save_ega_plane()
    {
        OLD_PLANE= current_plane;
    }

    // restore the ega plane

    void restore_ega_plane()
```

```c
{
   set_ega_plane(OLD_PLANE);
}

// sprite sprite collision check

int sprite_sprite_bang(int x1, int y1, int x2, int y2)
{
   if(x1<(x2-30))
      return(0);
   if(x1>(x2+30))
      return(0);
   if((y1+30)<y2)
      return(0);
   if(y1>(y2+30))
      return(0);
   return(1);
}

// move the sprite image

void move_sprite_image(int x, int y, SPRITE_IMAGE *si_ptr)
{
   set_ega_plane(si_ptr->plane);
   select_sprite_image(x, si_ptr);
   si_ptr->current_x= x;
   si_ptr->current_y= y;
   si_ptr->visible= 1;
   mvsprite(x, y, si_ptr);
}

// move the bullet image

void move_bullet_image(int x, int y, BULLET_IMAGE *bi)
{
   set_ega_plane(bi->plane);
   select_bullet_image(x, bi);
   bi->current_x= x;
   bi->current_y= y;
   bi->visible= 1;
   mvbullet(x, y, bi);
}

// move the missile image

void move_missile_image(int x, int y, MISSILE_IMAGE *mi)
{
   set_ega_plane(mi->plane);
   select_missile_image(x, mi);
   mi->current_x= x;
   mi->current_y= y;
   mi->visible= 1;
   mvmissile(x, y, mi);
```

Figure 10-1   *Continued.*

```
    }

    // erase the missile image

    void erase_missile_image(MISSILE_IMAGE *mi)
    {
    unsigned char far *plane;
    unsigned char far *scrn, pel8;
    int cnt, height, i;
    unsigned int offset;
    int x, y;

        set_ega_plane(mi->plane);

        x= mi->current_x;
        y= mi->current_y;

        switch(mi->plane) {
            case 1:
                plane= plane1;
                break;
            case 2:
                plane= plane2;
                break;
            case 3:
                plane= plane3;
                break;
            case 4:
                plane= plane4;
                break;
            }


        scrn= MK_FP(0xa000, 0);

        offset= (80 * y) + (x >> 3);

        scrn+= offset;
        plane+= offset;

        for(cnt= 0, height= 0; height < 6; height++) {
            for(i= 0; i < 2; i++) {
                *(scrn + i)= *(plane + i);
                }
            scrn+= 80;
            plane+= 80;
            }
        mi->visible= 0;
    }
```

```c
// check sprite sprite collision

int sprite_sprite_collision(SPRITE_IMAGE *s1,SPRITE_IMAGE *s2)
{
int ulx, uly, lrx, lry;        // sprite image
int oulx, ouly, olrx, olry;    // object image

   // if sprite is not visible return 0

   if((!s1->visible) || (!s2->visible)) {
      return 0;
      }

   // set sprite image upper left

   ulx= s1->current_x;
   uly= s1->current_y;

   // set sprite image lower right

   lrx= ulx + 48;
   lry= uly + 46;

   // set object image upper left

   oulx= s2->current_x;
   ouly= s2->current_y;

   // set object image lower right

   olrx= oulx + 48;
   olry= ouly + 46;

   // Does upper left object overlap sprite?

   if((oulx >= ulx) &&
      (oulx <= lrx) &&
      (ouly >= uly) &&
      (ouly <= lry)) {
      return 1;
      }

   // Does upper right object overlap sprite?

   if((olrx >= ulx) &&
      (olrx <= lrx) &&
      (ouly >= uly) &&
      (ouly <= lry)) {
      return 1;
      }

   // Does lower left object overlap sprite?
```

Figure 10-1   *Continued.*

```
        if((oulx >= ulx) &&
           (oulx <= lrx) &&
           (olry >= uly) &&
           (olry <= lry)) {
           return 1;
           }


        // Does lower right object overlap sprite?

        if((olrx >= ulx) &&
           (olrx <= lrx) &&
           (olry >= uly) &&
           (olry <= lry)) {
           return 1;
           }

        return 0;
}

// sprite missile collision

int sprite_missile_collision(SPRITE_IMAGE *s1, MISSILE_IMAGE *m1)
{
int ulx, uly, lrx, lry;        // sprite image
int oulx, ouly, olrx, olry;    // object image

        // if sprite or missile is not visible return 0

        if((!s1->visible) || (!m1->visible)) {
           return 0;
           }

        // set sprite image upper left

        ulx= s1->current_x;
        uly= s1->current_y;

        // set sprite image lower right

        lrx= ulx + 48;
        lry= uly + 46;

        // set object image upper left

        oulx= m1->current_x;
        ouly= m1->current_y;

        // set object image lower right

        olrx= oulx + 8;
```

```c
    olry= ouly + 8;

    // Does upper left object overlap sprite?

    if((oulx >= ulx) &&
       (oulx <= lrx) &&
       (ouly >= uly) &&
       (ouly <= lry)) {
       return 1;
       }

    // Does upper right object overlap sprite?

    if((olrx >= ulx) &&
       (olrx <= lrx) &&
       (ouly >= uly) &&
       (ouly <= lry)) {
       return 1;
       }

    // Does lower left object overlap sprite?

    if((oulx >= ulx) &&
       (oulx <= lrx) &&
       (olry >= uly) &&
       (olry <= lry)) {
       return 1;
       }


    // Does lower right object overlap sprite?

    if((olrx >= ulx) &&
       (olrx <= lrx) &&
       (olry >= uly) &&
       (olry <= lry)) {
       return 1;
       }

    return(0);
}

// erase the sprite image

void erase_sprite_image(SPRITE_IMAGE *si)
{
    set_ega_plane(si->plane);
    si->visible= 0;
    erasprite(si->current_x, si->current_y,si);
}

// relocate the sprite image
```

Figure 10-1   *Continued.*

```c
void relocate_sprite_image(int x, int y,SPRITE_IMAGE *si)
{
   erase_sprite_image(si);
   move_sprite_image(x,y,si);
}


// initialize sprite structure

void init_sprite(SPRITE_IMAGE *si, unsigned char *dt, unsigned char
plane)
{
   si->data_table = dt;   /* pointer to sprite shape table*/
   si->plane = plane;     /* set sprite plane*/
   si->first_move= 0;
}


// initialize the bullet structure

void init_bullet(BULLET_IMAGE *bi, unsigned char plane)
{
   bi->height= 4;
   bi->width= 2;
   bi->plane= plane;

}


// initialize the missile structure

void init_missile(MISSILE_IMAGE *mi, unsigned char plane)
{
   mi->height= 6;
   mi->width= 2;
   mi->plane= plane;

}



unsigned char CURRENT_MODE;

// save the video mode

void save_video_mode()
{
union REGS ir,or;
   ir.h.ah= 0x0f;
   ir.h.al= 0x10;
   int86(0x10, &ir, &or);
   CURRENT_MODE= or.h.al;
}
```

```c
// restore video mode

void restore_video_mode()
{
union REGS ir,or;
   ir.h.ah= 0;
   ir.h.al= CURRENT_MODE;
   int86(0x10, &ir, &or);
}

// set video mode

void set_video_mode(int v_mode)
{
union REGS ir,or;
   ir.h.ah= 0;
   ir.h.al= (unsigned char)v_mode;
   int86(0x10, &ir, &or);
}

// move the bullet image

void mvbullet(int x, int y, BULLET_IMAGE *bi)
{
unsigned char far *scrn;
int cnt, height, i;

   scrn= MK_FP(0xa000, 0);

   scrn+= (80 * y) + (x >> 3);


   for(cnt= 0, height= 0; height < 4; height++) {
      for(i= 0; i < 2; i++) {
         *(scrn + i)= bi->bullet_data[cnt++];
         }
      scrn+= 80;
      }
}

// move the missile image

void mvmissile(int x, int y, MISSILE_IMAGE *mi)
{
unsigned char far *plane;
unsigned char far *scrn, pel8;
int cnt, height, i;
unsigned int offset;

   switch(mi->plane) {
      case 1:
         plane= plane1;
         break;
```

Figure 10-1   *Continued.*

```
            case 2:
               plane= plane2;
               break;
            case 3:
               plane= plane3;
               break;
            case 4:
               plane= plane4;
               break;
            }


      scrn= MK_FP(0xa000, 0);

      offset= (80 * y) + (x >> 3);

      scrn+= offset;
      plane+= offset;

      for(cnt= 0, height= 0; height < 6; height++) {
         for(i= 0; i < 2; i++) {
            pel8= *(plane + i);
            pel8= mi->missile_data[cnt++];
            *(scrn + i)= pel8;
            }
         scrn+= 80;
         plane+= 80;
         }
   }

// move the sprite image

void mvsprite(int x, int y, SPRITE_IMAGE *si_ptr)
{
unsigned char far *scrn, pel8;
unsigned char far *plane;
int cnt, height, i;
unsigned int offset;

   switch(si_ptr->plane) {
      case 1:
         plane= plane1;
         break;
      case 2:
         plane= plane2;
         break;
      case 3:
         plane= plane3;
         break;
      case 4:
         plane= plane4;
```

```
          break;
      }

  scrn= MK_FP(0xa000, 0);

  offset= (80 * y) + (x >> 3);

  scrn+= offset;
  plane+= offset;

  for(cnt= 0, height= 0; height < 48; height++) {
      for(i= 0; i < 7; i++) {
          pel8= *(plane + i);
          pel8|= si_ptr->sprite_data[cnt++];
          *(scrn + i)= pel8;
          }
      scrn+= 80;
      plane+= 80;
      }
}

// save the screen sprite image

void save_screen_sprite_image(int x, int y, SPRITE_IMAGE *si_ptr)
{
unsigned char far *scrn;
int cnt, height, i;

  si_ptr->old_x= x;
  si_ptr->old_y= y;

  scrn= MK_FP(0xa000, 0);

  scrn+= (80 * y) + (x >> 3);

  for(cnt= 0, height= 0; height < 48; height++) {
      for(i= 0; i < 7; i++) {
          si_ptr->screen_data[cnt++]= *(scrn + i);
          }
      scrn+= 80;
      }
}

// restore the screen sprite image

void restore_screen_sprite_image(SPRITE_IMAGE *si_ptr)
{
unsigned char far *scrn;
int cnt, height, i, x, y;

  x= si_ptr->old_x;
  y= si_ptr->old_y;
```

Figure 10-1   *Continued.*

```
        scrn= MK_FP(0xa000, 0);

        scrn+= (80 * y) + (x >> 3);

        for(cnt= 0, height= 0; height < 48; height++) {
            for(i= 0; i < 7; i++) {
                *(scrn + i)= si_ptr->screen_data[cnt++];
                }
            scrn+= 80;
            }
    }


    // erase the sprite image

    void erasprite(int x, int y, SPRITE_IMAGE *si_ptr)
    {
    unsigned char far *scrn;
    int cnt, height, i;

        scrn= MK_FP(0xa000, 0);

        scrn+= (80 * y) + (x >> 3);

        for(cnt= 0, height= 0; height < 48; height++) {
            for(i= 0; i < 7; i++) {
                *(scrn + i)= 0; // si_ptr->sprite_data[cnt++];
                }
            scrn+= 80;
            }
    }
```

Figure 10-2 presents the source code listing to SPRITE_D.C. This source file contains the following four functions:

```
init_playfield()
clear_playfield()
destroy_playfield()
set_ega_plane(...)
```

Figure 10-2   *The source code listing to SPRITE_D.C*

```
//////////////////////////////////////
//
// sprite_d.c
//
// Sprite management routines
//
//////////////////////////////////////


#include <dos.h>
```

```c
#include <stdio.h>
#include <stdlib.h>
#include <string.h>
#ifdef MSC7
#include <memory.h>
#include <malloc.h>
#else
#include <mem.h>
#include <alloc.h>
#endif
#include "tproto.h"
#include "sprite.h"

extern unsigned char buff6x2[];
extern unsigned char buff48x7[];
extern unsigned char bullet_data[];
extern unsigned char sprite_data[];
extern unsigned char missile_data[];
extern unsigned char current_plane;

unsigned char *plane1;
unsigned char *plane2;
unsigned char *plane3;
unsigned char *plane4;

void init_playfield()
{
unsigned char far *scrn;
unsigned int      offset;
int               cnt;

   plane1= malloc(38400);
   if(!plane1) {
      printf("SPRITE_D Module\n");
      printf("Memory Allocation Error -- *PLANE1\n");
      exit(0);
      }
   plane2= malloc(38400);
   if(!plane2) {
      printf("SPRITE_D Module\n");
      printf("Memory Allocation Error -- *PLANE2\n");
      exit(0);
      }
   plane3= malloc(38400);
   if(!plane3) {
      printf("SPRITE_D Module\n");
      printf("Memory Allocation Error -- *PLANE3\n");
      exit(0);
      }
   plane4= malloc(38400);
   if(!plane4) {
      printf("SPRITE_D Module\n");
      printf("Memory Allocation Error -- *PLANE4\n");
```

307

Figure 10-2   *Continued.*

```
        exit(0);
        }

    offset= 0;
    set_ega_plane(1);
    scrn= MK_FP(0xa000, 0);
    for(cnt= 0; cnt < 480; cnt++) {
        memcpy((plane1 + offset), (scrn + offset), 80);
        offset+= 80;
        }

    offset= 0;
    set_ega_plane(2);
    scrn= MK_FP(0xa000, 0);
    for(cnt= 0; cnt < 480; cnt++) {
        memcpy((plane2 + offset), (scrn + offset), 80);
        offset+= 80;
        }

    offset= 0;
    set_ega_plane(3);
    scrn= MK_FP(0xa000, 0);
    for(cnt= 0; cnt < 480; cnt++) {
        memcpy((plane3 + offset), (scrn + offset), 80);
        offset+= 80;
        }

    offset= 0;
    set_ega_plane(4);
    scrn= MK_FP(0xa000, 0);
    for(cnt= 0; cnt < 480; cnt++) {
        memcpy((plane4 + offset), (scrn + offset), 80);
        offset+= 80;
        }


    }

// clear the playfield

void clear_playfield()
{
char *scrn;
long cnt;

    memset(plane1, 0, (80 * 480));
    memset(plane2, 0, (80 * 480));
    memset(plane3, 0, (80 * 480));
    memset(plane4, 0, (80 * 480));

    scrn= MK_FP(0xa000, 0);
```

```
    set_ega_plane(1);
    memset(scrn, 0, (80 * 480));
    set_ega_plane(2);
    memset(scrn, 0, (80 * 480));
    set_ega_plane(3);
    memset(scrn, 0, (80 * 480));
    set_ega_plane(4);
    memset(scrn, 0, (80 * 480));

}

// destroy the playfield

void destroy_playfield()
{
    free(plane1);
    free(plane2);
    free(plane3);
    free(plane4);
}

// set the ega plane

void set_ega_plane(unsigned char plane)
{
unsigned ui;

    ui= plane << 8;
    ui!= 2;
    outpw(0x3c4, ui);
}
```

Summary

Chapter 10 presented two C source files. These files contained the source for 29 bit-plane sprite animation and related functions. SPRITE_C.C (Fig. 10-1) and SPRITE_D.C (Fig. 10-2) are really the guts of the bit-plane sprite animation management functions.

Part III of the book is composed of three chapters focusing on the sprite editor. This program is used to design sprites for use with the bit-plane sprite animation functions presented in part II.

Part III

The sprite editor

Part III presents the instructions for the sprite editor used to create the sprite definition source code used in part I of the book. Although the sprite editor presented in part III is somewhat crude based on today's commercial standards, it nonetheless creates the C source code sprite definition file, which can be seamlessly included into source for bit-plane animation programs. In other words, the sprite editor "gets the job done."

Part III consists of three chapters. Chapter 11 presents directions to use the sprite editor along with the sprite editor's source code. The source for the sprite editor is presented so you may refine the code to your own needs and wishes. There are many refinements to the editor which you may want to make.

Chapter 12 presents the C source code for the C support functions. There are many useful screen management functions presented in this chapter and you may wish to use them in other text based programs. Chapter 13 presents the assembly source code for additional support functions.

Taken in the whole, parts I, II, and III form a solid foundation for a high speed bit-plane sprite animation system.

The sprite editor

THIS chapter presents the instructions for using the sprite editor along with the source code for the editor and the make file used to create it. Running the executable program, of course, will produce sprite C source definition files which may be included by other compilers.

As the source presented in part III has been compiled using Borland's C/C++ Ver. 3.1 compiler, you may need to make minor modifications in the code in order to compile the source with other compilers. The process is simple.

❶ Change the make file so it will invoke your C compiler, assembler, linker, and library manager programs.

❷ Build the editor using your new make file.

❸ Repair the few errors that occur.

Follow this process and then the sprite editor's source will be ready to be tweaked using your compiler.

⇨ How to use the sprite editor

The sprite editor (SPRITE.EXE) is a text mode-based program and uses the mouse to turn sprite pixels on and off. The sprite that the editor creates is 47 columns wide by 46 rows high. The sprite image is saved in C source code format. This C source may then be included (#include) during compilation by your program.

Previously created sprite images are loaded into the sprite editor from the command line. For example, let's say that you have created a sprite named CAR. Its sprite file is named CAR.C. If you want to edit the CAR sprite, you bring it into the editor by entering the following command line message:

```
sprite car.c
```

Clean and simple. Note the following warning. It's very important that you read this warning. It'll save you some possible confusion at some later date. Read and remember it.

WARNING

Note that each time you save the sprite image back to disk an additional number will be added to the sprite label. For example, let's say you create a sprite named LEMON and save it back to disk. The buffer containing the sprite definition will be named LEMON1. If you save the sprite LEMON again during the same session, it'll be named LEMON11. Then LEMON111, etc. So, if you ever create a sprite and try to include it into your program and get a missing label error message from your compiler, load the sprite (LEMON.C in this case) into your text editor and make sure that the names for the sprite shapes match the names you are using.

While the feature that adds additional numbers to the sprite name labels proves bothersome under some circumstances, it also proves somewhat convenient when developing within-sprite animation images.

When you initially run the sprite editor, the left side of the screen has a few messages and buttons which require explanation. I'll take them one by one.

The sprite file name is displayed on the top of the left hand section of the screen. The name is displayed without the file extender. For example, let's say I use the sprite editor to create a two color sprite using the editor named TANK. The sprite name TANK will appear on the screen. When you save the sprite file back to disk, it will be named TANK.C. The sprites in the file will be named TANK1 and TANK2.

Clicking on the DRAW TOGGLE ON box changes the message to DRAW TOGGLE OFF. When the DRAW TOGGLE ON sign is displayed, pressing the left mouse button in the sprite display field will plot pixels in the currently selected color. When the DRAW TOGGLE OFF message is displayed, pressing the left mouse button will erase the previously plotted sprite pixel.

Clicking on the SAVE box saves the sprite image source file (.C file) back to disk. If you didn't read the previously presented WARNING message or have forgotten it, read it now. Saving a file several times affects the sprite's name.

315

Clicking on the NAME box allows you to change the name of the C source file being written to disk. A simple name field entry box appears on the screen. You enable the name change by pressing <ENTER>.

There is a box where four numbers are enclosed in a rectangle. These numbers are 1, 2, 3, 4. Click on a number using the left mouse button and when you move into the sprite display field, you will plot in the color designated by that number.

Returning to earlier discussion, there are four video planes in the 16 color 640 × 480 VGA video mode. So, every time you add a color to a sprite, another data array for the new plane sprite image is added to the source. The best thing to do is to create a multicolor sprite image, save the source back to disk, and then have a look at the source using your text editor. You'll see what I mean.

Clicking on the VIEW box rescales the sprite image display so it appears scaled roughly the way it will appear in graphics mode. The only glitch in the VIEW option is that if the sprite is multicolored, the differentiation of color will be lost. That's because the editor is in the text mode. One big improvement you might consider is to make the view function kick the screen into the graphics mode and display the sprite using the appropriate colors. Just a thought.

To the right of VIEW there are three symbols in boxes. There are:

```
I + -
```

Clicking on the I symbol inverts the sprite image in the sprite display field, clicking on the + symbol rotates the sprite 90 degrees clockwise, and clicking on the - symbol rotates the sprite 90 degrees counterclockwise.

These rotation buttons are very useful in creating sprite images which will change according to the direction in which the sprites are moving on the playfield. These rotation buttons proved invaluable in creating the up, down, left, and right tank images used in PROG8-1.C (Fig 8-1).

Clicking on the QUIT button quits the sprite editor to DOS. Note that I didn't code into the quit option a warning to indicate if you did not save the sprite image you were creating. You might want to slice into the sprite editor source and add that option.

The sprite display field appears on the right side of the screen. The entire width of the sprite image appears on the screen. Use the scroll bar on the right to vertically scroll your sprite image. You scroll by placing the rectangular mouse cursor over the up triangle at the top of the scroll bar or the down triangle at the lower end of the scroll bar and pressing the left mouse button. Here, you might want to add action on the scroll bar when you click the mouse on any portion of the vertical scroll bar, and not just the top and bottom.

In summary, although a tad kludgy, the sprite editor nonetheless proves very useful in the creation of multicolor bit-plane sprites. Feel free to add features as you wish. I'd love to see any modifications you make to this editor.

Sprite editor C source code

Figure 11-1 presents the source code for SPRITE.C. The functions in this file, in combination with the functions presented in chapters 12 and 13 comprise all that's needed to build the sprite editor. If you examine the source as you run the program you'll note how the guts of the sprite editor work. It's really not too complicated at all.

The source code to SPRITE.C   Figure 11-1

```
/////////////////////////////////////////
//
// sprite.c
//
// Description:
//
// Simple Sprite editor
//
// include files here

#include <ctype.h>
#include <string.h>
#include <stdio.h>
```

Figure 11-1   *Continued.*

```
#include <stdlib.h>
#include <conio.h>
#include <dos.h>
#include <fcntl.h>
#include <io.h>
#include <sys\stat.h>
#include "tproto.h"

/////////////////////////////////////
//
// function prototypes
//

void rename_sprite(void);
void invert_sprite(void);
void rotate_sprite_plus90(void);   // top 48 rows clockwise
void rotate_sprite_minus90(void); // top 48 rows counter clockwise
void view_sprite(void);
void write_sprite_to_disk(char *fn);
void write_display_numbers(void);
void display_scroll_bar(void);
void set_file_name(char *fn);
void scroll_up_sprite(void);
void scroll_down_sprite(void);
void display_sprite(void);
int  uc_to_binary(unsigned char *uc);
void set_color_select(void);
int  how_many_sprites(void);
unsigned char *u_to_bin(unsigned char uval, unsigned char val);

/////////////////////////////////////
//
// defines

#define DISPLAY_FIELD_SIZE (48 * 56)

/////////////////////////////////////
//
// global data
//

char      file_name[20];

unsigned char file_loaded= 0;

unsigned int color= 1;

unsigned char sprite[DISPLAY_FIELD_SIZE];
unsigned char sprite_dup[DISPLAY_FIELD_SIZE];

unsigned char colors[4]= { BLUE, GREEN, CYAN, RED };
```

```c
unsigned char c127= 127;

char            bang= '!';

unsigned char buf196[]= {
    196, 196, 196, 196, 196, 196, 196, 196,
    196, 196, 196, 196, 196, 196, 196, 196,
    196, 196, 196, 196, 196, 196, 196, 196,
    196, 196, 196, 196, 196, 196, 196, 196,
    196, 196, 196, 196, 196, 196, 196, 196,
    196, 196, 196, 196, 196, 196, 196, 196,
    196, 196, 196, 196, 196, 196, 196, 196 } ;

unsigned char buf32[]= {
    32, 32, 32, 32, 32, 32, 32, 32,
    32, 32, 32, 32, 32, 32, 32, 32,
    32, 32, 32, 32, 32, 32, 32, 32,
    32, 32, 32, 32, 32, 32, 32, 32,
    32, 32, 32, 32, 32, 32, 32, 32,
    32, 32, 32, 32, 32, 32, 32, 32,
    32, 32, 32, 32, 32, 32, 32, 32,
    32, 32, 32, 32, 32, 32, 32, 32 };

char fill_sprite[] = {
    "0, 0, 0, 0, 0, 0, 0," };

char end_sprite[] = {
    "0, 0, 0, 0, 0, 0, 0 };" };

unsigned char binary[8]= {
    128, 64, 32, 16, 8, 4, 2, 1 };

char slash[40]= {
    47, 47, 47, 47, 47, 47, 47, 47, 47, 47,
    47, 47, 47, 47, 47, 47, 47, 47, 47, 47,
    47, 47, 47, 47, 47, 47, 47, 47, 47, 47,
    47, 47, 47, 47, 47, 47, 47, 47, 47, 47 };

char space[40]= {
    32, 32, 32, 32, 32, 32, 32, 32, 32, 32,
    32, 32, 32, 32, 32, 32, 32, 32, 32, 32,
    32, 32, 32, 32, 32, 32, 32, 32, 32, 32,
    32, 32, 32, 32, 32, 32, 32, 32, 32, 32 };


unsigned char draw_flag= 1;

char crlf[2]= { 10, 13 };

char ch[]= "unsigned char ";

char br_eq[]= "[48*7*8]= {";
```

Figure 11-1   *Continued.*

```
char sprite_name[8];

char data_file_name[15];

char comma_space[2]= { ", "};

char noname[]= "noname.c";

int  display_offset= 0;

int  attr1= 7, attr2= 7, attr3= 7, attr4= 7;
int  cattr1, cattr2, cattr3, cattr4;
int  fcattr1, fcattr2, fcattr3, fcattr4;


//////////////////////////////////////
//
// void rotate_sprite_minus90()
//
// rotate sprite counter clockwise
//
//

void rotate_sprite_minus90()
{
int row, col, ctr1;
unsigned char holder[56];

   putch(7);

   // move sprite to sprite_dup

   for(ctr1= 0; ctr1 < DISPLAY_FIELD_SIZE; ctr1++) {
      sprite_dup[ctr1]= sprite[ctr1];
      }


   // move rows to columns

   for(row= 0, col= 0; row < 48; row++, col++)   {

      // move top row to holder

      for(ctr1= 0; ctr1 < 56; ctr1++) {
         holder[ctr1]= sprite_dup[(row * 56) + ctr1];
         }

      // move holder to sprite column
      for(ctr1= 47; ctr1 >= 0; ctr1--) {
         sprite[(ctr1 * 56) + col]= holder[ctr1];
         }
```

```c
        }


    // display the sprite

    display_sprite();

}



//////////////////////////////////////////
//
// void rotate_sprite_plus90()
//
// rotate sprite clockwise
//
//

void rotate_sprite_plus90()
{
int row, col, ctr1;
unsigned char holder[56];

    putch(7);

    // move sprite to sprite_dup

    for(ctr1= 0; ctr1 < DISPLAY_FIELD_SIZE; ctr1++) {
       sprite_dup[ctr1]= sprite[ctr1];
       }


    // move rows to columns

    for(row= 0, col= 47; row < 48; row++, col--)  {

       // move top row to holder

       for(ctr1= 0; ctr1 < 56; ctr1++) {
          holder[ctr1]= sprite_dup[(row * 56) + ctr1];
          }

       // move holder to sprite column
       for(ctr1= 0; ctr1 < 48; ctr1++) {
          sprite[(ctr1 * 56) + col]= holder[ctr1];
          }
       }


    // display the sprite

    display_sprite();
```

Figure 11-1   *Continued.*

```
}


//////////////////////////////////////////
//
// void invert_sprite()
//
// Turn sprite image upside down
//
//

void invert_sprite()
{
unsigned char holder[56];
int row_top, row_bot, ctr1, ctr2;


    // switch top and bottom rows and move toward center

    for(row_top= 0, row_bot= 47; row_top < 24; row_top++, row_bot--)  {

        // move top row to holder

        for(ctr1= 0; ctr1 < 56; ctr1++) {
           holder[ctr1]= sprite[(row_top * 56) + ctr1];
           }

        // move bottom row to top row

        for(ctr1= 0; ctr1 < 56; ctr1++) {
           sprite[(row_top * 56) + ctr1]= sprite[(row_bot * 56) + ctr1];
           }

        // move holder to bot row

        for(ctr1= 0; ctr1 < 56; ctr1++) {
           sprite[(row_bot * 56) + ctr1]= holder[ctr1];
           }
        }

    // display the sprite

    display_sprite();

}


//////////////////////////////////////////
//
```

```c
// void rename_sprite()
//
// Change the sprite name
//

void rename_sprite()
{
char response[30];
int  key;
RECT *R1;
int  attr, offset;

    attr=  mkAttr(WHITE,
                  BLACK,
                  OFF_INTENSITY,
                  OFF_BLINK);

    msoff();
    memset(response, 0, 30);
    strcpy(response, sprite_name);

    R1= setRect(R1, 12, 9, 15, 27);

    saveRect(R1);
    boxRect(R1, D_D_D_D, attr);

    vdWrite(12, 11, 15, " Rename Sprite ", attr);

    vdWrite(13, 11, 13, " Name:          ", attr1);

    key= vdEdit(response, 13, 18, 7, 1, attr1);

    if(key == ENTER) {
       // declare sprite name

       memset(sprite_name, 0, 8);

       strcpy(sprite_name, response);
       vdWrite(2, 9, 0, "        ", attr3);
       vdWrite(2, 9, 0, sprite_name, attr3);
       memset(file_name, 0, 20);
       strcpy(file_name, sprite_name);
       strcpy(data_file_name, sprite_name);
       offset= strlen(file_name);
       file_name[offset]= '.';
       data_file_name[offset]= '.';
       offset++;
       file_name[offset]= 'c';
       data_file_name[offset++]= 'd';
       data_file_name[offset++]= 'a';
       data_file_name[offset]= 't';
       }

    restRect(R1);
```

Figure 11-1   *Continued.*

```
     dsyRect(R1);

     mson();
}


/////////////////////////////////////////
//
// unsigned char *u_to_bin(unsigned char uval, unsigned char val)
//
// Unsigned char to binary conversion. A pointer
// to the "binary" array is returned
//

unsigned char *u_to_bin(unsigned char uval, unsigned char val)
{
unsigned char u8[8], cnt, test;

     memset(u8, 0, 8);

     for(cnt= 0; cnt < 8; cnt++) {
         test= uval &  binary[cnt];
         if(test) {
             u8[cnt]= val;
             }
         }
     return (unsigned char *)u8;
}


/////////////////////////////////////////
//
// how_many_sprites()
//
//
// Calculate the number of sprites
// in the buffer

int how_many_sprites()
{
int total, cnt, i1, i2;

     total= 0;

     // loop through sprite 4 times to check for
     // the occurrence of each color

     for(i1= 1; i1 <= 4; i1++) {
         for(i2= 0; i2 < DISPLAY_FIELD_SIZE; i2++) {
             if(sprite[i2] == i1) {
                 total++;
                 i2= DISPLAY_FIELD_SIZE;
                 }
```

```
            }
        }

    return total;
}

//////////////////////////////////////
//
// void set_color_select()
//
// Set sprite color select
//

void set_color_select()
{

    msoff();

    vdChar(14, 3, mkToken('1', attr1));
    vdChar(14, 6, mkToken('2', attr1));
    vdChar(14, 9, mkToken('3', attr1));
    vdChar(14, 12, mkToken('4', attr1));

    switch(color) {
        case 1:
            vdChar(14, 3, mkToken('1', cattr1));
            break;
        case 2:
            vdChar(14, 6, mkToken('2', cattr2));
            break;
        case 3:
            vdChar(14, 9, mkToken('3', cattr3));
            break;
        case 4:
            vdChar(14, 12, mkToken('4', cattr4));
            break;
        }
    mson();
}


//////////////////////////////////////
//
// view_sprite()
//
// View the entire sprite
//

void view_sprite()
{
int r, c, offset, vattr;

    // turn mouse off
```

Figure 11-1   *Continued.*

```
msoff();

// save the screen

saveScrn();

// clear the screen

for(r= 0; r < 25; r++) {
   for(c= 0; c < 80; c++) {
      vdChar(r, c, mkToken(' ', attr4));
      }
   }

// draw the sprite by row

for(r= 0; r < 24; r++) {

   // draw by column

   for(c= 12; c < 68; c++) {

      // get offset into sprite array

      offset= (r * 112) + (c - 12);

      // check byte and byte below and
      // write proper character
      //
      // top half= 223
      // bot half= 220
      // full     = 219
      //


      // full

      if((sprite[offset]) && (sprite[offset + 56])) {
         vdChar(r, c, mkToken(219, attr4));
         }

      // top

      else if((sprite[offset]) && (!sprite[offset + 56])) {
         vdChar(r, c, mkToken(223, attr4));
         }

      // bottom

      else {
         if((!sprite[offset]) && (sprite[offset + 56])) {
```

```c
            vdChar(r, c, mkToken(220, attr4));
            }
        }
    }
}


    // wait here

    gtKey();

    // restore screen

    restScrn();

    // turn on the mouse

    mson();

}

/////////////////////////////////////////
//
// unsigned char uc_to_binary(unsigned char *uc)
//
// convert 8 BOOLs to 8 bits

int uc_to_binary(unsigned char *uc)
{
int   cnt, u;

    u= 0;

    for(cnt= 0; cnt < 8; cnt++) {
        if(*(uc + cnt)) {
            u|= binary[cnt];
            }
        }

    return u;

}

/////////////////////////////////////////
//
// scroll_down_sprite()
//

void scroll_down_sprite()
{
    msoff();
    if(display_offset < 23) {
        display_offset+= 1;
```

Figure 11-1   *Continued.*

```
            display_sprite();
            }
        else {
            bleep();
            }
        write_display_numbers();
        mson();
    }

    ////////////////////////////////////////
    //
    // scroll_up_sprite()
    //

    void scroll_up_sprite()
    {
        msoff();

        if(display_offset > 0) {
            display_offset-= 1;
            display_sprite();
            }
        else {
            bleep();
            }
        write_display_numbers();
        mson();
    }
    ////////////////////////////////////////
    //
    // set_file_name(char *fn)
    //
    // sets the file name buffer
    //

    void set_file_name(char *fn)
    {
    int   cnt;

        // declare sprite name

        memset(sprite_name, 0, 8);

        for(cnt= 0; cnt < 8; cnt++) {
            if(*(fn + cnt) == '.') {
                break;
                }
            else {
                sprite_name[cnt]= *(fn + cnt);
                }
            }
    }
```

```c
/////////////////////////////////////
//
// write_sprite_to_disk()
//
// Write sprite source file to disk
//

void write_sprite_to_disk(char *fn)
{
int handle, num_sprites;
int loop, cnt, cnt1, cflag, nl, number, index;
char buf[25], u2b[8];

    // get the number of sprites

    num_sprites= how_many_sprites();

    // delete old C file

    remove(fn);
    remove(data_file_name);

    handle= open(data_file_name, O_CREAT | O_TRUNC, S_IREAD |S_IWRITE);
    write(handle, sprite, DISPLAY_FIELD_SIZE);
    close(handle);



    handle= open(fn, O_CREAT | O_TEXT | O_TRUNC, S_IREAD |S_IWRITE);

    // write C comments

    write(handle, slash, 2);
    write(handle, &c127, 1);
    write(handle, slash, 37);
    write(handle, crlf, 1);
    write(handle, slash, 2);
    write(handle, space, 1);
    write(handle, fn, strlen(fn));
    write(handle, crlf, 1);
    write(handle, slash, 2);
    write(handle, crlf, 1);
    write(handle, crlf, 1);

    index= strlen(sprite_name);
    sprite_name[index]= '0';


    for(loop= 0; loop < num_sprites; loop++) {
        write(handle, ch, strlen(ch));

        sprite_name[index]+= 1;

        write(handle, sprite_name, strlen(sprite_name));
```

Figure **11-1**   *Continued.*

```
write(handle, br_eq, strlen(br_eq));
write(handle, crlf, 1);

nl= 0;
write(handle, buf32, 3);
for(cnt= 0; cnt < DISPLAY_FIELD_SIZE; cnt+= 8) {

    // differentiate between different sprites

    cflag= 0;

    for(cnt1= 0; cnt1 < 8; cnt1++) {
        if(sprite[cnt + cnt1] == (loop + 1)) {
            u2b[cnt1]= 1;
            cflag= 1;
            }
        else {
            u2b[cnt1]= 0;
            }
        }

    if(cflag) {
        number= uc_to_binary(u2b);
        }
    else {
        number= 0;
        }

    // write ascii data to disk

    itoa(number, buf, 10);
    write(handle, buf, strlen(buf));

    // write comma to disk

    write(handle, comma_space, 2);

    // put an ascii NL after 7 data elements have been written

    nl++;
    if(nl == 7) {
        nl= 0;
        write(handle, crlf, 1);
        write(handle, buf32, 3);
        }
    }

// write 7 batches of 48 rows of sprite pace

for(cnt= 0; cnt < 335; cnt++) {
        write(handle, fill_sprite, strlen(fill_sprite));
```

```c
            write(handle, crlf, 1);
            write(handle, buf32, 3);
            }
      write(handle, end_sprite, strlen(end_sprite));

      write(handle, crlf, 1);
      write(handle, crlf, 1);
      }

   // write source file tag

   write(handle, slash, 2);
   write(handle, &bang, 1);
   write(handle, crlf, 1);
   write(handle, slash, 2);
   write(handle, space, 1);
   write(handle, "End of sprite source", 20);
   write(handle, crlf, 1);
   write(handle, slash, 40);
   write(handle, crlf, 1);


   close(handle);

}

//////////////////////////////////////
//
// display_scroll_bar()
//
// Displays the scroll bar on screen
// right

void display_scroll_bar()
{
int  cnt;
   msoff();
   vdChar(0, 74, mkToken(30, attr1));
   vdChar(24, 74, mkToken(31, attr1));

   for(cnt= 1; cnt < 24; cnt++) {
      vdChar(cnt, 74, mkToken(178, attr1));
      }
   mson();
}

//////////////////////////////////////
//
// write_display_numbers()
//
// writes ascii row numbers in column
//
```

Figure 11-1   *Continued.*

```
void write_display_numbers()
{
int  cnt, row;
char buf[25];

    msoff();
    for(row= 1, cnt= display_offset; row < 24; row++, cnt++) {
        itoa((display_offset + row), buf, 10);
        vdWrite(row, 21, 2, buf, attr1);
        vdChar(row, 25, mkToken(179, attr1));
        vdChar(row, 73, mkToken(179, attr1));
        }
    vdWrite(0, 25, 73 - 25, buf196, attr1);
    vdChar(0, 25, mkToken(218, attr1));
    vdChar(0, 73, mkToken(191, attr1));
    vdWrite(24, 25, 73 - 25, buf196, attr1);
    vdChar(24, 25, mkToken(192, attr1));
    vdChar(24, 73, mkToken(217, attr1));
    mson();
}


///////////////////////////////////////
//
// display_sprite()
//
// display the sprite on the screen
//

void display_sprite()
{
int  r, c, offset, offset1;

    msoff();

    // set offset 1

    offset1= display_offset * 56;

    // display sprite data by row

    for(r= 1; r < 24; r++) {

        // display sprite data by column

        for(c= 26; c <= 72; c++) {

            // calculate offset into sprite array

            offset= (c - 25) + (r * 56) + offset1;

            // if pixel off
```

```
            if(!sprite[offset]) {
                vdChar(r, c, mkToken(' ', attr1));

                }

            // else pixel is on

            else {
                switch(sprite[offset]) {
                    case 1:
                        vdChar(r, c, mkToken(219, fcattr1));
                        break;
                    case 2:
                        vdChar(r, c, mkToken(219, fcattr2));
                        break;
                    case 3:
                        vdChar(r, c, mkToken(219, fcattr3));
                        break;
                    case 4:
                        vdChar(r, c, mkToken(219, fcattr4));
                        break;

                }
            }
        }
    }
    mson();
}


///////////////////////////////////////
//
// main()
//
// Program start
//

void main(int argc, char *argv[])
{
char *fn, *fptr, *fptr1, *fptr2;
int  cnt, ret, offset, handle, sprite_count, sprite_processed;
unsigned int num, remaining;
unsigned char uval, *uvalp, val;
int  button, col, row, col1, row1, exit_flag, index, scnt;
char location[25], buf25[25];
RECT *R1, *R2, *R3, *R4, *R5, *R6, *R7, *R8, *R9, *R10, *R11;

    // initialize

    file_loaded= 0;
    sprite_count= 0;
    sprite_processed= 0;
```

Figure 11-1   *Continued.*

```
// make the color attributes

cattr1= mkAttr(WHITE, BLUE, OFF_INTENSITY, OFF_BLINK);
cattr2= mkAttr(WHITE, GREEN, OFF_INTENSITY, OFF_BLINK);
cattr3= mkAttr(WHITE, CYAN, OFF_INTENSITY, OFF_BLINK);
cattr4= mkAttr(WHITE, RED, OFF_INTENSITY, OFF_BLINK);

fcattr1= mkAttr(BLUE, WHITE, OFF_INTENSITY, OFF_BLINK);
fcattr2= mkAttr(GREEN, WHITE, OFF_INTENSITY, OFF_BLINK);
fcattr3= mkAttr(CYAN, WHITE, OFF_INTENSITY, OFF_BLINK);
fcattr4= mkAttr(RED, WHITE, OFF_INTENSITY, OFF_BLINK);

// initialize display buffer to 0

memset(sprite, 0, DISPLAY_FIELD_SIZE);

// initialize the attributes

attr1= mkAttr(BLACK, WHITE, OFF_INTENSITY, OFF_BLINK);
attr2= mkAttr(WHITE, BLUE, OFF_INTENSITY, OFF_BLINK);
attr3= mkAttr(RED, WHITE, OFF_INTENSITY, OFF_BLINK);
attr4= mkAttr(BLUE, WHITE, OFF_INTENSITY, OFF_BLINK);

// initialize video

vidInit();

// clear the screen

scrnClr();


// initialize mouse

ret= msinit();

if(ret == -1) {
   printf("Mouse Not Installed\n");
   printf("Sprite Editor needs the mouse to operate properly.\n");
   printf("Install the mouse and try again.\n");
   printf("Program aborted...\n");
   exit(0);
   }

// determine sprite name

if(argc == 2) {
   set_file_name(argv[1]);
   handle= open(argv[1], O_CREAT | O_TEXT | O_TRUNC, S_IREAD
|S_IWRITE);
   if(handle == -1) {
```

```c
            memset(sprite_name, 0, 8);
            strcpy(sprite_name, "noname");
            }

      else {
         memset(data_file_name, 0, 15);
         strcpy(data_file_name, argv[1]);
         cnt= 0;
         for(;;) {
            if(data_file_name[cnt] != '.') {
               cnt++;
               }
            else {
               cnt++;
               data_file_name[cnt++]= 'd';
               data_file_name[cnt++]= 'a';
               data_file_name[cnt]= 't';
               break;
               }
            }
         handle= open(data_file_name, O_CREAT | O_TRUNC, S_IREAD
|S_IWRITE);
         read(handle, sprite, DISPLAY_FIELD_SIZE);
         close(handle);

         file_loaded= 1;
         }
      }
   else {
      memset(sprite_name, 0, 8);
      strcpy(sprite_name, "noname");
      }

no_display_sprite:

   for(cnt= 0; cnt < strlen(sprite_name); cnt++) {
      sprite_name[cnt]= toupper(sprite_name[cnt]);
      }



   // turn off text cursor

   offCur();

   // turn screen blue

   for(cnt= 0; cnt < 25; cnt++) {
      vdAttr(cnt, 0, 80, attr1);
      }


   // write vertical bars to screen
```

Figure 11-1   *Continued.*

```
for(cnt= 0; cnt < 25; cnt++) {
    vdChar(cnt, 20, mkToken(221, attr1));
    vdChar(cnt, 23, mkToken(222, attr1));
    }
vdWrite(0, 20, 4, buf32, 7);
vdWrite(24, 20, 4, buf32, 7);

// display the scroll bar

display_scroll_bar();

// write display numbers

write_display_numbers();


// Display Sprite Editor Name

vdWrite(0, 0, 0, "   Sprite Editor    ", attr2);


// display file name

vdWrite(2, 3, 0, "Name: ", attr1);
vdWrite(2, 9, 0, sprite_name, attr3);

// display cursor location box

R2= setRect(R2, 4, 2, 7, 18);
boxRect(R2, S_S_S_S, attr1);
vdWrite(4, 3, 15, "Cursor Location", attr1);

// Draw On Toggle

R3= setRect(R3, 7, 2, 10, 18);
boxRect(R3, S_S_S_S, attr1);
vdWrite(8, 3, 15, "Draw ON Toggle ", attr1);


// save sprite toggle

R4= setRect(R4, 10, 2, 13, 7);
boxRect(R4, S_S_S_S, attr1);
vdWrite(11, 3, 4, "SAVE", attr1);

// rename sprite

R10= setRect(R10, 10, 9, 13, 14);
boxRect(R10, S_S_S_S, attr1);
vdWrite(11, 10, 4, "NAME", attr1);


// view sprite
```

```
R5= setRect(R5, 17, 2, 20, 7);
boxRect(R5, S_S_S_S, attr1);
vdWrite(18, 3, 4, "VIEW", attr1);


// Invert sprite image

R11= setRect(R11, 17, 9, 20, 15);
boxRect(R11, S_S_S_S, attr1);
vdWrite(18, 10, 1, "I", attr1);
vdChar(17, 11, mkToken(194,attr1));
vdChar(18, 11, mkToken(179,attr1));
vdChar(19, 11, mkToken(193,attr1));
vdWrite(18, 12, 1, "+", attr1);
vdChar(17, 13, mkToken(194,attr1));
vdChar(18, 13, mkToken(179,attr1));
vdChar(19, 13, mkToken(193,attr1));
vdChar(18, 14, mkToken('-',attr1));


// sprite 1 color

R6= setRect(R6, 13, 2, 16, 4);
boxRect(R6, S_S_S_S, cattr1);
vdChar(14, 3, mkToken('1', cattr1));

R7= setRect(R7, 13, 5, 16, 7);
boxRect(R7, S_S_S_S, cattr2);
vdChar(14, 6, mkToken('2', attr1));

R8= setRect(R8, 13, 8, 16, 10);
boxRect(R8, S_S_S_S, cattr3);
vdChar(14, 9, mkToken('3', attr1));

R9= setRect(R9, 13, 11, 16, 13);
boxRect(R9, S_S_S_S, cattr4);
vdChar(14, 12, mkToken('4', attr1));


 // Display quit box

R1= setRect(R1, 22, 2, 25, 7);
boxRect(R1, S_S_S_S, attr1);
vdWrite(23, 3, 4, "QUIT", attr3);


// turn on the mouse

mson();


if(argc == 2) {
```

Figure 11-1   *Continued.*

```
            memset(file_name, 0, 20);
            strcpy(file_name, argv[1]);
            }
        else {
            strcpy(file_name, noname);
            }

        fn= file_name;

        // if a file has been loaded

        if(file_loaded) {
            display_sprite();
            }

        // main loop

        exit_flag= aFALSE;
        do {
            button= msstat(&col, &row);

            // adjust mouse location to text coordinates

            row>>= 3;
            col>>= 3;

            if((col1 != col) || (row1 != row)) {
                if((row - 1) >= 0   &&
                   (row - 1) < 23   &&
                   (col - 26) >= 0  &&
                   (col - 26)  < 47) {
                    memset(location, 0, 25);
                    itoa(col - 26 + 1, location, 10);
                    vdWrite(5, 4, 0, "X=    ", attr1);
                    vdWrite(5, 7, 0, location, attr1);
                    col1= col;

                    memset(location, 0, 25);
                    itoa(row - 1 + display_offset + 1, location, 10);
                    vdWrite(5, 12, 0, "Y=    ", attr1);
                    vdWrite(5, 15, 0, location, attr1);
                    row1= row;
                    }
                else {
                    vdWrite(5, 12, 0, "Y=      ", attr1);
                    vdWrite(5, 4, 0, "X=      ", attr1);
                    }
                }


            // is button press on sprite grid?
```

```
if((button == 1) &&
   (row >= 1) && (row <= 23) &&
   ((col >= 26) && (col <= 72))) {
   offset= (col - 25) + (row * 56) + (display_offset * 56);
   if(draw_flag) {
      sprite[offset]= color;
      }
   else {
      sprite[offset]= 0;
      }
   display_sprite();
   }

// toggle draw and erase function

if((button == 1) && (row == 8) && ((col >= 3) && (col <= 17))) {
   if(draw_flag) {
      draw_flag= 0;
      msoff();
      vdWrite(8, 3, 15, "Erase ON Toggle", attr1);
      bleep();
      mson();
      delay(500);
      }
   else {
      draw_flag= 1;
      msoff();
      vdWrite(8, 3, 15, "Draw ON Toggle ", attr1);
      bleep();
      mson();
      delay(500);
      }

   }

/////////////////////////////////
// button press on up scroll arrow

if((button == 1) && (row == 0) && (col == 74)) {
   scroll_up_sprite();
   }

/////////////////////////////////
// button press on down scroll arrow

if((button == 1) && (row == 24) && (col == 74)) {
   scroll_down_sprite();
   }

/////////////////////////////////
// set color select

if((button == 1) && (row == 14) && (col == 3)) {
```

Figure 11-1 *Continued.*

```
         color= 1;
         set_color_select();
         }

     if((button == 1) && (row == 14) && (col == 6)) {
         color= 2;
         set_color_select();
         }

     if((button == 1) && (row == 14) && (col == 9)) {
         color= 3;
         set_color_select();
         }

     if((button == 1) && (row == 14) && (col == 12)) {
         color= 4;
         set_color_select();
         }


     //////////////////////////////////
     // view sprite

     if((button == 1) && (row == 18) && ((col >= 3) && (col <= 6))) {
         view_sprite();
         }

     //////////////////////////////////
     // invert sprite

     if((button == 1) && (row == 18) && (col == 10)) {
         invert_sprite();
         delay(200);
         }

     //////////////////////////////////
     // rotate sprite +90

     if((button == 1) && (row == 18) && (col == 12)) {
         rotate_sprite_plus90();
         delay(200);
         }

     //////////////////////////////////
     // rotate sprite -90

     if((button == 1) && (row == 18) && (col == 14)) {
         rotate_sprite_minus90();
         delay(200);
         }
```

```
//////////////////////////////////
// save sprite

if((button == 1) && (row == 11) && ((col >= 3) && (col <= 6))) {
   write_sprite_to_disk(fn);
   }

//////////////////////////////////
// name (rename) sprite

if((button == 1) && (row == 11) && ((col >= 10) && (col <= 13))) {
   rename_sprite();
   }


//////////////////////////////////
// quit program

if((button == 1) && (row == 23) && ((col >= 3) && (col <= 6))) {
   exit_flag= aTRUE;
   }

} while(!exit_flag);

// destroy Rect structures

dsyRect(R1);
dsyRect(R2);
dsyRect(R3);
dsyRect(R4);
dsyRect(R5);
dsyRect(R6);
dsyRect(R7);
dsyRect(R8);
dsyRect(R9);
dsyRect(R10);

// turn off the mouse cursor

msoff();

// clear the screen

scrnClr();

// turn on the cursor

onCur();

}
```

Figure 11-2 presents the Borland C/C++ Ver. 3.1 make file used to build the sprite editor.

Figure 11-2 *The source code for the make file*

```
FLAGS= -w3 -ml
OC1= dsyrect.obj vdbox.obj oncur.obj offcur.obj vdedit.obj scloc.obj
OC2= bleep.obj saverect.obj restrect.obj setrect.obj delay.obj
OA1= vidinit.obj mktoken.obj vdchar.obj vdwrite.obj mkattr.obj msoff.obj
OA2= scrnclr.obj mson.obj msinit.obj mvcur.obj  gtkbstat.obj exit_bad.obj
OA3= msstat.obj vdattr.obj vdchr.obj vrdchar.obj s_shape.obj g_shape.obj
OA4= onsound.obj offsound.obj rcloc.obj savescrn.obj restscrn.obj
OA5= sizecur.obj ssizecur.obj rsizecur.obj sizerect.obj gtkey.obj
ALL_O= $(OC1) $(OC2) $(OA1) $(OA2) $(OA3) $(OA4) $(OA5)


sprite.exe: sprite.obj $(ALL_O)
        bcc $(FLAGS) sprite.obj vidtext.lib

sprite.obj: sprite.c
        bcc -c $(FLAGS) sprite.c

dsyrect.obj: dsyrect.c
    bcc -c $(FLAGS) dsyrect.c  >dsyrect.lst
        tlib vidtext -+dsyrect

vdbox.obj: vdbox.c
    bcc -c $(FLAGS) vdbox.c  >vdbox.lst
        tlib vidtext -+vdbox

oncur.obj: oncur.c
    bcc -c $(FLAGS) oncur.c  >oncur.lst
        tlib vidtext -+oncur

offcur.obj: offcur.c
    bcc -c $(FLAGS) offcur.c  >offcur.lst
        tlib vidtext -+offcur

setrect.obj: setrect.c
    bcc -c $(FLAGS) setrect.c  >setrect.lst
        tlib vidtext -+setrect

bleep.obj: bleep.c
    bcc -c $(FLAGS) bleep.c  >bleep.lst
        tlib vidtext -+bleep

saverect.obj: saverect.c
    bcc -c $(FLAGS) saverect.c  >saverect.lst
        tlib vidtext -+saverect

restrect.obj: restrect.c
    bcc -c $(FLAGS) restrect.c  >restrect.lst
        tlib vidtext -+restrect
```

```
vrdchar.obj: vrdchar.c
    bcc -c $(FLAGS) vrdchar.c  >vrdchar.lst
        tlib vidtext -+vrdchar

delay.obj: delay.c
    bcc -c $(FLAGS) delay.c  >delay.lst
        tlib vidtext -+delay

exit_bad.obj: exit_bad.c
    bcc -c $(FLAGS) exit_bad.c  >exit_bad.lst
        tlib vidtext -+exit_bad

sizerect.obj: sizerect.c
    bcc -c $(FLAGS) sizerect.c  >sizerect.lst
        tlib vidtext -+sizerect

vdedit.obj: vdedit.c
    bcc -c $(FLAGS) vdedit.c  >vdedit.lst
        tlib vidtext -+vdedit

scloc.obj: scloc.c
    bcc -c $(FLAGS) scloc.c  >scloc.lst
        tlib vidtext -+scloc

rcloc.obj: rcloc.c
    bcc -c $(FLAGS) rcloc.c  >rcloc.lst
        tlib vidtext -+rcloc

savescrn.obj: savescrn.c
    bcc -c $(FLAGS) savescrn.c  >savescrn.lst
        tlib vidtext -+savescrn

restscrn.obj: restscrn.c
    bcc -c $(FLAGS) restscrn.c  >restscrn.lst
        tlib vidtext -+restscrn

sizecur.obj: sizecur.c
    bcc -c $(FLAGS) sizecur.c  >sizecur.lst
        tlib vidtext -+sizecur

ssizecur.obj: ssizecur.c
    bcc -c $(FLAGS) ssizecur.c  >ssizecur.lst
        tlib vidtext -+ssizecur

rsizecur.obj: rsizecur.c
    bcc -c $(FLAGS) rsizecur.c  >rsizecur.lst
        tlib vidtext -+rsizecur



vidinit.obj: vidinit.asm
        tasm /mx /Dmdl=3 vidinit.asm
        tlib vidtext -+vidinit
```

Figure 11-2   *Continued.*

```
mktoken.obj: mktoken.asm
        tasm /mx /Dmdl=3 mktoken.asm
        tlib vidtext -+mktoken

vdchar.obj: vdchar.asm
        tasm /mx /Dmdl=3 vdchar.asm
        tlib vidtext -+vdchar

vdwrite.obj: vdwrite.asm
        tasm /mx /Dmdl=3 vdwrite.asm
        tlib vidtext -+vdwrite

mkattr.obj: mkattr.asm
        tasm /mx /Dmdl=3 mkattr.asm
        tlib vidtext -+mkattr

msoff.obj: msoff.asm
        tasm /mx /Dmdl=3 msoff.asm
        tlib vidtext -+msoff

scrnclr.obj: scrnclr.asm
        tasm /mx /Dmdl=3 scrnclr.asm
        tlib vidtext -+scrnclr

mson.obj: mson.asm
        tasm /mx /Dmdl=3 mson.asm
        tlib vidtext -+mson

msinit.obj: msinit.asm
        tasm /mx /Dmdl=3 msinit.asm
        tlib vidtext -+msinit

mvcur.obj: mvcur.asm
        tasm /mx /Dmdl=3 mvcur.asm
        tlib vidtext -+mvcur

gtkbstat.obj: gtkbstat.asm
        tasm /mx /Dmdl=3 gtkbstat.asm
        tlib vidtext -+gtkbstat

msstat.obj: msstat.asm
        tasm /mx /Dmdl=3 msstat.asm
        tlib vidtext -+msstat

vdattr.obj: vdattr.asm
        tasm /mx /Dmdl=3 vdattr.asm
        tlib vidtext -+vdattr

vdchr.obj: vdchr.asm
        tasm /mx /Dmdl=3 vdchr.asm
        tlib vidtext -+vdchr
```

```
gtkey.obj: gtkey.asm
        tasm /mx /Dmdl=3 gtkey.asm
        tlib vidtext -+gtkey


g_shape.obj: g_shape.asm
        tasm /mx /Dmdl=3 g_shape.asm
        tlib vidtext -+g_shape

s_shape.obj: s_shape.asm
        tasm /mx /Dmdl=3 s_shape.asm
        tlib vidtext -+s_shape

onsound.obj: onsound.asm
        tasm /mx /Dmdl=3 onsound.asm
        tlib vidtext -+onsound

offsound.obj: offsound.asm
        tasm /mx /Dmdl=3 offsound.asm
        tlib vidtext -+offsound
```

⇨ Summary

Chapter 11 started by presenting the instructions for using the sprite editor and ended by presenting the main source code of the sprite editor. Although the sprite editor is somewhat crude based on today's commercial graphics program standards, it nonetheless does provide a convenient means of creating multicolored sprites which may be seamlessly integrated into your bit-plane animation programs.

Chapter 12 presents the source code for the C language support functions which are used by the sprite editor presented in this chapter.

12

C language sprite
editor support functions

THIS chapter presents the C language source for the support functions which are used by the sprite editor. Source for 20 C files is presented in Figs. 12-1 through 12-20. You might find that many of the functions presented in this chapter will prove useful in other programs which you may be writing. Feel free to use them at will.

⇨ Support function C source code

Figure 12-1 presents the source code listing to DSYRECT.C.

Figure 12-1   *The source code listing to DSYRECT.C*

```
//////////////////////////////////////////
//
// dsyrect.c
//
// Destroy rectangle structure
//
//////////////////////////////////////////

#include "tproto.h"


void dsyRect(RECT *R)
{
    free(R->image);
    free(R);
}
```

Figure 12-2 presents the source code listing to SETRECT.C.

Figure 12-2   *The source code listing to SETRECT.C*

```
//////////////////////////////////////////
//
// setrect.c
//
// Set rectangular structure
//
//
//////////////////////////////////////////

#include <malloc.h>
#include <string.h>
#include "tproto.h"

char b_rect_msg[] = "NULL returned in setRect";
```

```
RECT *setRect(RECT *R, int ur, int uc, int lr, int lc)
{
int size;
   R= (RECT *)malloc(sizeof(RECT));
   if(R == 0) {
      exit_bad(b_rect_msg);
      }
   R->ul_row= ur;
   R->ul_col= uc;
   R->lr_row= lr;
   R->lr_col= lc;
   size= sizeRect(R);
   R->image= (unsigned int *)calloc(size, sizeof(int));
   if(R->image == 0) {
      exit_bad(b_rect_msg);
      }
   return(R);
}
```

Figure 12-3 presents the source code listing to SAVERECT.C.

The source code listing to SAVERECT.C

Figure 12-3

```
/////////////////////////////////////
//
// saverect.c
//
// Save rectangular text region
//
// WARNING - vidInit MUST be called before this
//           routine!
//
/////////////////////////////////////

#include "tproto.h"


void saveRect(RECT *R)
{
unsigned int *iptr;
int row;
int column;

   iptr= (unsigned int *)R->image;

   for(row= R->ul_row; row <= R->lr_row; row++) {
      for(column= R->ul_col; column <= R->lr_col; column++) {
         *iptr++= vrdChar(row, column);
         }
      }
}
```

Figure 12-4 presents the source code listing to RESTRECT.C.

Figure 12-4   *The source code listing to RESTRECT.C*

```
////////////////////////////////////////
//
// restrect.c
//
// Restore previously saved rectangle
//
////////////////////////////////////////

#include "tproto.h"


void restRect(RECT *R)
{
unsigned int *iptr;
int row;
int column;

    iptr= (unsigned int *)R->image;

    for(row= R->ul_row; row <= R->lr_row; row++) {
     for(column= R->ul_col; column <= R->lr_col; column++) {
            vdChar(row, column, *iptr++);
         }
       }
}
```

Figure 12-5 presents the source code listing to SIZERECT.C.

Figure 12-5   *The source code listing to SIZERECT.C*

```
////////////////////////////////////////
//
// sizerect.c
//
// Calculate size of memory to hold
// rectangle image
//
//
////////////////////////////////////////


#include <malloc.h>
#include "tproto.h"


unsigned int sizeRect(RECT *R)
{
int height, width, size;
```

350

```
        height= R->lr_row - R->ul_row;
        width= R->lr_col - R->ul_col;
        ++height;
        ++width;
        size= height * width;
        return(size);
}
```

Figure 12-6 presents the source code listing to BLEEP.C.

The source code listing to BLEEP.C

Figure 12-6

```
////////////////////////////////////
//
// bleep.c
//
// Makes bleep sound
//
////////////////////////////////////

#include "tproto.h"

void bleep()
{
int count;

    for(count= 1000; count > 10; count-= 20) {
          onSound(count);
      Delay(100, 5);
            }

    offSound();
}
```

Figure 12-7 presents the source code listing to VDBOX.C.

The source code listing to VDBOX.C

Figure 12-7

```
////////////////////////////////////
//
// vdbox.c
//
// Write a box to screen with a single
// line border
//
////////////////////////////////////

#include <stdio.h>
#include "tproto.h"

char vd_blank[80]= { 32, 32, 32, 32, 32, 32, 32, 32,
                     32, 32, 32, 32, 32, 32, 32, 32,
```

Figure 12-7   *Continued.*

```
                            32, 32, 32, 32, 32, 32, 32, 32,
                            32, 32, 32, 32, 32, 32, 32, 32,
                            32, 32, 32, 32, 32, 32, 32, 32,
                            32, 32, 32, 32, 32, 32, 32, 32,
                            32, 32, 32, 32, 32, 32, 32, 32,
                            32, 32, 32, 32, 32, 32, 32, 32,
                            32, 32, 32, 32, 32, 32, 32, 32,
                            32, 32, 32, 32, 32, 32, 32, 32 };

        void boxRect(RECT *R, int box_type, int attr)
        {
        int row, column;
        int top_bot, left_right, ul, ur, ll, lr;

            switch(box_type) {
                case 1:
                    top_bot = 196;
                    left_right = 186;
                    ul = 214;
                    ur = 183;
                    ll = 211;
                    lr = 189;
                    break;
                case 2:
                    top_bot = 205;
                    left_right = 179;
                    ul = 213;
                    ur = 184;
                    ll = 212;
                    lr = 190;
                    break;
                case 3:
                    top_bot = 205;
                    left_right = 186;
                    ul = 201;
                    ur = 187;
                    ll = 200;
                    lr = 188;
                    break;
                default:
                    top_bot = 196;
                    left_right = 179;
                    ul = 218;
                    ur = 191;
                    ll = 192;
                    lr = 217;
                    break;
                }


            for(row= R->ul_row; row < R->lr_row - 1; row++) {
```

```
        vdWrite(row, R->ul_col, R->lr_col - R->ul_col, vd_blank, attr);
        }

    // draw top and bottom

    for(column= R->ul_col; column < R->lr_col; ++column) {
        vdChar(R->ul_row, column, mkToken(top_bot, attr));
        vdChar(R->lr_row - 1, column, mkToken(top_bot, attr));
        }

    // draw left and right borders

    for(row= R->ul_row; row < R->lr_row - 1; ++row) {
        vdChar(row, R->ul_col, mkToken(left_right, attr));
        vdChar(row, R->lr_col, mkToken(left_right, attr));
        }

    // plop the four corners

    vdChar(R->ul_row, R->ul_col, mkToken(ul, attr));

    vdChar(R->ul_row, R->lr_col, mkToken(ur, attr));

    vdChar(R->lr_row - 1, R->ul_col, mkToken(ll, attr));

    vdChar(R->lr_row - 1, R->lr_col, mkToken(lr, attr));
}
```

Figure 12-8 presents the source code listing to ONCUR.C.

Fig. 12-8. The source code listing to ONCUR.C

Figure 12-8

```
/////////////////////////////////////
//
// oncur.c
//
// Turn on (display) text cursor
//
/////////////////////////////////////

#include <stdio.h>

#define C_MASK 0x2000

extern void s_shape(int);
extern int g_shape(void);

void onCur()
{
    s_shape(g_shape() & ~C_MASK);
}
```

Figure 12-9 presents the source code listing to OFFCUR.C.

Figure 12-9   *The source code listing to OFFCUR.C*

```
/////////////////////////////////////
//
// offcur.c
//
// Turn off (remove) text cursor
//
/////////////////////////////////////

#include <stdio.h>
#include "tproto.h"

#define C_MASK 0x2000

extern void s_shape(int);
extern int g_shape(void);

void offCur()
{
    s_shape(g_shape() | C_MASK);
}
```

Figure 12-10 presents the source code listing to VRDCHAR.C.

Figure 12-10   *The source code listing to VRDCHAR.C*

```
/////////////////////////////////////
//
// vrdchar.c
//
// Returns a screen token
//
/////////////////////////////////////

#include <stdio.h>
#include "tproto.h"

extern VIDEO *crt;

int vrdChar(int row, int col)
{
long offset;
unsigned int far *scrn;

    scrn= (unsigned int far *)crt->scrn;
    offset= (long)(row * 80) + col;
    return(*(scrn + offset));
}
```

Figure 12-11 presents the source code listing to DELAY.C.

The source code listing to DELAY.C

Figure 12-11

```
////////////////////////////////////
//
// delay.c
//
// CPU sensitive delay
//
////////////////////////////////////

#include "tproto.h"

void Delay(int val1, int val2)
{
int cnt1, cnt2;

   for(cnt1= 0; cnt1 < val1; cnt1++) {
    for(cnt2= 0; cnt2 < val2; cnt2++)  {
            cnt2= cnt2;
         }
      }
}
```

Figure 12-12 presents the source code listing to EXIT_BAD.C.

The source code listing to EXIT_BAD.C

Figure 12-12

```
////////////////////////////////////
//
// exit_bad.c
//
// Print error message and return to
// DOS
//
////////////////////////////////////

#include <stdio.h>
#include "tproto.h"

void exit_bad(char *string)
{
   scrnClr();
   mvCur(0, 0);
   printf("NULL POINTER RETURNED - in function\n");
   printf("%s\n\n", string);
   printf("Program ABORT -> Return to DOS\n\n");
   exit(0);
}
```

Figure 12-13 presents the source code listing to VDEDIT.C.

Figure 12-13 *The source code listing to VDEDIT.C*

```c
///////////////////////////////////////
//
// vdedit.c
//
// Retrieves string of characters from the
// keyboard
//
///////////////////////////////////////


#include <string.h>
#include "tproto.h"


int vdEdit(char *response,
           int row,
           int column,
           int dlen,
           int opt,
           int attr)
{
int  key;
int  start, stop;
char *rptr;
int  i;
int  ins= 0;
char buf[80];
int  cur, start_column;
int  ret_val;

    // set start column for stopper on left arrow

    start_column= column;

    cur= g_shape();
    sCloc();
    onCur();
    *(response + dlen)= 0;
    switch(opt) {
        case LOWER:
            strlwr(response);
            break;
        case NAME:
            strlwr(response);
            *response= toupper(*response);
            break;
        case UPPER:
            strupr(response);
            break;
```

```
        }

    for(i= 0;i < dlen; i++) {
       buf[i]= response[i];
       }

    start= column;
    stop= start + dlen;
    vdAttr(row, column, dlen, attr);
    if(*response) {
       vdWrite(row, column, 0, response, attr);
       }
    mvCur(row, column+= strlen(response));
    rptr= response + strlen(response);

    key= gtKey();

    switch(key) {
       case ESCAPE:
       case ENTER:
       case F1:
       case F2:
       case F3:
       case F4:
       case F5:
       case F6:
       case F7:
       case F8:
       case F9:
       case F10:
       case UP_ARROW:
       case DOWN_ARROW:
       case TAB:
          s_shape(cur);
          rCloc();
          return(key);
       case HOME:
       case PGUP:
          memset(response, 0, dlen + 1);
          rptr= response;
          vdWrite(row, start, dlen, response, attr);
          column= start;
          mvCur(row,column);
          break;
       case CNTL_LEFTA:
          while (*--rptr!=' ');
          rptr++;
          if(start_column<start+(int)(rptr-response)) {
             mvCur(row,column=start+(int)(rptr-response));
             }
          else {
             column= start_column;
             mvCur(row, start_column);
```

Figure 12-13   *Continued.*

```
            }
         vdWrite(row, start, dlen, response, attr);
         break;
      case LEFT_ARROW:
         if(start_column < column) {
            mvCur(row, --column);
            rptr--;
            }
      case END:
      case INSERT:
      case DELETE:
      case RIGHT_ARROW:
      case PGDN:
         vdWrite(row, start, dlen, response, attr);
         break;
      default:
         switch(opt) {
            case LOWER:
               key= tolower(key);
               break;
            case UPPER:
               key= toupper(key);
               break;
            }
         key&= 0x00ff;
         if((key>=0x20)&&(key<=0x7e)) {
            memset(response, 0, dlen + 1);
            rptr= response;
            *rptr++= (char)key;
            vdWrite(row, start, dlen, response, attr);
            column= start + 1;
            mvCur(row, column);
            }
         if(key == aBS) {
            if(column > start) {
               rptr--;
               *rptr= 0;
               vdWrite(row, start, dlen, response, attr);
               mvCur(row, --column);
               }
            }
         }

      do {
         if(opt == NAME) {
            *response = toupper(*response);
            vdWrite(row,start,dlen,response,attr);
            }
         key = gtKey();
         switch(key) {
            case F1:
```

```
case F2:
case F3:
case F4:
case F5:
case F6:
case F7:
case F8:
case F9:
case F10:
case UP_ARROW:
case DOWN_ARROW:
case TAB:
case ENTER:
    s_shape(cur);
    rCloc();
    return key;
case ESCAPE:
    s_shape(cur);
    rCloc();
    for (i=0;i<dlen;i++)
        response[i]=buf[i];
    return key;
case CNTL_G:
case DELETE:
    for (i=0;i<stop-column+1;i++)
        *(rptr+i)=*(rptr+1+i);
    vdWrite(row,start,dlen,response,attr);
    break;
case CNTL_T:
    while (*rptr&&*rptr!=' ')
        for (i=0;i<stop-column+1;i++)
            *(rptr+i)=*(rptr+1+i);
    while (*rptr&&*rptr==' ')
        for (i=0;i<stop-column+1;i++)
            *(rptr+i)=*(rptr+1+i);
    vdWrite(row,start,dlen,response,attr);
    break;
case CNTL_END:
    memset(rptr,0,stop-column);
    vdWrite(row,start,dlen,response,attr);
    break;
case LEFT_ARROW:
    if(start_column<column) {
        mvCur(row,--column);
        rptr--;
        }
    break;
case CNTL_LEFTA:
    if(rptr == response) {
        break;
        }
    while(*--rptr == ' ' && (int)(rptr - response) > 0);
    while(*--rptr != ' ' && (int)(rptr - response) > 0);
```

Figure 12-13 *Continued.*

```
        if((int)(rptr - response) > 0) {
            rptr++;
            }
        mvCur(row, column= start + (int)(rptr - response));
        break;
    case CNTL_RIGHTA:
        if(*rptr) {
            while(*++rptr != ' ' && *rptr);
            }
        if(*rptr) {
            while(*++rptr == ' ' && *rptr);
            }
        mvCur(row,column= start + (int)(rptr - response));
        break;
    case RIGHT_ARROW:
        if(*rptr) {
            mvCur(row,++column);
            rptr++;
            }
        break;
    case CNTL_BS:
        memset(response, 0, dlen + 1);
        rptr= response;
        vdWrite(row, start, dlen, response, attr);
        column= start;
        mvCur(row, column);
        break;
    case HOME:
        mvCur(row, column= start);
        rptr= response;
        break;
    case END:
        mvCur(row, column= start + strlen(response));
        rptr= response + strlen(response);
        break;
    case CNTL_H:
    case BS:
        if(column>start) {
            rptr--;
            for(i= 0;i < stop - column + 1; i++) {
                *(rptr + i)= *(rptr + 1 + i);
                }
            vdWrite(row, start, dlen, response, attr);
            mvCur(row, --column);
            }
        else {
            bleep();
            }
        break;
    case INSERT:
        if(ins) {
```

```
                    ins= 0;
                    rsizeCur();
                    }
              else {
                    ins= 1;
                    ssizeCur();
                    sizeCur(0, 7);
                    }
        default:
            switch (opt) {
                case NAME:
                case LOWER:
                    key= tolower(key);
                    break;
                case UPPER:
                    key= toupper(key);
                    break;
                }
        key &=0x00ff;
        if((key>=0x20)&&(key<=0x7d)) {
            if(ins) {
                if(strlen(response) < dlen) {
                    for(i= dlen; i > (rptr - response); i--) {
                        response[i] = response[i-1];
                        }
                    vdWrite(row,start,dlen,response,attr);
                    }
                else {
                    bleep();
                    break;
                    }
                }
            if(column < stop) {
                vdChar(row, column, (attr<< 8) + key);
                *rptr++= (char)key;
                column++;
                mvCur(row,column);
                }
            else {
                bleep();
                }
            }
        }
    } while(1);
}
```

Figure 12-14 presents the source code listing to RCLOC.C.

The source code listing to RCLOC.C

Figure 12-14

```
///////////////////////////////////////
//
// rcloc.c
```

361

Figure 12-14 *Continued.*

```
//
// Restore previously saved cursor location
//
///////////////////////////////////////

#include <dos.h>
#include "tproto.h"

extern CUR_LOCATION *c_loc;

void rCloc()
{
    mvCur(c_loc->row, c_loc->column);
}
```

Figure 12-15 presents the source code listing to SCLOC.C.

Figure 12-15 *The source code listing to SCLOC.C*

```
///////////////////////////////////////
//
// scloc.c
//
// Save cursor location to memory
//
///////////////////////////////////////

#include <dos.h>
#include "tproto.h"

CUR_LOCATION *c_loc;

void sCloc()
{
union REGS ir,or;

    c_loc= (CUR_LOCATION *)calloc(sizeof(CUR_LOCATION), sizeof(int));
    ir.h.ah= 0x03;
    ir.h.bh= 0x00;
    int86(0x10, &ir, &or);
    c_loc->row= or.h.dh;
    c_loc->column= or.h.dl;
}
```

Figure 12-16 presents the source code listing to SAVESCRN.C.

Figure 12-16 *The source code listing to SAVESCRN.C*

```
///////////////////////////////////////
//
// savescrn.c
```

```
//
// Save screen to memory
//
// WARNING - vidInit MUST be called before this
//          routine!
//
/////////////////////////////////////

#include "tproto.h"

extern unsigned int SCRN_MEM[80*25];

void saveScrn()
{
unsigned int *iptr;
int row;
int column;

    iptr= SCRN_MEM;

    for(row= 0; row < 25; row++) {
       for(column= 0; column < 80; column++)   {
          *iptr++= vrdChar(row, column);
          }
       }
}
```

Figure 12-17 presents the source code listing to RESTSCRN.C.

The source code listing to RESTSCRN.C

Figure 12-17

```
/////////////////////////////////////
//
// restscrn.c
//
// Restore previously saved screen
//
/////////////////////////////////////

#include "tproto.h"

unsigned int SCRN_MEM[80*25];

void restScrn()
{
unsigned int *iptr;
int row;
int column;

    iptr= SCRN_MEM;

    for(row= 0; row < 25; row++) {
```

Figure **12-17** *Continued.*

```
            for(column= 0; column < 80; column++) {
                    vdChar(row, column, *iptr++);
            }
        }
}
```

Figure 12-18 presents the source code listing to SIZECUR.C.

Figure **12-18** *The source code listing to SIZECUR.C*

```
//////////////////////////////////////
//
// sizecur.c
//
// Set cursor size
//
//
//////////////////////////////////////

#include <dos.h>
#include "tproto.h"

void sizeCur(int start, int end)
{
union REGS ir,or;
int token;
    token= mkToken(end, start);
    ir.h.ah= 0x01;
    or.x.cx= token;
    int86(0x10, &ir, &or);
}
```

Figure 12-19 presents the source code listing to SSIZECUR.C.

Figure **12-19** *The source code listing to SSIZECUR.C*

```
//////////////////////////////////////
//
// ssizecur.c
//
// Save default cursor shape
//
//////////////////////////////////////

#include <dos.h>
#include "tproto.h"

extern int CUR_SHAPE;

void ssizeCur()
```

```
{
union REGS ir,or;

    ir.h.ah= 0x03;
    ir.h.bh= 0x00;
    int86(0x10, &ir, &or);
    CUR_SHAPE=  or.x.cx;
}
```

Figure 12-20 presents the source code listing to RSIZECUR.C.

The source code listing to RSIZECUR.C

Figure 12-20

```
/////////////////////////////////////
//
// rsizecur.c
//
// Restore previously saved cursor size
//
/////////////////////////////////////

#include <dos.h>
#include "tproto.h"

int CUR_SHAPE;

void rsizeCur()
{
union REGS ir, or;

    ir.h.ah= 0x01;
    ir.x.cx= CUR_SHAPE;
    int86(0x10, &ir, &or);
}
```

⇨ Summary

Chapter 12 presented 20 C source code files. The functions coded in these files are used by the sprite editor. Feel free to use any of these functions in other programs.

Chapter 13, the final chapter of the book, presents 19 assembly language source files. The functions coded in these files are also used by the sprite editor.

13

Assembly language sprite editor support functions

C HAPTER 13, the final chapter in the book, presents 19 assembly language source files. The files contain functions which are used by the sprite editor. Feel free to use any of these functions in any programs which you are writing.

⇨ Support function assembly language support code

Figure 13-1 presents the source code listing to VIDINIT.ASM.

Figure 13-1   *The source code listing to VIDINIT.ASM*

```
;/////////////////////////////////////
;//
;// vidinit.asm
;//
;// initialize video structures
;// for 'C'erious small library
;//
;// vidInit();
;//
;/////////////////////////////////////


        dosseg
IF   mdl eq 1
        .model small,c
ELSEIF  mdl eq 2
        .model medium,c
ELSE
        .model large,c
ENDIF
        v struc                 ; v STRUCT MUST MATCH
          mode  dw      0       ; data struct of VIDEO
          wid   dw      0       ; struct in tstruch.h
          pag   dw      0
          scrn  dw      0,0
        v ends

        public          SCRNSEG,crt,VID_PORT,SPARKLE_FLAG

        .data
SPARKLE_FLAG    dw      0       ; No sparkle fix default
VID_PORT        dw      0       ; video controller status port
SCRNSEG         dw      0       ; int holds scrn seg
crt             dw      0,0     ; pointer to VIDEO struct
vid             v       <>      ; structure declaration
```

```
        public          vidInit
        .code
vidInit proc

; move offset of pointer to video structure to global
        mov     crt+2,_DATA
        mov     crt,offset vid  ; addr of struct -> _crt

; get video mode -> int 10h func 15

        xor     cx,cx           ; cx -> 0
        mov     ah,15           ; BIOS get mode
        int     10h             ; BIOS int
        mov     cl,al           ; mode -> vid.mode
        mov     [vid.mode],cx
        mov     cl,ah           ; row wid -> vid.width
        mov     [vid.wid],cx
        mov     cl,bh           ; page -> vid.pag
        mov     [vid.pag],cx

; prep structure for mono or color

        cmp     al,7            ; is mono?
        je      ismono          ; yes ->jump
        mov     ax,cx
        mov     cl,8
        shl     ax,cl
        add     ax,0b800h
        mov     VID_PORT,03dah  ; stat color controller port
        mov     SCRNSEG,ax      ; color scrn seg
        mov     [vid.scrn],00h  ; far * offset
        mov     [vid.scrn+2],ax ; far * seg
        jmp     videxit

ismono:
        mov     VID_PORT,03bah  ; stat mono controller port
        mov     SCRNSEG,0b000h  ; mono scrn seg
        mov     [vid.scrn],00h  ; far * offset
        mov     [vid.scrn+2],0b000h ; far * seg

videxit:
        ret

vidInit endp
        end

;///////////////////////////////////
```

Figure 13-2 presents the source code listing to GTKBSTAT.ASM.

Figure 13-2   *The source code listing to GTKBSTAT.ASM*

```
;/////////////////////////////////////
;//
;// gtkbstat.asm
;//
;// Checks the status of keyboard and
;// returns the 16 bit char and scan code
;// on key press and a 0 on no key waiting/
;//
;// key= gtKBstat();
;//
;/////////////////////////////////////

        dosseg
IF   mdl eq 1
        .model small,c
ELSEIF  mdl eq 2
        .model medium,c
ELSE
        .model large,c
ENDIF
        .code

        public  gtKBstat
gtKBstat proc
        mov      AH,1          ; kb stat function
        int      16H           ; keybd int
        jnz      yeskey        ; jmp on no key waiting
        mov      AX,0          ; no key wait return 0
        jmp      keyexit
yeskey:                        ; otherwise return scan & char
        mov      AH,0
        int      16H
keyexit:
        ret
gtKBstat endp
        end


;/////////////////////////////////////
```

Figure 13-3 presents the source code listing to GTKEY.ASM.

Figure 13-3   *The source code listing to GTKEY.ASM*

```
;/////////////////////////////////////
;//
;// gtkey.asm
;//
;// Waits for a key press and returns
;// the key code on key press.
;//
```

```
;// key= gtKey();
;//
;/////////////////////////////////////

        dosseg
IF    mdl eq 1
        .model small,c
ELSEIF  mdl eq 2
        .model medium,c
ELSE
        .model large,c
ENDIF
        .code


        .code

        public  gtKey

gtKey   proc
        mov     AH,0
        int     16H
        ret

gtKey   endp

        end

;/////////////////////////////////////
```

Figure 13-4 presents the source code listing to G_SHAPE.ASM.

The source code listing to G_SHAPE.ASM

Figure 13-4

```
;/////////////////////////////////////
;//
;// g_shape.asm
;//
;// Gets cursor shape
;//
;// shape= g_shape();
;//
;//
;/////////////////////////////////////

        dosseg
IF    mdl eq 1
        .model small,c
ELSEIF  mdl eq 2
        .model medium,c
ELSE
        .model large,c
ENDIF
```

Figure 13-4   *Continued.*

```
        .code

        public  g_shape

g_shape proc
        mov     ah,3       ; GET_CURS
        int     10h        ; video bios
        mov     ax,cx      ; shape -> ax
        ret
g_shape endp
        end


;////////////////////////////////////
```

Figure 13-5 presents the source code listing to MKATTR.ASM.

Figure 13-5   *The source code listing to MKATTR.ASM*

```
;////////////////////////////////////
;//
;// mkattr.asm
;//
;// Sets a character display attribute
;//
;// attr= mkAttr(int fore, int back, int intensity, int blink);
;//
;////////////////////////////////////

        dosseg
IF   mdl eq 1
        .model small,c
ELSEIF  mdl eq 2
        .model medium,c
ELSE
        .model large,c
ENDIF
        .code

        public mkAttr
        .code
mkAttr  proc
        arg     fore_c:word,back_c:word,inten_t:word,blink_t:word
        xor     AX,AX         ; 0 -> AX
        mov     ax,back_c     ; back ground color to AL
        mov     CL,4          ; prep shift 4 left
        shl     ax,CL         ; means AL * 16
        or      ax,fore_c     ; or foreground color
        or      ax,inten_t    ; or intensity
        or      ax,blink_t    ; or blink
        ret
```

```
mkAttr  endp
        end

;//////////////////////////////////////
```

Figure 13-6 presents the source code listing to MKTOKEN.ASM.

The source code listing to MKTOKEN.ASM

Figure 13-6

```
;//////////////////////////////////////
;//
;// mktoken.asm
;//
;// Converts screen char and attribute into 16 bit token
;//
;// token= mkToken(char ch, int attr);
;//
;// token == the 16 bit screen token
;//
;//////////////////////////////////////

        dosseg
IF    mdl eq 1
        .model small,c
ELSEIF  mdl eq 2
        .model medium,c
ELSE
        .model large,c
ENDIF
        .code
        public  mkToken

mkToken proc
        arg     char:byte,attr:byte
        mov     al,char
        mov     ah,attr
        ret

mkToken endp
        end

;//////////////////////////////////////
```

Figure 13-7 presents the source code listing to MSOFF.ASM.

The source code listing to MSOFF.ASM

Figure 13-7

```
;//////////////////////////////////////
;//
;// msoff.asm
;//
;// Removes the mouse from the screen
```

Figure 13-7   *Continued.*

```
;//
;// msoff();
;//
;//////////////////////////////////////

        dosseg
IF    mdl eq 1
        .model small,c
ELSEIF  mdl eq 2
        .model medium,c
ELSE
        .model large,c
ENDIF
        .code
        public  msoff

msoff   proc
        mov     ax,2
        int     33h
        ret
msoff   endp
        end


;//////////////////////////////////////
```

Figure 13-8 presents the source code listing to MSINIT.ASM.

Figure 13-8   *The source code listing to MSINIT.ASM*

```
;//////////////////////////////////////
;//
;// msinit.asm
;//
;// Initializes the mouse
;//
;// buttons= msinit();
;//
;// if buttons == ffffh then mouse not installed
;// else buttons == number of buttons on mouse
;//
;//////////////////////////////////////

        dosseg
IF    mdl eq 1
        .model small,c
ELSEIF  mdl eq 2
        .model medium,c
ELSE
        .model large,c
ENDIF
        .code
```

```
        public  msinit

msinit  proc
        xor     ax,ax
        int     33h
        cmp     ax,0
        je      nomouse
        mov     ax,bx
        ret
nomouse:
        mov     AX,0ffffh
        ret

msinit  endp
        end

;/////////////////////////////////
```

Figure 13-9 presents the source code listing to MSON.ASM.

The source code listing to MSON.ASM

Figure 13-9

```
;/////////////////////////////////////
;//
;// mson.asm
;//
;// Displays the mouse on the screen
;//
;// mson();
;//
;/////////////////////////////////////

        dosseg
IF    mdl eq 1
        .model small,c
ELSEIF  mdl eq 2
        .model medium,c
ELSE
        .model large,c
ENDIF
        .code
        public  mson

mson    proc
        mov     ax,1
        int     33h
        ret
mson    endp
        end

;/////////////////////////////////////
```

Figure 13-10 presents the source code listing to MSSTAT.ASM.

Figure 13-10 *The source code listing to MSSTAT.ASM*

```
;//////////////////////////////////////
;//
;// msstat.asm
;//
;// Returns the status of the mouse
;//
;// button= msstat(int x, int y);
;//
;// if button == 1 left mouse button press
;// if button == 2 right mouse button press
;// x == mouse x position in pixel coordinates
;// y == mouse y position in pixel coordinates
;//
;//////////////////////////////////////

        dosseg
IF    mdl eq 1
        .model small,c
ELSEIF  mdl eq 2
        .model medium,c
ELSE
        .model large,c
ENDIF
        .code
        public  msstat

msstat  proc
        arg     x:ptr,y:ptr
        mov     ax,3
        int     33h
        mov     ax,bx
IF mdl eq 3
        push    ds
        lds     bx,x
        mov     ds:[bx],cx
        lds     bx,y
        mov     ds:[bx],dx
        pop     ds
ELSE
        mov     bx,x
        mov     word ptr [bx],cx
        mov     bx,y
        mov     word ptr [bx],dx
ENDIF
        ret

msstat endp
        end

;//////////////////////////////////////
```

Figure 13-11 presents the source code listing to MVCUR.ASM.

The source code listing to MVCUR.ASM

Figure 13-11

```
;/////////////////////////////////////
;//
;// mvcur.asm
;//
;// Moves the text cursor
;//
;// mvCur(int row, int col);
;//
;/////////////////////////////////////

        dosseg
IF   mdl eq 1
        .model small,c
ELSEIF mdl eq 2
        .model medium,c
ELSE
        .model large,c
ENDIF
        .code

        public  mvCur
mvCur proc
        arg     row:byte,column:byte
        mov     ah,0fh
        int     10h
        xor     al,al
        mov     dh,row
        mov     dl,column
        mov     ah,2        ; vid mv cur
        int     10h         ; BIOS video int
        ret
mvCur   endp
        end


;/////////////////////////////////////
```

Figure 13-12 presents the source code listing to OFFSOUND.ASM.

The source code listing to OFFSOUND.ASM

Figure 13-12

```
;/////////////////////////////////////
;//
;// offsound.asm
;//
;// Silences the PC speaker
;//
;// offSound();
```

Figure 13-12   *Continued.*

```
;//
;///////////////////////////////////////

        dosseg
IF   mdl eq 1
        .model small,c
ELSEIF  mdl eq 2
        .model medium,c
ELSE
        .model large,c
ENDIF
        .code

        public  offSound
offSound proc
        in        al,61h          ; disable speaker output via timer
        and       al,0fch
        out       61h,al
        ret
offSound endp
        end

;///////////////////////////////////////
```

Figure 13-13 presents the source code listing to ONSOUND.ASM.

Figure 13-13   *The source code listing to ONSOUND.ASM*

```
;///////////////////////////////////////
;//
;// onsound.asm
;//
;// Starts a tone from the PC speaker
;//
;// onSound();
;//
;///////////////////////////////////////

        dosseg
IF   mdl eq 1
        .model small,c
ELSEIF  mdl eq 2
        .model medium,c
ELSE
        .model large,c
ENDIF
        .code

        public  onSound
onSound proc
        arg     tone:word
```

```
        mov     al,0b6h         ; tell timer prep for new sound
        out     43h,al
        mov     AX,tone         ; new tone to timer, LSB
        out     42h,al
        mov     al,Ah           ; MSB -> LSB
        out     42h,al          ; LSB -> timer
        in      al,61h          ; enable speaker output via timer
        or      al,3
        out     61h,al
        ret
onSound endp
        end
```

;/////////////////////////////////////

Figure 13-14 presents the source code listing to S_SHAPE.ASM.

The source code listing to S_SHAPE.ASM

Figure 13-14

```
;/////////////////////////////////////
;//
;// s_shape.asm
;//
;// Sets cursor shape
;//
;// s_shape(int shape);
;//
;//
;/////////////////////////////////////

        dosseg
IF   mdl eq 1
        .model small,c
ELSEIF  mdl eq 2
        .model medium,c
ELSE
        .model large,c
ENDIF
        .code


        public  s_shape
s_shape proc
        arg     shape:word
   mov     cx,shape        ; cur shape -> cx
   mov     ah,1            ; set chape func
   int     10h             ; video bios
   ret
s_shape endp
        end
```

;/////////////////////////////////////

379

Figure 13-15 presents the source code listing to SCRNCLR.ASM.

Figure **13-15**   *The source code listing to SCRNCLR.ASM*

```
;//////////////////////////////////////
;//
;// scrnclr.asm
;//
;// Clears the screen
;//
;// scrnClr();
;//
;//////////////////////////////////////

        dosseg
IF    mdl eq 1
        .model small,c
ELSEIF  mdl eq 2
        .model medium,c
ELSE
        .model large,c
ENDIF
        .code

        public  scrnClr
scrnClr proc
        xor     ax,ax       ; lines to scroll 0
        mov     cx,ax       ; UL row to 0
                            ; UL column to 0
        mov     dh,24       ; LR row to 24
        mov     dl,79       ; LR column to 70
        mov     bh,7        ; fore->white, back->black
        mov     ah,6        ; vid scroll up function
        int     10h         ; bios do it
        mov     ah,15       ; state int -> page to bh
        int     10h
        mov     dx,0        ; row & col to 0
        mov     ah,2        ; reset cursor position
        int     10h
        ret
scrnClr endp
        end
```

Figure 13-16 presents the source code listing to VDATTR.ASM.

Figure **13-16**   *The source code listing to VDATTR.ASM*

```
;//////////////////////////////////////
;//
;// vdattr.asm
;//
;// Changes display attribute without
```

```
;// altering the character
;//
;// vdAttr(int row, int col, int length, int attr);
;//
;//////////////////////////////////////////

        dosseg
IF   mdl eq 1
        .model small,c
ELSEIF mdl eq 2
        .model medium,c
ELSE
        .model large,c
ENDIF

        extrn   SCRNSEG:word

        .code
        public  vdAttr
vdAttr  proc
        arg     prow:byte,pcol:byte,plen:word,pattr:byte
        push    di
        push    si
        mov     cx,word ptr dgroup:SCRNSEG
        mov     es,cx           ; reset extra seg
        xor     ax,ax           ; 0 -> ax
        mov     al,prow         ; row -> al
        mov     bl,160          ; 80 chars wide * 2
        mul     bl              ; row * scrn width  -> ax
        mov     cl,pcol         ; column to cl
        xor     ch,ch           ; 0 -> ch
        shl     cx,1            ; col * 2
        add     ax,cx           ; column + (row * scrn width)
        mov     di,ax           ; point di to scrn
        cld                     ; direction increment
        mov     cx,plen         ; string length parameter
        mov     al,pattr        ; attribute to al
vdr1:
        inc     di              ; bypass character byte
        stosb                   ; al -> screen
        loop    vdr1
        pop     si
        pop     di
        ret
vdAttr  endp
        end

;//////////////////////////////////////////
```

Figure 13-17 presents the source code listing to VDCHAR.ASM.

Figure 13-17 *The source code listing to VDCHAR.ASM*

```
;//////////////////////////////////////
;//
;// vdchar.asm
;//
;// Write a screen token to the screen
;//
;// vdChar(int row, int col, int token);
;//
;//////////////////////////////////////

        dosseg
IF    mdl eq 1
        .model small,c
ELSEIF  mdl eq 2
        .model medium,c
ELSE
        .model large,c
ENDIF

        extrn   SCRNSEG:word

        .code
        public  vdChar

vdChar  proc
        arg     prow:byte,pcol:byte,ptoken:word
        push    di
        push    si
        mov     cx,SCRNSEG
        mov     es,cx           ; reset extra seg
        xor     ax,ax           ; 0 -> ax
        mov     al,prow         ; row -> al
        mov     bl,160          ; 80 chars wide * 2
        mul     bl              ; row * scrn width  -> ax
        mov     cl,pcol         ; column to cl
        XOR     ch,ch           ; 0 -> ch
        shl     cx,1            ; col * 2
        add     ax,cx           ; column + (row * scrn width)
        mov     di,ax           ; point di to scrn
        mov     ax,ptoken       ; token to ax
        stosw                   ; ax -> screen
        pop     si
        pop     di
        ret
vdChar  endp
        end

;//////////////////////////////////////
```

Figure 13-18 presents the source code listing to VDCHR.ASM.

The source code listing to VDCHR.ASM

Figure 13-18

```
;////////////////////////////////////
;//
;// vdchr.asm
;//
;// Write a character to the screen with no
;// change in the screen attribute
;//
;// vdChr(int row, int col, char ch);
;//
;////////////////////////////////////

        dosseg
IF    mdl eq 1
        .model small,c
ELSEIF  mdl eq 2
        .model medium,c
ELSE
        .model large,c
ENDIF

        extrn   SCRNSEG:word

        .code
        public   vdChr

vdChr   proc
        arg      prow:byte,pcol:byte,pch:byte
        push     di
        push     si
        mov      cx,SCRNSEG
        mov      es,cx          ; reset extra seg
        xor      ax,ax          ; 0 -> ax
        mov      al,prow        ; row -> al
        mov      bl,160         ; 80 chars wide * 2
        mul      bl             ; row * scrn width  -> ax
        mov      cl,pcol        ; column to cl
        XOR      ch,ch          ; 0 -> ch
        shl      cx,1           ; col * 2
        add      ax,cx          ; column + (row * scrn width)
        mov      di,ax          ; point di to scrn
        mov      al,pch         ; char to ax
        stosb                   ; ax -> screen
        pop      si
        pop      di
        ret
vdChr   endp
        end

;////////////////////////////////////
```

Figure 13-19 presents the source code listing to VDWRITE.ASM.

Figure **13-19**   *The source code listing to VDWRITE.ASM*

```
;/////////////////////////////////////
;//
;// vdwrite.asm
;//
;// Write a string to the screen
;//
;// vdWrite(int row, int col, int length, char *str, int attr);
;//
;/////////////////////////////////////

        dosseg
IF   mdl eq 1
        .model small,c
ELSEIF  mdl eq 2
        .model medium,c
ELSE
        .model large,c
ENDIF

        extrn   SCRNSEG:word

        .code
        extrn   strlen:far

        public  vdWrite

vdWrite proc
        arg     prow:byte,pcol:byte,plen:word,pptr:ptr,pattr:byte
        push    di
        push    si
        push    ds
        mov     cx,dgroup:SCRNSEG
        mov     es,cx           ; reset extra seg
IF      mdl eq 3
        lds     si,[pptr]
ELSE
        mov     si,pptr         ; pointer to string
ENdiF
        xor     ax,ax           ; 0 -> ax
        mov     al,prow         ; row -> al
        mov     bl,160          ; 160 = (80 chars wide * 2)
        mul     bl              ; row * scrn width  -> ax
        mov     cl,pcol         ; column to cl
        xor     ch,ch           ; 0 -> ch
        shl     cx,1            ; col * 2
        add     ax,cx           ; column + (row * scrn width)
        mov     di,ax           ; point di to scrn
        cld                     ; direction increment
        mov     cx,plen         ; string length -> cx
```

```
        mov     ah,pattr       ; make word token
        or      cx,cx
        jnz     vdr1
vdr2:
        lodsb
        or      al,al
        jz      done
        stosw
        jmp     short vdr2
vdr1:
        lodsb                  ; get byte from string
        stosw                  ; token to screen
        loop    vdr1
done:
        pop     ds
        pop     si
        pop     di
        ret

vdWrite endp
        end

;//////////////////////////////////
```

⇨ Summary

Chapter 13 presented nineteen assembly source code modules. The
functions in these assembly modules were used by the sprite editor
and are freely offered for use by anyone who can use them.

Epilogue

I cut my baby teeth writing 6502 assembly games for the Atari 800 computer. In a real sense, this book is a visit to my programming roots. Seeing sprites, missiles, and bullets gliding about the screen, colliding, and then reincarnating brought many smiles to my face.

It is my sincere hope that this book will become a springboard for your being able to play with graphics, and that it too shall bring smiles to your face. I'd love to see any improvements in the sprite development system I've presented in the book, along with any games or graphics displays you'd like to share.

Namasté,

Len

Index

About the author

Len Dorfman has been an educator in a Long Island, New York, school system since 1973. A programmer with extensive experience with C and Assembler, he is the author or coauthor of *OS/2® Extra! KBD, MOU, and VIO Special Functions Revealed* (McGraw-Hill, 1993); *Instant OS/2: Porting C Applications to OS/2* (McGraw-Hill, 1993); *Effective OS/2 Multithreading* (McGraw-Hill, 1994); and *C Memory Management Techniques* (McGraw-Hill, 1993). He holds a Ph.D in Educational Research from Hofstra University.

Other Bestsellers of Related Interest

High-Resolution Graphics Display Systems
The only all-in-one guidebook for choosing, installing, and using modern high-resolution graphic display systems, drivers, and controllers. Covers IBM PC, Macintosh, and workstation platforms. 304 Pages.
ISBN #0-8306-4291-9 $34.95 Paper

Visualization & Virtual Reality: 3D Programming with Visual Basic for Windows
Introduces graphical application design for Windows and SVGA/VGA graphics using Visual Basic versions 1.0 and 2.0. More than 600K of Visual Basic code on 5.25" disk. 736 Pages.
ISBN # 0-8306-4124-6 $39.95 Paper
ISBN # 0-8306-4121-1 $49.95 Hard

Digital Imaging for Visual Artists
Covers imaging hardware and software, color control, and pre-press techniques. Provides a detailed overview of technical and creative issues such as what hardware and software to buy and how to harness its power. 736 Pages.
ISBN # 0-07-025067-7 $49.95 Paper

Bit-Mapped Graphics, 2nd Edition
A complete programmer's guide to popular IBM PC and Macintosh graphics file formats, featuring updated coverage of Super VGA, new laser printer drivers, and virtual memory management techniques. 520 Pages.
ISBN # 0-8306-4208-0 $26.95 Paper
ISBN # 0-8306-4209-9 $38.95 Hard

C for Windows Animation Programming
Provides readers with a comprehensive source of documented program listings that demonstrate how to design and manage life like animation effects. 870 Pages.
ISBN # 0-8306-3810-5 $39.95 Paper

Visual Basic Animation Programming

Readers learn how to create run-cyclers, background pans, motion blur, and adjustable timers, and how to use different methods to create and store animated images. 870 Pages.

ISBN # 0-8306-4120-3 $39.95 Paper

High Performance Graphics in C: Animation and Simulation

Helps C programmers achieve high-quality graphics effects for their PCs. Six major animation programs guide readers through frame, bitbit, and real-time animation. 544 Pages.

ISBN # 0-8306-9349-1 $26.95 Paper
ISBN # 0-8306-0249-6 $36.95 Hard

...es Subject to Change Without Notice.

Look for These and Other Windcrest/McGraw-Hill Books at Your Local Bookstore

To Order Call Toll Free 1-800-822-8158
(24-hour telephone service available.)

or write to Windcrest/McGraw-Hill, Blue Ridge Summit, PA 17294-0840.

...le	Product No.	Quantity	Price

Check or money order made payable to Windcrest/McGraw-Hill

...arge my ☐ VISA ☐ MasterCard ☐ American Express

...ct. No. _____ Exp. _____

...nature: _____

...me: _____

...dress: _____

...y: _____

...te: _____ Zip: _____

Subtotal	$ _____
Postage and Handling ($3.00 in U.S., $5.00 outside U.S.)	$ _____
Add applicable state and local sales tax	$ _____
TOTAL	$ _____

Windcrest/McGraw-Hill catalog free with purchase; otherwise send $1.00 in check or money order and receive $1.00 credit on your next purchase.

Orders outside U.S. must pay with international money in U.S. dollars drawn on a U.S. bank.

Windcrest/McGraw-Hill Guarantee: If for any reason you are not satisfied with the book(s) you order, simply return it (them) within 15 days and receive a full refund.

BC

DISK WARRANTY

This software is protected by both United States copyright law and international copyright treaty provision. You must treat this software just like a book, except that you may copy it into a computer in order to be used and you may make archival copies of the software for the sole purpose of backing up our software and protecting your investment from loss.

By saying "just like a book," McGraw-Hill means, for example, that this software may be used by any number of people and may be freely moved from one computer location to another, so long as there is no possibility of its being used at one location or on one computer while it also is being used at another. Just as a book cannot be read by two different people in two different places at the same time, neither can the software be used by two different people in two different places at the same time (unless, of course, McGraw-Hill's copyright is being violated).

LIMITED WARRANTY

Windcrest/McGraw-Hill takes great care to provide you with top-quality software, thoroughly checked to prevent virus infections. McGraw-Hill warrants the physical diskette(s) contained herein to be free of defects in materials and workmanship for a period of sixty days from the purchase date. If McGraw-Hill receives written notification within the warranty period of defects in materials or workmanship, and such notification is determined by McGraw-Hill to be correct, McGraw-Hill will replace the defective diskette(s). Send requests to:

Customer Service
Windcrest/McGraw-Hill
13311 Monterey Lane
Blue Ridge Summit, PA 17294-0850

The entire and exclusive liability and remedy for breach of this Limited Warranty shall be limited to replacement of defective diskette(s) and shall not include or extend to any claim for or right to cover any other damages, including but not limited to, loss of profit, data, or use of the software, or special, incidental, or consequential damages or other similar claims, even if McGraw-Hill has been specifically advised of the possibility of such damages. In no event will McGraw-Hill's liability for any damages to you or any other person ever exceed the lower of suggested list price or actual price paid for the license to use the software, regardless of any form of the claim.

McGRAW-HILL, INC. SPECIFICALLY DISCLAIMS ALL OTHER WARRANTIES, EXPRESS OR IMPLIED, INCLUDING, BUT NOT LIMITED TO, ANY IMPLIED WARRANTY OF MERCHANTABILITY OR FITNESS FOR A PARTICULAR PURPOSE.

Specifically, McGraw-Hill makes no representation or warranty that the software is fit for any particular purpose and any implied warranty of merchantability is limited to the sixty-day duration of the Limited Warranty covering the physical diskette(s) only (and not the software) and is otherwise expressly and specifically disclaimed.

This limited warranty gives you specific legal rights; you may have others which may vary from state to state. Some states do not allow the exclusion of incidental or consequential damages, or the limitation on how long an implied warranty lasts, so some of the above may not apply to you.

Diskette instructions

The files that accompany this book are included on an IBM-compatible 3.5" double-density diskette. They consist of source code in C/C++ and assembly language, source data for animation elements, and executable files that demonstrate animation principles. The files are in three subdirectories. For a guide to each subdirectory, print the "README" file first.

Each directory has been compressed into a self-extracting archive file. To access a directory, copy the appropriate .EXE file to a hard drive, then execute the file from a DOS prompt. The .EXE file will unpack itself into individual files.

The executable files work best on computers with speeds of 25 MHz or higher, but will run on slower machines.

IMPORTANT

Read the Disk Warranty terms on the previous page before opening the disk envelope. Opening the envelope constitutes acceptance of these terms and renders this entire book-disk package nonreturnable except for replacement in kind due to material defect.